墨香财经学术文库

"十二五"辽宁省重点图书出版规划项目

U0656661

Research on the Quality
of Operation of
Chinese National Debt Market

中国国债市场运行质量研究

寇 楠 ◎著

东北财经大学出版社
Dongbei University of Finance & Economics Press

大连

图书在版编目（CIP）数据

中国国债市场运行质量研究 / 寇楠著. 一大连：东北财经大学出版社，2016.8
（墨香财经学术文库）
ISBN 978 - 7 - 5654 - 2389 - 5

Ⅰ. 中… Ⅱ. 寇… Ⅲ. 国债市场-市场运行-研究-中国 Ⅳ. F812.51

中国版本图书馆 CIP 数据核字 （2016）第 160563 号

东北财经大学出版社出版发行

大连市黑石礁尖山街217号 邮政编码 116025

网 址：http：//www. dufep. cn

读者信箱：dufep @ dufe. edu. cn

大连图腾彩色印刷有限公司印刷

幅面尺寸：170mm×240mm 字数：234千字 印张：16.5 插页：1
2016年8月第1版 2016年8月第1次印刷
责任编辑：时 博 责任校对：贺 心
封面设计：冀贵收 版式设计：钟福建
定价：39.00元

前言

　　自 1981 年恢复国债发行以来，我国的国债市场从无到有，从小步前进到跨越式发展，已经走过了 30 余年的发展历程，取得了积极成就。随着我国国债市场的快速发展，国债在筹集财政资金、支持国家重大基础建设项目、改善经济结构、保持适度的经济发展速度等方面都发挥了巨大作用。国际金融危机爆发以来，我国及时将稳健的财政政策调整为积极的财政政策，国债规模进一步扩大，国债市场在经济社会发展中地位进一步凸显。但与国际发达经济体国债市场相比，我国国债市场的发展还处于初期阶段，依然存在市场分割等影响市场运行质量的问题。国际经验和中国实践都表明，国债市场不仅可以筹措资金弥补财政赤字、为政府实施反周期宏观调控提供操作工具，还可以为一国的金融深化提供必要的市场条件，从而实现资本市场和货币市场的平稳发展。因此，在中国综合国力上升、人民币区域化和国际化的背景下，深入考察我国国债市场运行质量不仅是迫切的，而且是必要的。

　　本书以提升我国国债市场运行质量为目标，在系统梳理、归纳国内外国债市场研究的既有成果的基础上，以市场微观结构理论、有效市场理论、利率期限结构理论和金融市场监管理论为支撑，在理论上构建起国债市场运行质量的分析框架，设计了一套相对完备的国债市场运行质量的测度指标体系，并运用该指标体系从实证角度分析了我国国债市场运行质量。借助对市场运行质量的测度，可以研究市场投资者的行为，分析市场机制对市场参与者的作用机理，揭示价格的发现过程，考察不同市场的流动性等，检验市场价格变动对宏观经济的预测准确程度，论证现行法规体系、监管体系和托管结算体系对国债市场发展的作用，进而对我国国债市场整体运行质量有一个客观的认识，再通过考察发达经济体发展国债市场的成功经验，并对其发展路径及特征进行归纳，理顺我国国债市场改革的基本思路，最终提出提高我国国债市场运行质量的制度安排和政策建议。

本书的观点与结论如下：

1. 国债市场运行质量是指在既定的市场结构和市场行为下，国债市场在发挥其应有功能方面所达到的现实状态。它是通过国债发行市场运行质量、国债流通市场（包括国债现货市场和国债衍生市场）运行质量、国债市场管理质量三方面体现的。

2. 经过 30 多年的发展，我国已基本形成了相对完整的国债发行市场、流通市场和衍生市场，初步建立起多层次的银行间国债市场、交易所国债市场和场外柜台国债市场三大市场体系。

3. 在我国国债发行市场运行质量方面，机构投资者作用明显，产品结构日趋丰富，定价机制以混合式招标为主，固定发行制度、续发行制度、预发行制度框架基本建立，发行期限逐步缩短，发行成本率处于下降趋势；通过实证检验表明发行市场价格招标或利率招标结果与二级市场的同期限同品种债券收益率在长期内具有动态均衡稳定关系，发行定价效率较高。但同时我国国债发行市场也存在国债承销团、国债一级自营商功能亟待加强，国债品种与期限结构尚需丰富，发行机制与发行制度需进一步市场化等问题。

4. 在我国国债流通市场（现货市场）运行质量方面，交易所国债市场得到了快速恢复和不断完善，银行间国债市场已具备相当的广度和深度，柜台市场不断完善和发展。实证检验表明，银行间市场流动性总体上要好于交易所市场；银行间市场和交易所市场都具有显著的波动聚类性，但杠杆效应都不明显；做市商的双边报价机制对债券价格有一定的引导作用，且银行间市场做市商做市效率要高于交易所固定收益平台；长短期利差对我国 GDP 增长率、工业增加值增长率具有明显的先行作用。但同时我国国债流通市场也存在市场仍呈分割状态、市场参与主体结构有待优化、做市商制度亟待完善、对外开放程度不够等问题。

5. 在我国国债衍生市场运行质量方面，国债期货交易重新启动，国债回购交易一家独大，其他衍生交易交投不足。通过实证检验，国债回购利率与 Shibor 利率相互影响，央行票据发行利率、AAA 级固定利率企业债券到期收益率对国债回购利率具有单边影响，国债回购利率对人民币理财产品预期收益率具有单边影响；国债期货交易对现货国债价格变化具有较好引导效用，且在一定程度上发挥了规避利率风险的功能，但增加了现货市场（主要是交易所市场）的波动性。同时，我国国债衍生市场存在市场结构单一、交易品种有待丰富、衍生功能不强等问题。

6. 在我国国债市场管理质量方面，国债市场法律法规体系相对健全，监管体制呈多部门监管状态，托管结算体系相对统一。但也存在立法基础薄弱，市场监管分工不合理、协调机制不健全、托管结算集中度不高等问题。

针对上述影响我国国债市场运行质量的问题，本书提出如下政策建议：在提升国债发行市场化水平方面，提出要完善发行机制和发行制度、优化国债金融资产结构、加强一级自营商和国债承销团建设、发展国债离岸市场；在促进国债流通市场规范有效发展方面，提出构建高效的做市商制度、大力发展市场经纪人、构筑基准国债收益率曲线；在积极发展国债衍生市场方面，提出进一步完善国债回购业务、推动国债期货规范持续发展、适时启动国债期权交易、加强场外衍生品市场基础设施建设；在维护国债市场公平公正方面，提出完善国债市场法律法规体系、加强市场间的互联互通、改革债券市场监管体系。

寇楠

2016 年 6 月

▎目录

第1章 导论

1.1 研究背景与选题意义

1.1.1 研究背景

自 1981 年停发了 22 年的国债首次恢复发行以来，中国的国债市场已经走过了 34 个年头，经历了从无到有、从不完善到逐步完善、从不规范到逐步规范的过程，业已成为中国改革开放进程中的重要组成部分。其主要成就表现在以下几个方面：一是多层次的市场结构和市场体系初步建成。我国现已基本形成相对完整的国债发行市场、流通市场和衍生市场，并初步建立了银行间债券市场、交易所市场和柜台市场三大市场体系。二是市场规模不断扩大。国债托管规模稳步扩大，2010—2014 年，国债托管量分别为 62 627 亿元、67 838 亿元、74 235 亿元、83 163 亿元、91 451 亿元，占 GDP 的比重大体保持在 15%～18%；发行规模略有波动，国债发行规模分别为 17 778 亿元、15 446 亿元、14 362 亿元、16 944 亿元、17 745 亿元；国债交易量持续攀升，仅银行间国债市场现券交易和回购交易总和就从 2009 年的 235 242 亿元攀升到

2014 年的 893 233 亿元。三是市场产品种类丰富。从交易品种看，包括现券交易、回购交易、远期交易和期货交易；从期限结构看，目前国债期限已包含从 3 个月~50 年不等，其中以待偿期在 5 年以下的国债为市场需求主要品种。四是市场参与主体逐渐多元化。2012 年末，国债市场参与主体中一级托管投资者已达到 12 415 家，受丙类账户清理影响，2013 年末一级托管投资者降至 6 075 家，2014 年末小幅增长至 6 681 家。五是制度建设加速创新。在一级市场上，先后实行了国债招标制度、国债余额管理制度、信息披露制度、关键期限国债固定滚动发行机制以及预发行制度；在二级市场上，市场互联互通机制、集合竞价机制和做市商机制有效激发了市场活跃程度。六是法制环境与监管体系日臻完善。初步形成了包括法律、行政法规、规范操作性文件以及自律性协议、业务协议在内的相对健全的法规体系；根据市场类别、业务环节的不同进行分类监管；构建起了债券托管结算的基本框架，实现了债券无纸化、集中登记托管和实时券款对付结算。

随着我国国债市场的快速发展，其在筹集财政资金、支持国家重点大型基础建设项目、改善经济结构、保持适度的经济发展速度等方面都发挥了巨大的作用。特别是国际金融危机爆发以来，中国政府及时将稳健的财政政策调整为积极的财政政策，国债规模在 2009 年、2010 年实现爆发性增长，发行规模比 2008 年分别增长 96.1%、119.1%，2009 年国债余额占 GDP 比重比 2008 年提高 0.6 个百分点。国债市场在经济和社会发展中的地位进一步显现。同时，我国要逐步实现人民币的国际化，提高中国金融市场的世界影响力，都需要国债市场的发展作为基础。

国际经验和中国实践都表明，国债市场不仅可以筹措资金弥补财政赤字、为政府实施反周期宏观调控提供操作工具，还可以为一国的金融深化提供必要的市场条件，从而实现资本市场和货币市场的平稳发展。因此，在中国综合国力上升、人民币区域化和国际化的背景下，深入考察和研究中国国债市场运行质量不仅是迫切的，而且是必要的。

1.1.2　选题意义

作为一国金融市场的基本组成部分，国债市场在宏观上是财政政策和货币政策重要的操作平台和传导渠道，在微观上是投资者进行资产配置的重要途径，其经济金融地位不言而喻。而国债市场运行质量的高低直接决定了国债市场作用能否有效发挥。

首先，有利于强化国债市场的基础性地位。在高质量运行的国债市场中，投资者的预期更为稳定而一致。因此，市场整体价格水平不会受到个别国债品种价格波动的影响，国债收益率的定价基准地位可以得到更好的稳固；在国债回购交易中，国债作为抵押品需要具备可靠的潜在价值或变现价值，只有在高质量运行的市场中，国债的这种价值才能得到保障，从而保证了回购交易的顺利进行，国债市场的融资效率才会得到提升；在高质量运行的国债市场中，利率变动信息的传递与分布更加有效，为中央银行进行公开市场操作、传导货币政策取向提供了有效渠道和平台。

其次，有利于提升国债市场的风险防范能力。国债以国家信用为基础，信用风险几乎不存在，但利率风险、再投资风险、汇率风险、提前偿还风险、通货膨胀风险等仍是投资者需要面对的风险。在国际金融市场发生危机等突发事件时，投资者为减少整个投资组合的信用风险，通常尽快将低信用等级的金融产品卖出，同时买入高信用等级的金融产品。这就需要一个高质量运行的国债市场，为投资者迅速调整投资组合、应对突发事件、及时转移风险提供渠道。此外，市场中还存在可以帮助投资者防范特定风险的特定国债品种，如可帮助投资者规避通货膨胀风险的通货膨胀指数国债。

再次，有助于改善国债市场的价值评估能力。国债投资组合的流动性、安全性与收益性的最佳匹配是投资者特别是金融机构投资者所期望的，只有在高质量运行的国债市场中，投资者才能充分了解国债市场信息，才能制定更加有效的国债投资策略；同时，投资者出于风险管理的需要，会有临时性的资金融资需求，通过对不同期限国债品种的选择与组合，可以满足上述临时性需求。此外，长期持有国债的投资者通常采用市值法核算,而高质量运行的国债市场稳定性较好,国债价格波动区间越小,其会计核算压力也越小。

最后,有助于增强国债市场的资源配置能力。高质量运行的国债市场使得国债拥有了可媲美银行存款的流动性,国债可以替代银行存款作为流动性资产而在投资组合中占有更高的比例。如此,投资者会更加积极地参与国债发行市场和国债流通市场,有效增加初始投资需求,降低国债融资成本,从而使得国债市场发展空间进一步拓展,对金融资源的配置能力进一步增强。

综上,将国债市场运行质量作为选题,具有极其重要的理论和现实意义。

从理论上说,丰富了国债市场研究内容。目前理论界对国债市场的研究集中在市场的流动性、有效性等单项指标方面,以及构建统一市场、加强监管等方面,本书提出国债市场运行质量这一概念,将微观结构理论、有效市场理论、利率期限结构理论、市场监管理论运用到国债市场,并进行了相关实证检验,通过这一积极有益的探索,希望能够引起更多更深入的讨论和研究。

从实践意义上看,为今后如何深化国债市场改革,提供了理论指导与政策参考。目前,我国国债市场已经发展到了一个新的阶段,即由量的扩张向质的提升转变的阶段。在此新的发展阶段,市场运行质量如何测度、哪些因素会影响市场运行质量、如何改进市场运行质量等,都是国债市场发展新阶段必须面对又必须回答的问题,对此问题的认识及答案,直接关系到国债市场发展方向,进而影响整个金融市场的健康快速发展。

1.2 相关文献综述

在确定本书的主题后,对国内外学者已有的理论研究和实证研究结论进行重新梳理、归纳与评价,为本书的写作提供重要的理论源泉和研究基础。

1.2.1 国外研究现状

在国外研究文献中，与国债市场运行质量研究有直接关系的资料并不十分丰富，更多的文献则是集中在债券市场效率、流动性等某单一指标与国债市场运行质量有间接关系的研究。

1.关于债券市场质量评价标准的研究

在现有的证券市场理论中，市场质量的评价标准通常是与市场完美运行状态紧密相关的，主要的观点包括：一是纽约证券交易所在2000年发布的《市场结构报告》中提出，市场结构设计应遵循7项原则，即最优执行原则、公平原则、流动性原则、稳定性原则、效率原则、可靠性原则、不伤害原则。世界证券交易所联盟提出，市场结构建设应以流动性、透明性、最优执行、有序市场等为目标。二是多伦多证券交易所提出的Kirzner模式，认为理想市场应具备8项属性：流动性、成交及时性、较低的交易成本、有效的价格发现、市场透明性、公平性、风险防范的适正性和市场的适正性。三是学者提出的评价标准，Amihud（1990）认为，有效的价格发现使得价格更加具有信息效率，主张构建提供高流动性和增强有效价格发现的市场结构；Domowitz（1990）认为，理想市场须满足可信任的价格发现、广泛的价格传播和有效的对冲价格风险3个条件；Madhavan（1992）强调市场质量的属性包括价差、流动性和波动性；Glen（1994）主张衡量市场质量可从流动性、波动性、有效性、透明性4个方面入手。

2.关于证券市场效率的研究

金融市场效率是指通过金融市场对金融资源进行动员、调节和分配所能达到的帕累托最优的状态。发达国家的证券市场，尤其是股票市场是传统的金融市场效率研究的重点。归纳起来，西方证券市场效率理论大致有：（1）完全竞争市场理论。竞争性的均衡配置可以实现帕累托最优状态（Arrow和Debreu，1954），而证券市场因具备参与者众多、交易证券标准化、资源自由流动和信息完全公开等特征，使其可视为完全竞争市场，能够达到帕累托最优状态，谁也无法从市场中获得超额利润。（2）有效市场假说。E.Fame（1965，1970）认为不同的信息对证券市场会产生不同的影响，而信息的不同则体现在价格上，如果市场中的价格总能够充分反映所有可得信息，那么这个市场就是有效的，可见该理论将市场价格作为反映市场效率的核心指标。(3)信息不对称理论。该理论假设，交易双方清楚知道彼此所掌握的市场信息是不对称的和自己在信息占有方面的相对地位，导致了交易过程中拥有信息优势的一方出现"逆向选择"和"道德风险"，进而影响证券市场效率。(4)行为金融理论。该理论认为，由于存在种种制约因素，市场参与者不可能是完全理性的，因此无法完全正确处理相关信息而做出有偏差的投资决策和投资行为，引起证券的市场价格偏离其真实价值，从而降低了证券市场效率。(5)证券市场内、外在效率理论。市场效率可分为外在效率和内在效率（West 和 Tinic，1976），外在效率是指证券的价格对有关的信息变化做出反应的速度，反映的是市场调节和分配资金的效率；内在效率是指交易者完成一笔交易的时间是否最短、交易费用是否最低，反映的是市场的组织功能和服务功能的效率。(6)分形市场假说。Peters（1994）以混沌理论为基础提出的分形市场假说认为，市场价格的变动与相关信息之间存在非线性的因果关系。原因是，投资水平的差异导致不同投资者对同一信息的反应和处理的差异，而这种差异使得某一投资水平的波动会被其他投资水平所吸收，从而保证了市场效率。

3. 关于国债市场流动性的研究

流动性指标设计、流动性静态和动态特征分析是早期流动性问题研究的焦点。国外学者先后设计并使用了买卖报价价差、有效价差、已实现价差、发行量、交易额、换手率、交易频率以及参与交易的做市商或经纪人数量、是否属于基准国债、是否属于新券等流动性指标，对美国、加拿大、德国等国债市场流动性进行了度量（如 Tanner 和 Kochin，1971；Kamara，1994；Fleming，1997；Chakravarty 和 Sarkar，1999；Jankowitsch，Maosenbacher 和 Pichler，2002；Diaz 和 Navarro，2003 等）。

随后有学者在研究中引入了计量方法，在早期研究的基础上，配合运用报价深度、价格影响系数、新券/旧券收益率差等指标更加全面地度量一些国家国债市场流动性（如 Fleming，2001；D'Souza，Gaa 和

Yang，2003 等）。Hu，Pan 和 Wang（2013）打破了从市场微观结构的角度研究流动性传统，运用 Svensson 模型根据国债价格日数据拟合的利率曲线确定当天各国债的内在价值，使用各国债市场价值与内在价值之间的差异（称为"定价噪音"）衡量市场流动性。

在影响流动性因素、跨市场流动性关联性等方面，BIS（1999）提出，投资者行为、品种结构、市场微观结构会对国债市场流动性产生影响，是其主要影响因素。Fleming 和 Remolona（1997）、Goyenko（2005）则发现美国国债市场流动性受到宏观经济信息、财政政策、货币政策的影响。Chordia，Sarkar 和 Subrahmanyam（2003）分析认为股票市场与国债市场的流动性显著相关，且货币供给的变化对国债市场流动性有着正向影响。Goyenko（2009）研究发现，债券市场和股票市场的流动性受货币政策的影响比较显著并且持续时间较长，货币政策首先对债券市场的流动性产生影响，但对股票市场流动性的冲击更高。

4. 关于国债市场波动性的研究

金融时间序列通常是不稳定的，主要有两种表现形式：一种是聚类性，即大的波动往往伴随着大的波动，而小的波动往往伴随着小的波动，表现为收益率分布的"尖峰尾厚"特征；另一种是杠杆效应，即负面消息的冲击所产生的波动将大于等量正面消息冲击所产生的波动。

在金融时间序列波动的模型研究方面，自 Bollerslev（1986）指出可用广义自回归条件异方差模型来刻画波动的聚类性以来，关于 GARCH 族模型的研究不断涌现，对残差服从的分布也从正态分布逐步扩展到偏 t 分布等非对称分布上。Jones（1998）认为美国国债波动符合单变量 GARCH 过程。Erossi 和 Zucca（2002）的研究发现意大利国债市场的波动服从非对称的 GARCH 模型，并得出了在 GARCH 模型下的对冲策略明显优于久期免疫策略和最小二乘算子免疫策略的结论。Sriananthakumar（2003）利用基于正态分布、学生分布、有偏的学生分布的 ARCH 类模型，实证研究估计了澳大利亚指数、S&P500、DowJones 工业指数每周回报率的风险价值，得到了 GARCH（1，1）－T 分布优于其他分布的假设。Audrino、Trojani 和 Januar（2005）利用 TGARCH 模型考察美国国债市场，发现数据的条件相关系数依赖于一个简单的门限结构。Hunter 和 Simon（2005）利用双变量 GARCH 模型检验出美、英、德、日 4 个国家国债市场的均值与方差存在溢出效应。Cappiello，Engle 和 Sheppard（2006）发现美国国债市场的波动的非对称性并不明显，但其条件相关系数却呈非对称性。

5. 关于国债市场有效性的研究

国外对债券市场有效性的研究开始于 20 世纪 70 年代。与其他债种相比，国债的流动性和规模明显占优，一般学者会以国债价格为基础推断整个市场的情况。

Mishkin（1978）检验美国长期国债持有期收益率不能拒绝无自相关的假设，但对于短期债券来说，则常表现出较强的自相关性。Mishikin（1978）认为短期利率不能预测长期国债价格的变化。Shiller（1979）检验了美国国债市场利差预测长期国债到期收益率的变动以及长期利率预测长期国债持有期超额回报率的能力，发现结果不支持系数为零的假设。Fama 和 French（1993）检验长、短期利差和信用溢价预测长期国债月度超额回报率的预测能力，发现系数显著。

在宏观经济信息的发布对国债价格的影响研究方面，早期的多数实证结果显示当货币供给量等数据公布后，国债市场价格会发生显著变化，即存在"公告效应"。但 20 世纪 80 年代中期以后这种公告效应在逐渐减弱（Dwyer 和 Hafer，1989）。Smirlock（1986）实证发现宏观经济数据如生产者物价指数（PPI）、消费者物价指数（CPI）和失业率等的宣布较少影响国债价格和对应的到期收益率。Fleming 和 Remolona（1997）使用高频数据对当时最活跃的 5 年期国债的 5 分钟成交数据进行了研究。实证结果显示，国债价格对新信息冲击的反应一般会在信息发布后 15 分钟内完成。Balduzzi 等（2001）研究发现宏观经济信息的公布对国债市场价格、交易量和买卖价差的影响非常显著，价格受信息影响而进行调整的时间非常短，常在 1 分钟内完成，但价格波动性和交易量会在随后的 30~60 分钟内持续增加。

6. 关于国债市场管理的研究

西方监管理论演变可分为 3 个时期：在 20 世纪 50 年代以前的监管理论认为，监管是弥补市场失灵的政府干预手段；50 年代至 70 年代，监管理论主要集中于对监管效率的分析；70 年代以来，监管理论主要分析监管外部政治环境的变化以及由此形成的博弈关系，研究要不要监管以及监管到什么程度。先后形成了金融脆弱性假说、利益集团理论、寻租理论、公共选择理论等监管理论。

政府管制政策可分为竞争性管制和保护性管制两类：（1）竞争性管制，即主要用来防范串谋的机制设计。随着新规制经济学的迅速崛起，Laoffnt 及其主导的 Touluoes 学派在促进防范串谋的机制设计理论发展成为一个完整分析框架方面做出了很多贡献。（2）保护性管制，可细分为债权人权益保障机制和效率型监管。债权人权益保障机制是否健全关系到债务契约签订的交易成本，进而制约上市交易的债券品种和衍生交易工具的创新，影响投资者的风险规避倾向，从而决定了整个债券市场的规模。Laporta 等（1997，1998），通过构建基于法律准则的自动保全有保障资产、债权人优先偿还保障、对企业自发重组的限制、破产时控制权的转移等 4 个方面的债权人权利指数，验证了一个国家债券市场规模与债权人权利保护程度呈正相关；效率型监管，是指市场监管应以效率（Schwartz，1995）为目标，通过市场化监管（Oesterle，2000）手段，以此来保护投资者权益，保证市场公正、效率和透明，降低系统性风险。

1.2.2　国内研究现状

国内学者在上述方面也进行了大量的理论研究和实证分析。鉴于本书的研究主题，国内研究现状集中归纳国内学者对中国国债市场发展进程中的重大事件以及亟待解决问题的研究成果。

1. 关于国债市场分割状态与影响方面的研究

刘铁峰、田鹏（2004）通过对国债跨市场转托管的现状分析，提出了合理增加跨市场国债品种、支持个人转托管、提高跨市场转托管效率、建立中央集中托管体系等进一步统一市场的设想。蔡国喜（2004）、袁东（2006）分析了托管结算体制的分割对国债市场一体化的影响，提出托管清算结算制度的改革可以结合交易所债券现货与回购交易制度的改革共同推进，加快推进统一安全高效债券市场托管结算系统与相关制度的建设等建议。陈岱松、魏华文（2008）认为我国债券市场分割主要表现在交易主体、托管体系和监管主体 3 个方面，提出让商业银行重返交易所债市、构建统一的债券托管体系和理顺债券市场监管体系 3 种制度设计。王一萱、屈文州（2005）研究认为我国货币市场与资本市场之间不存在紧密的联系，并且交易所债券市场的即期利率初步具备了合理的期限结构图形，而银行间债券市场还没有，并提出积极推进债券市场统一、大力发展跨市场产品、扩大投资主体的连通程度、拓宽两个市场的融资渠道、构建四方联合监管协调机制等推动市场一体化的实现路径。袁东（2004）通过比较银行间和交易所国债市场的波动率发现，交易所市场的功能与效率要更强一些。黄玮强、庄新田（2006）研究表明，在长期内交易所国债指数和银行间国债指数不存在内在的均衡关系，但是短期内存在联系。徐小华、何佳、吴冲锋（2006）应用 STAR-ARCH 和 EGARCH 模型，发现债券市场的分割使得交易所债券市场存在明显的杠杆效应，而银行间债券市场却不存在。杨良初、杨荻（2013）运用 VAR 模型从债券市场本身、股市、货币政策、宏观经济环境 4 个角度全面地对银行间与交易所债券市场的联动关系问题进行分析和讨论，得出了两债券市场存在一定的联动性、银行间债券市场相对交易所债券市场更具有效性的结论。

2. 关于债券市场对宏观经济变量影响方面的研究

陈朝阳、胡乐群和万鹤群（1996）研究认为我国证券市场与宏观经济高度相关，并且证券市场的走势领先于宏观经济一致合成指数走势。徐莉芳、季敏波（2000）分析认为国债内部收益率与物价指数正相关且对物价的反应是滞后的，期限越长，弹性越大。胡俊华（2001）研究表明 CPI 与债券收益率具有正相关关系。王小坚（2009）指出货币政策对债券市场的影响程度是递减的，且会因债券的期限不同而不同，对长期债券的影响力衰减最快，对短期债券的影响持续时间最长。陈秀琼（2010）分析表明不同期限的债券投资收益率对经济增长、通货膨胀、货币政策以及资金供求等影响因素的反应是不同的。陈勇（2010）构建了宏观经济、货币政策与债券市场互动关系的理论框架，研究表明中央银行通过各种数量型和价格型货币政策工具作用于债券市场，会影响企业和个人的经济行为，最终作用于宏观经济层面；宏观经济指标的变化，会对债券市场产生影响；债券市场的发育程度会对货币政策的有效性产生影响。

3.关于国债利率期限结构方面的研究

在利率期限结构曲线的估计问题方面。国内学者先后采用一元线性回归法、非线性回归法、息票剥离法、多项式样条函数法、广义息票剥离法等方法估计和拟合国债收益率曲线。赵宇龄（2003）实证研究表明，Nelson-Siegel 模型能够通过参数方程来表达即期利率的变化，并针对当前的债券价格调整方程内的参数，将债券的定价误差降到最小，得到最优参数所对应的方程。朱世武和陈健恒（2003）采用多项式样条函数法和 Nelson-Siegel-Svensson 扩展模型拟合国债收益率期限结构发现，模型在近端的拟合效果要好于远端。文忠桥（2013）利用粒子群算法，以 2007—2009 年银行间国债市场的日交易数据模拟 Nelson-Siegel 模型，通过构建参数 β_1 和 β_2 的 AR（2）模型对利率期限结构进行预测，样本内的预测结果比较理想，但样本外的预测绩效不佳。

在国债利率期限结构曲线和宏观经济变量之间相互关系方面。郭涛、宋德勇（2008）认为我国利率期限结构所隐含的远期利率可以预测未来利率，其水平因子对未来通胀有一定预测能力，货币政策状态亦可通过长短期利差得到较好的反映。石柱鲜等（2008）基于 VAR-ATSM 模型分析发现，在经济增长率和通货膨胀率的短期预测能力方面，中长期利差较长期利差的预测能力更强。康书隆（2010）研究认为不同于成熟国债市场，我国国债利率曲线呈现出即期利率曲线波动大且变动不连续、中长期利率水平移动、长期利率波动大以及利率分布右偏等风险特征，但长期利率和长短期利差还是可以作为宏观经济运行状态的指示器的。

4.关于国债期货市场的研究

党剑、巴曙松等（2003）认为期货品种、市场条件、政策因素、信息披露、管理制度、计算机系统等多方面问题综合作用导致了"327 国债期货风波"的发生。上海期货交易所研究报告（2003）表明，现券市场不发达、券种及期限结构不合理，缺乏统一的法规与监管体系，存在用现券机制管理期货的误区，这些都是应该从"327国债期货风波"汲取的教训。刘邦驰、何迎新（2005）借鉴西方各国国债期货发展的经验教训，指出若我国重启国债期货交易，应在培育国债现货市场、提高期货合约科学性、加强风险管理、完善信息披露制度、发展机构投资者、加强法律法规建设等方面下功夫。鲍建平、杨建明（2006）等总结英国、德国国债期货市场监管经验，提出中国应借鉴之处：一是监管部门在维护市场稳定运行、防止市场操纵行为方面应该发挥更大作用；二是应当构建国债期货、现货与回购市场统一的监管体系和托管清算系统。马晓涛（2012）选取我国国债期货仿真交易的数据，运用ECM模型计算发现运用交割月份与现货交易相近的期货合约进行套期保值的效果较好，而且运用标的资产与现券相符的国债期货进行套期保值的效果更好。

5. 关于做市商制度方面的研究

袁东（1997）提出我国债券交易应以场外市场为主，且应引入做市商制度。朱世武、许凯（2004）选择做市商对银行间债券市场30只国债的买卖报价差，描述了债券市场流动性表现。王建国（2006）以欧洲主要的债券交易平台MTS为重点，详细考察了欧洲国债市场的交易机制和做市商制度，并提出要从改革发行制度、完善做市商制度法规体系、建立对做市商的激励机制与考核约束机制等方面完善我国债券市场做市商制度。管圣义（2007）认为应从建立国债承销商做市制度，细分国债做市商市场层次，为做市商提供融券支持，增加报价信息透明度等方面建立国债做市商制度。姚秦（2007）在其博士论文中对做市商制度进行了比较详实的理论和实证研究，认为做市商制优于询价制，应该作为我国银行间债券市场交易机制优化和发展的方向。张瀛（2007）分析得出虽然理论上竞争性做市商可以有效降低报价价差，但鉴于目前银行间债券市场信息不对称程度较严重，垄断性做市商更有利于维持市场运行。

1.2.3　国内外研究成果评述

1. 国外研究成果评述

第一，国外学者的研究重点集中于发达经济体的国债市场样本，相对于发展中国家，发达国家的国债市场发展得比较成熟，运行质量相对较高，在金融市场中的基础地位更加突出，并在直接融资、配置资源、价格发现、对冲风险、投资选择、保持金融体系稳定、促进经济发展等方面发挥着积极作用。因此，建立一个高质量运行的国债市场对各国来说都是必要而且具有重要的战略意义的。这为本书选题的理论意义和现实意义提供了有力的佐证。

第二，国外学者提出关于债券市场质量评价标准以及市场效率、市场管理的一般理论，为本书研究国债市场运行质量提供了部分理论基础，具有重要的启示作用。

第三，国外学者通过流动性、波动性以及有效性的研究，对相关国家国债市场运行质量做出了一定的描述，并提供了具体的测度指标、分析方法和计量模型，为本书指标体系的设计提供了有益的参考，本书指标体系中的部分指标的设置及计量模型的选用就是借鉴了国外相关研究。

第四，国外学者对发展中国家国债市场的研究力度不够。虽然2002 年 BIS 汇集了亚洲、拉丁美洲/南美洲、东欧等 15 个发展中国家（地区）的国债市场研究成果，并为发展中国家国债市场研究工作提出了诸多思路，但在随后的研究文献中类似的研究成果仍然较少。本书通过研究全球最主要的发展中国家——中国的国债市场运行质量，尝试对其进行有益的补充。

第五，国外学者的研究主要是围绕报价驱动交易方式和做市商制度等主流制度安排展开的，对以指令驱动交易方式为主的交易所国债市场的研究成果不多，特别是对两个市场的比较研究仍显不够，不利于对整个国债市场进行统一描述。本书就是以此为切入点，围绕不同交易方式、不同交易市场开展综合分析。

2.国内研究成果评述

第一，国内学者关于我国国债市场分割状况及其影响方面、做市商制度方面的研究，切中当前我国国债市场的要害，所提出的加快推进市场互联互通、改进做市商制度的相关建议和制度安排，有的已经得到较好落实，在建设全国统一的国债市场方面取得了较好效果，但仍有一些政策建议受诸多因素影响尚未实施或推进缓慢。这些都为本书客观分析我国国债市场发展现状，有针对性地提出政策建议和解决途径奠定了良好基础。

第二，国内学者关于国债市场、国债利率期限结构对宏观经济影响方面的研究，使作者清醒地认识到国债市场不仅包含发行、交易、付息与兑付等多个环节，国债本身所具有的不同于其他金融产品的特殊性质，使得国债市场与宏观政策、相关市场之间也存在密切关系，国债市场运行质量影响因素分析涉及诸多研究方面。这就要求本书在设计测度指标时，不能仅局限于国债市场自身，还要将国债市场置于经济金融大背景下进行研究。

第三，国内学者关于国债期货方面的研究主要集中于国债期货交易试点失败的教训的总结，并对国债期货重启进行了大量的理论探讨。这为本书在发展国债衍生市场，特别是加快推进国债期货交易、适时推出国债期权交易的制度安排方面，如何趋利避害、防微杜渐提供了可供参考的经验教训，使得本书提出的相关政策建议更符合我国的实际情况。

第四，国内现有对国债市场运行质量的研究尚未形成基本的框架，缺乏整体性和统一性，指标构建方法有待完善，现行的描述指标远没有涵盖市场运行质量的各个方面。而本书所构建的测度指标就是对现有研究的完善与改进，以提高市场运行质量测度标准和水平。

综上，国内外学者的研究成果为本书提供了可供借鉴的有益参考，但尚有诸多不足。因此，需要本书在更广泛的范围内和从更多的角度对国债市场运行质量进行深入研究和探讨论证。

1.3　研究思路及技术分析路线

本书首先以市场微观结构理论、有效市场理论、利率期限结构理论、金融市场监管理论为支撑，从理论上构建了一个国债市场运行质量的分析框架，并把它放置在我国正处于发展新阶段的国债市场的背景之下。在此基础上，从实证的角度考察了发达国家发展本国国债市场的国际实践，总结出我国国债市场建设中可供借鉴的经验启示，描述了我国国债发行市场、流通市场、衍生市场和市场管理的发展历程和现状。之后，运用所构建的指标体系对我国国债市场运行质量进行定性测度，分别选取了国债发行市场的定价效率指标，国债流通市场的流动性、波动性、有效性和先行性指标，国债衍生市场的国债回购利率与其他金融市场利率相关性、国债期货功能指标对我国国债市场运行质量进行了定量分析。最后本书分别从提高国债发行的市场化水平、促进国债流通市场规范有效发展、积极推进国债衍生市场发展、维护国债市场公平与公正等视角，有针对性地提出改善我国国债市场运行质量的制度安排和政策建议。

对应上述研究思路，除第1章导论外，本书章节安排和主要内容如下：

第2章首先明确了国债市场在金融市场、债券市场中的基础地位，阐述本书对国债市场运行质量的界定；然后，介绍了金融市场微观结构理论、有效市场理论、利率期限结构理论、金融市场监管理论；在此基础上全面阐明了国债市场运行质量测度指标设置的基本原则、层次特征及主要指标设置。为后续各章的展开打下基础。

第3、4、5章分别从国债发行市场、国债流通市场、国债衍生市场3个层面出发，对各市场运行质量进行了定性描述和定量测度。每章开篇介绍了各市场的架构，主要介绍各市场布局和构成；随后介绍了部分发达国家和发展中国家在发展本国国债市场中的实践经验及对我国的启示；最后从实证的角度，对各市场运行质量开展现实的考察，并运用第2章中构建的指标体系开展定量测度，从而客观评价目前我国国债各市场运行质量状况，提出存在的问题。

第6章主要从国债市场管理层面出发，结构同第3、4、5章相似，将国债市场管理架构划分为法律法规体系、市场监管体系、托管结算体系3个子系统，总结归纳了国债市场管理的国际实践和经验借鉴，最后对我国国债市场管理的现状进行定性描述。

第7章总结了一系列的研究理论，针对我国国债各市场运行及市场管理中存在的问题，从制度安排和政策建议方面提出自己的解决思路。技术分析路线见图1-1。

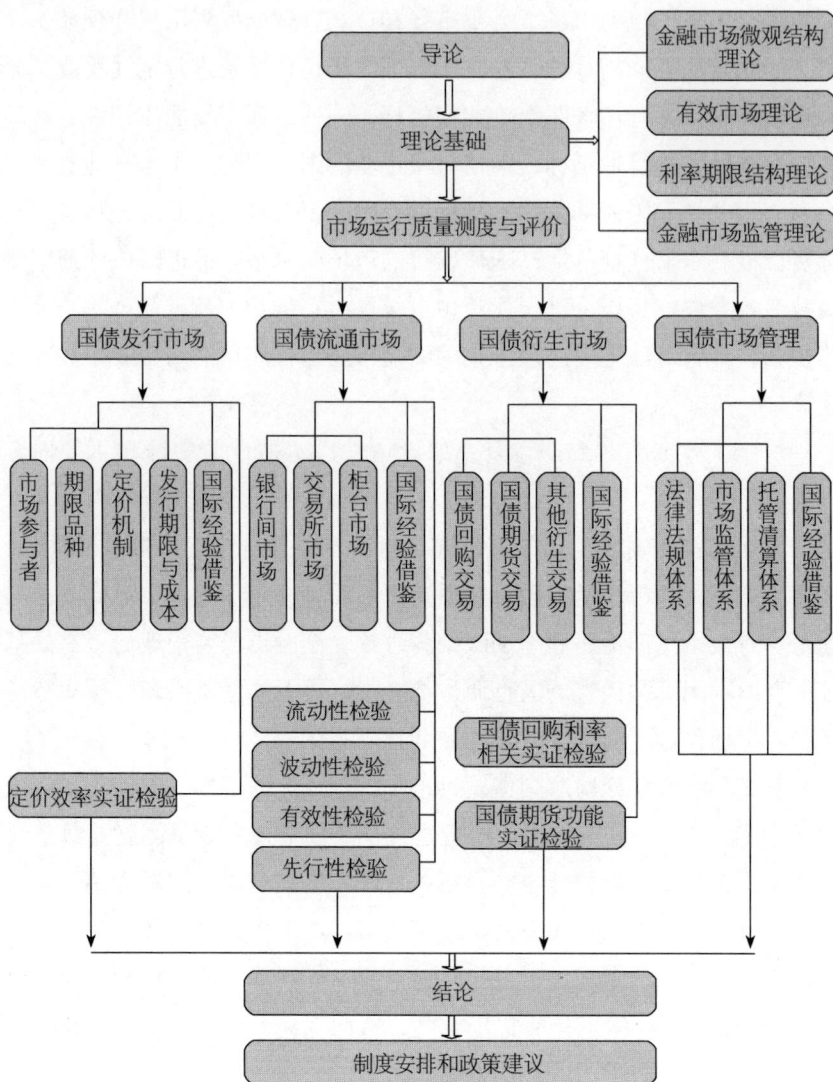

图 1-1 技术分析路线图

1.4 本书的研究方法

对于我国国债市场运行质量的研究，必须以真实可靠的信息和数据为基础。经济现象是复杂的，经济理论研究的目的并不是描述经济生活和经济过程，而是运用适当的分析方法，从大量数据和案例中去伪存真、去粗取精地抽象，认识和揭示现象的本质，进而提出有建设性的建议。本书主要使用以下研究方法：

一是文献归纳与理论阐述相结合。关于国债市场运行质量，学术界已经取得了一些研究成果，系统梳理、归纳、总结国内外既有学术成果，既可以为本书提供参考借鉴，亦可以发现既有研究成果中的不足，从而进一步明确本书的研究方向与重点。在明确了研究方向与重点后，本书对市场微观结构理论等理论进行了阐述，并以此为基础构建了本书分析的理论框架，此后的所有研究均依照此框架展开。

二是实证分析与规范分析相结合。本书中关于金融市场微观结构理论等 4 个理论的阐述，并依据相关理论提出高质量运行的国债市场的标准，属于规范分析；对国债市场运行质量的国际经验借鉴则属于经验实证分析；通过构建指标体系，分层次对我国国债市场运行质量进行描述和检验，也属于实证分析；最后，在关于提升我国国债市场运行质量的制度安排和政策建议方面，都是回答的"应该怎么做"的问题，属于规范分析。

三是定性分析与定量分析相结合。本书对我国国债市场发展现状的描述和存在问题的提出，属于定性分析；在进行定性分析的同时，运用了多种定量分析方法，如：运用数据表格、时间序列图等对不同市场若干变量的主要特征进行描述性分析；运用统计分析方法计算变量之间的相关系数；采用了多种计量模型及相关的分析方法，应用于时间序列数据的单位根检验、协整检验、回归分析等，并大量使用了 Eviews 等软件。

四是历史回顾与比较分析相结合。国债市场历经 30 多年的发展，涉及领域较广，影响因素繁多，需要从历史沿革的角度对产生和演进的基本历程进行回顾与研究，以明晰市场发展的历史与现实原因。建设高质量运行的国债市场，离不开在分析我国现实需求与未来发展方向的同时，比较并借鉴国际上国债市场建设方面的成功经验，在提出相关制度安排和政策建议时加以科学运用。

1.5 创新点与不足之处

1.5.1 本书的创新点

本书在借鉴他人研究成果的基础上，在以下方面进行了尝试性创新：

（1）搭建了国债市场运行质量的测评系统，构建起了测度指标体系，对目前我国国债市场运行质量进行了较为客观全面的测度，从而形成了对我国国债市场运行质量的整体判断。该指标体系将国债市场运行质量分为发行市场运行质量、流通市场运行质量、衍生市场运行质量和市场管理质量，同时根据不同的市场，确定不同的测度重点，提高了测度的针对性、有效性。在此基础上，将上交所和银行间国债市场统一在相同的研究框架下，同时针对上交所和银行间国债市场运用运行质量测度指标进行评价。

（2）本书综合运用了数理经济学和计量经济学工具，全方位检验国债市场运行质量，并得出重要实证结论。如使用套期保值模型检验了国债期货风险规避功能；通过建立向量自回归模型（VAR）实证分析了国债期货的价格发现功能；运用 Granger 因果检验方法，检验了做市商双边报价机制对价格的引导作用以及国债回购利率与其他相关金融利率的关系；借助广义自回归条件异方差模型（GARCH）实证研究了国债现货市场的波动性和国债期货的推出对国债现货市场波动性产生的影响等等。

（3）本书对国债期货的价格发现功能、套期保值功能以及对现货市场波动性影响进行实证检验时，使用了国债期货主力合约的实盘交易数据，改变了目前关于国债期货功能的研究中仅使用国债期货仿真交易数据的现状，使得检验结果更符合市场的实际状态。

1.5.2 本书的不足之处

受本人能力、篇幅所限及数据获得的有限性，本书尚有不足：一是所构建的测度指标体系还不能完全涵盖国债市场运行质量的全部，仍有改进的空间；二是影响国债市场运行质量的因素很多，在文中虽努力做到全面，但仍难免遗漏，还有待在今后的学习中进一步完善。

第2章　国债市场运行质量的一般分析

对国债市场运行质量进行实证分析，探析目前国债市场运行质量存在的问题，有针对性地提出改进完善政策，必须要有相应的理论作为基础。因此，本章分 3 个层次对国债市场运行质量相关理论进行了系统分析和梳理。首先，明确提出国债市场在金融市场中处于基础地位，对国债市场运行质量的概念、划分层次进行了界定，从而引出了本书对国债市场运行质量的研究口径；接着以市场微观结构理论、有效市场理论、利率期限结构理论、金融市场监管理论为基础，以提高国债市场运行质量为切入点，提出测度指标构建应遵循的原则、测度标准、测度方法，为后续各章的展开打下基础。

2.1　国债市场与金融市场的关系

2.1.1　金融市场及其布局

1. 市场与金融市场

市场是社会为配置相对其需求来说较为稀缺的资源而设立的制度，执行着资源配置、生产商品和服务的复杂任务，是买者和卖者交换商品、服务和生产性资源的渠道。在全球经济体系中主要运行着 3 种市场类型：要素市场、产品市场、金融市场①。要素市场一方面分配生产要素，即消费部门将劳动力和其他资源卖给出价最高的生产部门，另一方面通过薪水、租金等形式向生产资源的所有者分配收入。消费部门将他们从要素市场上获得的大部分收入用于在产品市场上购买商品和服务。但并不是所有的要素收入都用于消费，一部分收入为以备未来可能之需而被储存起来，这时就需要第三种类型的市场——金融市场。

金融市场是指进行资金融通或金融资产交易的场所，是以金融资产为交易对象而形成的供求关系及其制度的总和。不同于要素市场和产品市场，金融市场是以信用为基础的资金的使用权和所有权的暂时分离或有条件让渡，市场参与者之间的关系是一种借贷关系和委托代理关系，其交易对象是一种特殊的商品即货币资金。

2. 金融市场的功能

金融市场在全球经济体系中发挥着显著作用，具体来说，可分为七大基本功能：（1）储蓄功能。金融市场为储蓄者提供了通过允许其他人使用他们过剩的当期收入来增加未来消费的机会，同时，储蓄通过金融市场转化为投资，从而得以生产更多的商品和服务。（2）财富功能。尽管人们可以选择以储存"实物"的方式储存财富，但通常要面临折旧、承受较大损失的风险。但如果选择了债券、股票和其他金融工具则其价值不会随时间的流逝而消耗掉，而且可能创造收入，同时造成损失的风险也远远小于其他储存财富的形式。（3）流动性功能。货币是唯一具有完全流动性的金融工具，而金融市场为那些以金融工具形式被持有的财富提供了一种在低损失风险下把其转化为现金的手段，这样，金融市场为那些持有金融工具但需要货币的储蓄者提供了流动性。（4）信贷功能。信贷是由未来支付承诺作为回报的暂时性资金使用权的让渡，金融市场可以提供信贷为消费与投资支出融资，使得消费者可以购买房屋、耐用消费品及偿还负债，解决企业贮存存货、扩大生产、支付工资及股东红利的资金需求，帮助各级政府开展基础设施建设，弥补日常经费支

---

① 罗斯. 货币与资本市场 [M]. 陆军，译. 8 版. 北京：中国人民大学出版社，2006.

出。（5）支付功能。金融市场提供了一种商品和服务的支付机制，某些金融资产，包括支票账户和可转让提款单账户，提供了作为支付交换媒介的服务，特别是电子支付手段在今天正在被广泛地使用，而且增长极其迅速。（6）风险规避功能。金融市场通过提供保险单、套期保值、风险对冲机制等手段，为企业、消费者和政府规避生命、健康、财产与收入风险。（7）政策功能。近几十年来，金融市场日益成为政府执行稳定经济和避免通货膨胀政策的主要渠道，通过影响利率和信贷可获得性，政府可以影响公众的借款和支出计划，反过来，这又会影响就业、生产和价格的增长。

3. 金融市场的分类

根据交易的金融要求权的不同特征以及不同投资者的需要，金融市场可以分为不同类型。按交易工具期限可划分为货币市场和资本市场。按交易性质可划分为发行市场和流通市场；按交割期限可分为现货市场和期货市场；按交易对象的不同可分为证券市场（包括股票市场和债券市场）、外汇市场、黄金市场和保险市场；按经营场所可分为有形市场和无形市场；按地理范围可分为国际金融市场和国内金融市场。就本书的研究内容而言，可用图 2-1 表示金融市场、货币市场、资本市场、证券市场、长短期国债市场和股票基金市场的关系。

2.1.2　债券市场及其作用

1. 债券的属性

债券是一种契约，规定当约定的某些事件或日期到来时，其发行者须给予持有人或受益人一定的报酬[①]。相比其他金融工具，债券是一种标明了期限、利率、偿付方式等要素的债务工具，具有以下属性：（1）固定收益性。债券是一种需要定期偿本付息的有价证券，因此债券又称固定收益类产品。（2）信用属性。债券是一种信用产品，其发行、流通、定价均受到发行主体信用的影响。（3）流动性。债券作为一

---

① 伊特韦尔，米尔盖特，纽曼. 新帕尔格雷夫经济学大辞典［M］. 陈岱孙，等，译.
北京：经济科学出版社，1996.

```
                        ┌─────────────┐
                        │  金融市场    │
                        └─────────────┘
                       ╱               ╲
                      ╱                 ╲
                     ↙                   ↘
          ┌─────────────┐         ┌─────────────┐
          │  货币市场    │         │  资本市场    │←──┐
          └─────────────┘         └─────────────┘   │
                 │                        │          │
                 ↓                        ↓          │
          ┌─────────────┐         ┌─────────────┐   │
          │  短期国债    │         │ 中长期国债   │   │
          └─────────────┘         └─────────────┘   │
                 ↖                      ↗            │
                   ╲                  ╱              │
                    ┌─────────────┐                 │
                    │  国债市场    │                 │
                    └─────────────┘                 │
                           │                        │
                           ↓                        │
          ┌─────────────┐      ┌─────────────┐     │
          │  证券市场    │─────→│ 股票基金市场  │─────┘
          └─────────────┘      └─────────────┘
```

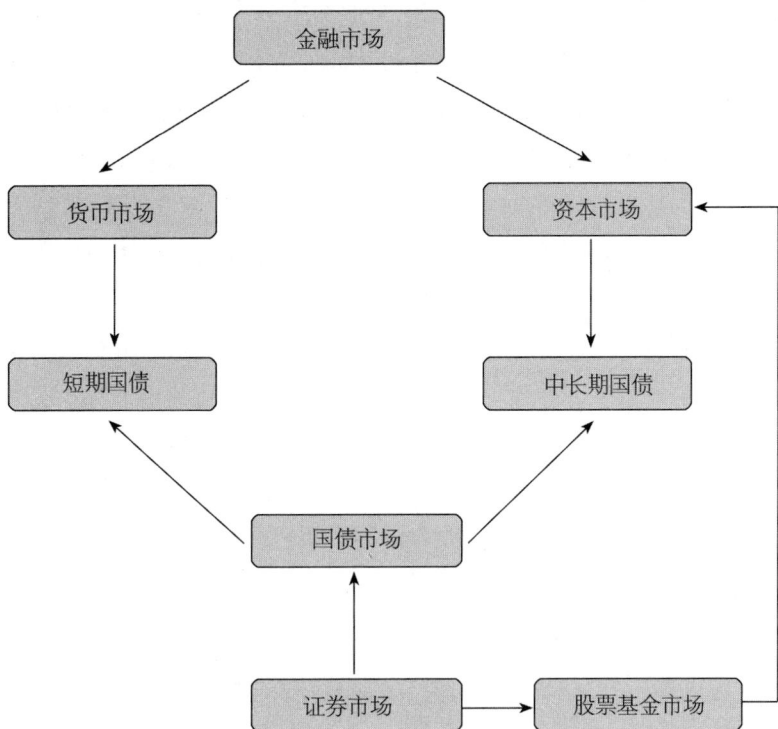

图 2-1　金融市场与国债市场关系图

种债务工具，面向广大投资人直接发行，具有高度的流动性。（4）可分割和可聚合属性。作为标准化的产品，每种债券都可以按任意数量进行组合；同时，由于有确定的偿付日期和现金流，债券现金流可以分拆交易，也可整合交易。（5）利率产品属性。主要体现在：一是利率变化是影响债券价格变化的最主要而长久的因素；二是债券利率尤其是国债的利率是其他金融产品的定价基础；三是相关衍生产品就是建立在利率产品基础上的。

2. 债券市场的划分和作用

债券市场是发行和买卖债券的市场，是金融市场的重要组成部分。按参与交易的债券种类不同，分为国债市场、金融债券市场、企业（公司）债券市场等。任何一种债券市场都包括债券发行市场和债券交易市场两个部分。债券发行市场进行的是以债券形式筹集资金的行为过程，包括资金筹措者在一定条件下通过一定的渠道和方式以最终债务人的身份将债券转移到最初投资者手中的全部过程和行为。债券发行市场一般没有固定的场所，由筹资人、中介机构和投资者三方所组成。筹资人也可称为债券发行主体、发债人或举债人。他是出售债券以筹资的人，其范围极广，不仅有股份有限公司，还包括工商企业、政府机构、地方政府、银行，甚至是国际组织等等。不同筹资人的信用，资信情况不同，其发行债券时的发行条件、发行方法、发行程序也不同。专门进行已发行债券的流通、买卖的市场叫做债券交易市场。它一般又分为证券交易所市场和场外市场两种。前者又称为场内交易市场，主要是在有形的场所内，主要采取指令驱动、集中撮合的方式进行交易，交易对象是标准化债券。同时，交易所公布的价格与收益率使投资者可以据之正确地掌握债券交易市场的动向，从而为场外交易流动提供基本的参考数据。场外交易市场是债券交易活动的中心，它没有大型证券交易所设定的中心市场，而是借助现代化的通讯工具建立起来的分散的、无固定交易场所的抽象市场或无形市场，场外交易市场主要采取报价驱动的直接交易方式，具有交易品种多样化、大宗性特征和成本低廉的特点。

对一国经济体而言，金融市场的完善和成熟发展有利于经济快速稳定增长。债券市场作为金融市场的重要组成部分，其对经济发展有重要的促进作用，集中体现在以下几个方面：一是提供有效的融资渠道。企业外部融资渠道主要包括银行信贷、股票融资和债券融资。国际经验表明，债券市场可以在银行贷款等渠道受阻时发挥作用为企业融资。同时，因需要按约定支付本息以及相对透明的市场信息，债券融资可有效地避免股票融资易发的道德风险。二是可降低融资成本。由于银行贷款需要银行以吸收存款为前提，且需要处理借款者的信息并监管借款者，因此银行贷款的融资成本相对较高，而债券是直接向投资者发行而不通过中介（脱媒），因此企业通过债券市场融资可大大降低融资成本。三是可降低金融系统风险。若融资主要依靠银行部门，会导致银行信贷规模超过安全比重，加之固有的存贷款经营模式，使银行不可避免地存在期限错配问题，从而对经济环境变动具有高度的敏感度，积累着较大的金融风险。发展债券市场，一方面可以分流银行的融资压力，另一方面，银行也可通过债券市场发行金融债券、开展信贷资产证券化业务等，强化其流动性管理。四是有利于形成定价基准。在高质量运行的债券市场中，当债券价格能够反映所有市场参与者对利率的预期时，所形成的精确定价可成为股票市场和银行的风险定价基准、公司的资金成本参考。五是促进其他金融市场的发展。远期、期权、互换和期货等金融衍生产品市场的发展离不开发达的债券市场所形成的完整利率期限结构、所提供的巨量现券规模等基础条件。六是提供长期稳定丰富的投资工具。为个人投资者、养老基金、保险公司进行资产组合管理提供便利。

2.1.3　国债市场运行质量

1.国债的财政属性与金融属性

国债被誉为"金边债券"，是中央政府为满足其职能对资金的需要，按照法律的规定或合同的约定，从国内外筹集资金所形成的特定的权利和义务，是国家最主要的信用形式。从国债的定义可以看出，国债具有下列性质：第一，国债是一国的中央政府的债务，债务人是国家，是国家信用的一种表现形式。第二，国债筹集的是一种财政资金，用来弥补财政赤字，然后再分配用于各项财政支出项目。第三，国债是一种有偿的资金使用形式，国家对国债的取得是以支付一定代价为条件的。

国债具备财政与货币的双重属性。在财政属性方面，国债的产生源于政府财政的筹资活动，国债收入亦是财政收入的重要组成部分；同时，国债负担和结构又是一国政府财力和支出水平的重要衡量标准，影响到财政政策的制定和实施。在货币属性方面，短期国债往往是中央银行公开市场操作的首选工具，通过国债买卖对货币供给总量以及市场流动性施加控制和管理；此外，一国推行利率市场化也需要健全的反映市场供求关系的国债收益率曲线作为基础和前提，发达的国债市场也可有效提高金融市场的效率。可见，国债政策是财政政策和货币政策的结合，协调并增强两大政策的调控功能，具体关系可用图2-2表示。

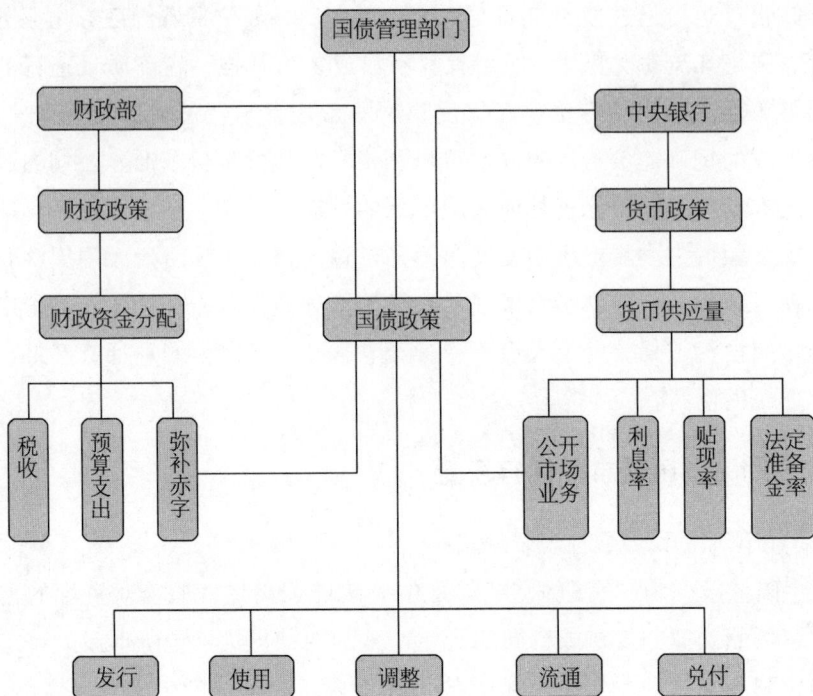

图 2-2　国债与财政政策、货币政策的关系

2.国债市场体系与市场结构

国债市场是指以国债现货及其衍生工具和产品为交易对象的市场。国债市场体系分为市场场所、市场工具和市场中介（如图 2-3 所示）。国债市场包括场内市场和场外市场。市场工具包括国债现货、国债回购、国债期货、国债期权和国债远期等，它是国债市场体系的基本组成部分。市场中介是市场的承担者和操作者，包括一级自营商、自营商和经纪商。

从结构上看，国债市场分为一级市场、二级市场和衍生市场 3 个部分（如图 2-4 所示）。国债二级市场包括柜台市场和交易所市场。国债衍生市场包括回购市场、期货市场、期权市场等。

3.国债市场运行质量

债券市场是金融市场重要的组成部分，而国债市场又是债券市场的基本组成部分，西方发达国家在经历了对国债的由否定到肯定的过程之

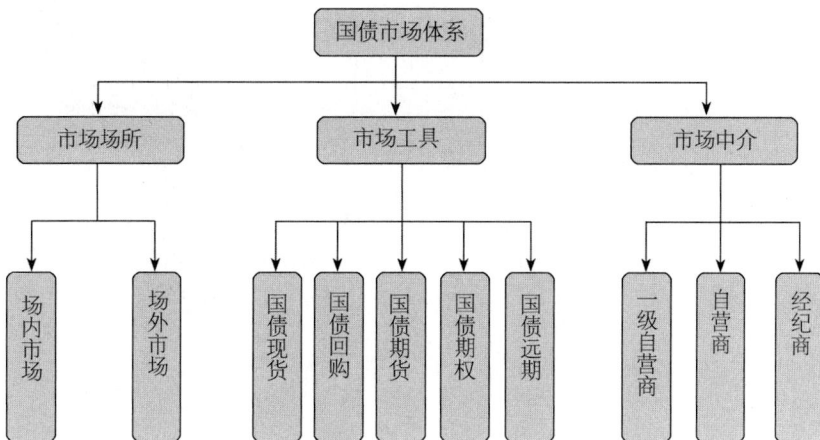

图 2-3 国债市场体系

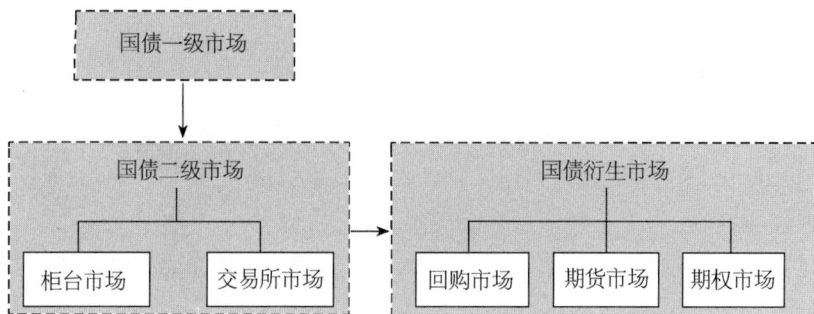

图 2-4 国债市场结构

后，最终确认了国债市场在金融市场中的核心地位[①]。国债市场成为核心金融市场，既是西方经济学家对国债市场功能和作用的高度概括，又是国债市场对金融市场的稳定和指示作用所决定的。这是因为：其一，国债市场收益率是金融市场各种收益的重要风向标，股票、债券等基础证券以及各种金融衍生工具的定价，很大程度上依据国债所确定的无风险利率；其二，国债市场是金融市场中各种资金最为安全的避风港，有利于金融市场的稳定；其三，国债市场是连接资本市场和货币市场的重要通道，通过国债的买卖和回购，货币市场的资金可以根据市场需要平稳地流入和流出资本市场。正因为国债市场在金融市场处于核心地位，其运行质量将直接关系到金融市场整体功能的发

① 张海星. 公共债务 [M]. 2 版. 大连：东北财经大学出版社，2011.

挥，从而影响经济全局的协调发展。因此，我们需要对国债市场运行质量进行深入细致的研究。

本书所称国债市场运行质量是指在既定的市场结构和市场行为下，国债市场在发挥其应有功能方面所达到的现实状态。它是通过3个方面体现的：（1）国债发行市场运行质量。国债发行市场的根本任务就是在接近二级市场收益率的利率水平上，以尽可能低的发行费率，在较短的时间内完成国债的发行，因此国债发行市场运行质量的评价应该考虑其发行成本、时间和定价效率。（2）国债流通市场（包括现货市场和衍生市场）运行质量。政府通过国债发行市场向投资者发售国债而筹集资金，这必然要发生货币使用权与债权的相互交换，投资者之所以愿意把货币资产与国家交换变为债券资产，主要是因为投资者预期这些债券资产在他们需要的时候能够以合理的价格及时在市场上卖出，或者可根据市场的变化和自己对市场变化的预期调整其投资组合，而提供交易机制的国债流通市场在这其中就起到了关键的作用。因此流通市场不同交易机制作用发挥的程度反映了其运行质量的高低。（3）国债市场管理质量。国债市场需要设计一套能让所有市场参与者共同遵守的游戏规则，以促进投资者公平、有序交易，形成合理的价格，这些游戏规则就是"法律制度"（包括立法机关和政府监管机构制定的监管法律法规，以及自律组织制定的自律规范）。法律法规健全与否及政府对市场干预是否适度体现出市场管理的质量。

国债发行市场合理有效的发行定价、发行制度等是国债流通市场高质量运行的基础；国债流通市场的高效、规范、有序发展，可增强投资者的预期，促进国债发行市场的高质量运行；而无论发行市场还是流通市场都离不开高质量的市场管理，它们相互作用与相互影响，国债发行市场运行质量是基础，国债流通市场运行质量是核心，国债市场管理质量是保障，三者便构成了完整的国债市场运行质量的内涵。

2.2　国债市场运行质量相关理论

2.2.1　市场微观结构理论

市场微观结构是指资产价格的形成过程与形成机制，其核心是价格发现，而价格发现的方式就是交易机制。传统理论认为在市场完全和无摩擦的隐含假设下，交易机制对价格形成没有影响。但现实的金融市场无法达到这种完美状态，均衡价格会因交易机制的不同而不同，对均衡状态的定性也可能存在差异。因此，交易机制就成为影响价格形成过程的重要因素之一，其对证券市场的流动性、波动性、有效性等有着深刻影响，市场微观结构与证券市场功能的实现和运行质量的提高休戚相关，具有重要的研究价值。

1.市场微观结构理论

1968 年德姆塞茨（Demsetz）运用微观交易机制研究证券交易价格形成过程，打破了市场均衡价格的形成是一个无摩擦 Walras 均衡过程的传统理论框架。以此为标志，市场微观结构理论开始兴起。

早期的市场微观结构理论认为现实中的证券市场不同于理想 Walras 市场，存在显性和隐性两种交易成本：显性成本包括各项手续费、佣金等；隐性成本则是隐藏在成交价格中，由交易制度决定的交易被立即执行的时间成本。买卖价差的形成最终可以归因为买卖双方之间在时间和数量上的不平衡，即投资者想要达成交易，要么愿意等待，要么在价格上作出让步以实现立即成交，价格让步就是为交易的即时性所付出的成本。而做市商"正是市场中即时交易服务的提供者，只要做市商报出买卖价格，投资者就可按此价格与其立即进行交易，而做市商因提供这种即时交易所需承担风险的补偿就是买卖价差。"[1]

在 20 世纪 80 年代以后，市场微观结构理论得到迅速发展，并逐渐形成了存货模型和信息模型两种研究思路。

---

[1]　DEMSETZ H. The cost of transacting [J]. Quarterly Journal of Economics，1968，8：33~53.

（1）存货模型

该模型的基本思路是：在面临交易商提交的不确定性指令时，做市商为确保做市成功、弥补买卖委托缺口需要持有一定数量的股票和现金存货。而持有这些存货是有成本的，因此，做市商要设定买卖报价和价差用来弥补这些成本，实现利润最大化。

根据侧重点和发展阶段的不同，存货模型主要可以分为3类：

一是分析指令流的性质在决定买卖价差中的作用。首次提出"证券市场微观结构理论"的 Garman（1976）认为，在做市商这种交易制度下，证券市场的均衡价格是由做市商在保证做市不失败的前提下最大化自己单位时间利润的行为决定的。通过大量研究相关学者得出结论：最优买卖报价是存货头寸的单调递减函数，且分别位于市场交易指令均衡价格的两侧；做市商可通过调整买卖报价纠正实际存货头寸对理论最优存货头寸的偏离。

二是从做市商最优决策的角度分析存货成本对价格的影响。Stoll（1978）认为，买卖价差是做市商提供交易即时性的补偿，以抵消它提供这种服务时所面临的风险和成本。Ho 和 Stoll（1981）进一步提出，做市商的价差设定与交易周期正相关；周期风险引致价差的调整幅度受到做市商的风险厌恶系数、交易规模及股票的风险程度的约束。

三是多做市商竞争下存货头寸如何影响证券价格。Cohen、Maier、Schwartz 和 Whitcomb（1981）认为，在竞争的市场上，如果不存在主动交易的做市商，且投资者既可提交市价委托也可提交限价委托，则价差就是由交易指令的成交概率和交易成本共同引导。

概况来说，存货模型的主要观点是：一是做市商必须持有一定的股票和现金存货来保证做市成功；二是股票与现金的存货规模取决于存货的内在价值，也受到交易制度、偏好、成本及其他因素影响，并影响价差的大小，价差是存货成本的反映。

（2）信息模型

存货模型认为产生价差的原因是包括存货成本在内的交易成本，而不是由不对称信息引起的信息成本。但随着信息经济学及博弈论的广泛应用，存货模型凸显出适用性有限的弊端。从 20 世纪 80 年代以来，解释能力更强的信息模型得到了迅速发展。

不同于存货模型，信息模型尝试用信息成本解释价差。具体来说，将市场交易者分为知情交易者与未知情交易者两类，知情交易者拥有与证券的真实价值有关的特别信息，而未知情交易者只因流动性需求而进行交易，并不拥有上述特别信息，又称流动性交易者。做市商知道，与知情交易者交易一定会受损失，但与未知情交易者交易则一定会获利，且与知情交易者交易遭受的损失需要用与未知情交易者交易的收益完全弥补，为此，他在报价时必须要求有价差的存在。此时，价差在受到存货和交易成本影响的同时，也受到信息成本的影响。该理论主要有两个经典信息模型：

一是 Copeland-Galai 模型。假设市场上只有一个做市商与众多交易者进行交易，其风险偏好是中性的，也是设定买卖价差实现其预期利润最大化。模型采用做市商在收到交易指令时立刻报价的即时报价框架，即在报价、交易以及新价格的揭示之间不存在时滞。其结论为：相比垄断条件下的买卖价差，竞争条件下的买卖价差偏小；若知情交易者所占比重较大，则在垄断和竞争两种条件下的价差与真实价格的比例的差异将进一步缩小；做市商设定的价差将随着流动性交易的需求弹性的降低而变大。

二是 Glosten-Milgrom 模型。假设市场中存在多个有竞争关系的风险中性的做市商，各做市商均可预测对手报价，并在此基础上设定最大化自己利润的报价，市场不存在佣金、税收之类的交易成本，也不存在存货成本。该模型通过在序贯交易模型中引入动态因素，把交易看成信息传递的信号，以做市商的报价变动为依据，分析指令流与报价设定的动态关系。该理论认为：做市商修正预期可视为依据贝叶斯法则对其先验看法的简单更新；依据贝叶斯学习过程，做市商的定价最终将收敛于完全信息水平。

综上，在信息模型中，根据交易者所掌握信息的不同，做市商的交易策略可分为与知情交易商交易策略和与不知情交易商交易策略，两种交易策略都涉及交易时间的选择和交易规模的决定。

2.国债市场微观结构的构成及对市场运行质量的影响

市场微观结构理论研究的是所有金融市场共同的运行规律，其研究方法与理论框架适用于各类金融市场，具有较强的抽象性与普适性。但不同金融资产在具有共性的同时，也具有自身固有的特点。这些特点直接导致其交易方式和价格形成过程或多或少存在某些差别。国债虽然与其他债券、股票等相类似，也是交易广泛的有价证券，但其本身所具有的诸多不同于股票的属性直接导致国债市场与股票市场在微观结构方面的区别，对国债市场运行质量也产生了一定的影响。

国债市场微观结构大体上由交易机制、交易品种、市场参与者结构及偏好、交易场所、市场规则等5个方面构成。

（1）交易机制

最基本也是最常见的交易机制分类是做市商制和竞价制。从国际实践来看，作为债券市场的子市场，国债市场同债券市场一样以报价驱动的做市商制为主导。做市商制的优点主要有成交即时性、价格稳定性（具有缓和买卖指令不均衡导致价格波动性过大的影响）、交易大宗性、抑制价格操作等。但其缺点是缺乏透明度、提高交易费用、增加监管成本（做市商经纪业务与做市功能冲突）。

（2）交易品种

在相同的市场条件下，交易品种的流动性等特征会因发行规模、期限结构及信用等级的不同而存在较大差异。如发行规模大的债券更会得到投资者的追捧，并利用这种债券进行回购对冲等交易，因此它在市场中更容易交易，其流动性也要好于规模小的债券。市场参与者往往存在着多样化的投资需求，需要丰富的期限品种与之匹配，因此期限结构也会影响市场流动性水平。在信用等级方面，则体现出国债与其他债券的不同。国债作为国家信用，其到期不按约定还本付息的风险几乎不存在，所以国债的安全性是所有债券中最高的，被称为无风险债券。而普通债券由于发行者在信誉上的差异、经营的好坏，其安全性有高低之分。因此，在国债市场中，几乎不用将国债的信用等级考虑到交易策略内。

（3）市场参与者结构及偏好

市场参与者包括机构投资者、个人投资者、经纪商等具有不同意愿的经济主体。他们在风险厌恶水平、信息获取和分析能力、对信息的敏感程度以及对自身的预期信息等方面存在差异，故存在不同的投资组合和交易策略，进而影响市场运行质量。如较强风险偏好投资者占比较大的市场中，投机氛围较浓、市场交易活跃、流动性比较高，但市场波动性大。

（4）交易场所

金融市场可分为场内市场和场外市场，两个市场有着不同的交易机制、信息披露和市场监管等市场特征，所适合交易金融产品也有所差异。但债券市场从诞生以来，场外市场就是主流，交易所债券市场只能作为补充。如最大的国债市场——美国国债市场场外交易比重达 99%，规模仅次于美国的日本国债市场，场外交易的比重超过 98%。从理论上分析，相对于指令驱动竞价交易的场内市场（交易所市场），报价驱动的场外市场更适应债券，特别是国债的交易：一是国债流动性相对股票较低；二是国债高度同质化，价格一般同步变化；三是国债一般都是大宗交易；四是国债市场主要是机构投资者。

（5）市场规则

规则是社会活动中人们所要求遵循的一种行为准则。市场是按照从规则系统中所产生的秩序来运行的。就我国情况而言，政府等市场组织和监管者的外部规则对市场秩序有重要影响。如利率尚未完全市场化，仍然存在金融抑制现象，投资者缺乏多样化选择，不利于投资组合构建和调整，限制了市场规模扩大和功能的发挥。再如早期行政规则分割了交易所国债市场和银行间国债市场，阻碍了统一市场机制的形成。

2.2.2　有效市场理论

学者们很早就已经观察到证券价格随机波动的特性。法国数学家 Louis Bachelier 提出了投机价格数学理论，并检验了法国政府债券的定价发现，价格与随机游走模型一致。随后一系列研究发现，证券资产价格变化的时间序列基本无自相关关系，价格没有规律可循，可以用"随机行走"来描述（如 Working，1934；Cowles 和 Jones，1937；Kendall，1953 等）。

1. 有效市场理论内容

1970 年，美国财务学家 Fama 在 Paul Samuelson（1965）、Mandelbrot（1966）理论研究的基础上提出了有效市场假说（efficient market hypothesis）。他将有效市场定义为：如果一个市场中全部可得信息总能及时充分地在价格中予以反应，那么这个市场就是"有效率"的。有效市场理论认为价格波动之所以表现出随机性，是因为信息流是随机不可预测的，但这种价格的随机波动正是市场有效率的表现，这很好地解释了价格对各种影响价格的信息的反应能力、速度及程度，可以用来研究市场效率问题。根据价格信息揭示程度，有效市场分为 3 个层次：

（1）弱式有效市场（weak form efficient market）

作为有效市场的第一层次，弱式有效市场中技术分析是无效的。因为证券的现行价格仅反映证券本身的价格和交易量等历史信息，但这与证券未来价格无关，投资者不能利用证券历史价格中所包含的历史信息来预测证券未来价格，也就无法获取超常利润。

（2）半强式有效市场（semi-strong form efficient market）

作为有效市场的第二层次，半强式有效市场中基本面分析是无效的。因为虽然证券的现行价格反映了所有已公开的信息（包括证券价格和交易量等历史信息，以及所有公开发表的最新信息等），但证券价格会对这些新信息迅速准确地进行及时而充分的调整，使所有相关公开信息都充分地反映在价格中，投资者不能利用任何公开信息赚取超常利润。

（3）强式有效市场（strong form efficient market）

作为有效市场的最高层次，在强式有效市场中任何分析都将失效。因为证券的现行价格充分反映了已公开和未公开的所有信息，既包括历史信息和公开信息，还包括内幕信息和私人信息，导致投资者即使掌握了内幕信息也无法获得超额收益。

有效市场理论勾勒出证券市场不断向均衡状态演变的过程，即首先达到弱式有效市场，然后达到半强式有效市场，最后达到理想的强式有效市场。为检验有效市场理论的适用性，研究人员进行了大量的实证研究。总体来看，20 世纪 70 年代以前的研究结果大多支持有效市场理论。但 20 世纪 80 年代以来，涌现出大量与有效市场理论相矛盾的实证结果，如价格序列存在相关性（French 和 Roll，1986；Lo 和 Mackinlay，1999）、股价存在长期反转现象（De Bondt，1985；Thaler，1989）、股价存在"动量效应"（Jegadeesh 和 Titman，1993）。除此之外，研究人员还发现了一些有效市场假说不能给出合理解释的现象，如股价的"季节效应""规模效应""封闭式基金折价之谜"等等。

2. 有效市场理论与国债市场运行质量

有效市场理论从经济学的角度较为合理地解释了证券价格的不可预测性，从而奠定了该理论在研究证券价格行为方面的基础地位。虽然在现实中有效市场理论假设的完全无摩擦的理想市场并不存在，但该理论还是为度量和检验市场的相对有效程度提供了一个有用的基准。

在既有文献中，大多数是以股票市场为对象来检验有效市场理论，其在债券市场的适用性研究较少见，但本书认为以债券市场为研究对象意义更大。行为金融学家 Robert J.Shiller（1979）指出："高质量债券价格的波动只依据贴现率的变化，而股票价格的波动既可以由贴现率引起，也可以由预期收益的变化引起，从这一点上说，债券价格的波动性是一个比股票价格的波动性更为基础性的问题。"[1]如国债，多数期限在30 年以内，存续期固定且相对较短，未来现金流固定，价格的变化主要受未来真实利率水平的预期的影响。更重要的是，股票市场中充斥着大量的与单个公司有关的特别信息，而在国债市场上，能够影响国债价格的与国家宏观经济运行有关的公共信息的分布更为均匀、披露更为及时。可见，具备上述特性的国债市场更接近有效市场理论所要求的前提条件，因此在债券市场（特别是国债市场）中开展有效市场理论研究，其结论将更有说服力。

2.2.3 利率期限结构理论

利率期限结构是指在某特定时间上，不同期限债券的收益率和到期

---

① SHILLER J. The volatility of long-term interest rates and expectations models of the term structure [J]. Journal of Political Economy，1979，87：1190−1219.

期限之间的相互关系，通常用收益率曲线表示。利率期限结构能够动态反映不同期限债券的资金供求，洞悉市场利率的变化，为投资者调整投资策略、为管理者制定政策提供建设性的参考。

1. 利率期限结构基本理论

收益率曲线有向上倾斜、水平状态和向下倾斜 3 种形状：当长期资金价格高于短期资金，则曲线向上倾斜；不同期限的债券具有相同收益率时曲线呈水平状态；当长期资金价格低于短期资金，则曲线向下倾斜。当市场预期和消费者偏好保持不变时，向上的收益率曲线会促进短期支出，抑制长期支出；平坦或下倾的收益率曲线会抑制短期支出，促进长期支出。通常收益率曲线向上倾斜，且不同期限的利率经常同向波动。为了解释上述特征，传统利率期限结构理论分为 3 种：

（1）纯预期理论

该理论假设所有投资者对未来短期利率有着一致的预期，资金可以在长期与短期资本市场之间任意流动。纯预期理论可以用式 2.1 来进行描述：

$$R(t, T) = \frac{1}{T - t} \int_t^T E_t(r(s)) d_s \tag{2.1}$$

式 2.1 中，$R(t, T)$ 为 T 时刻的到期收益率，$E_t(r(s))$ 为对未来 t 时刻短期利率的预期。该理论认为投资者对未来短期利率（远期利率）的预期会决定利率期限结构的形状及变动。

（2）市场分割理论

该理论假设：投资者只能选择短期、中期或长期债券市场中的一个进行投资；投资者只偏好他能投资的那个期限的债券，仅关心该期限债券的收益水平；市场的分割使得短期、中期、长期利率之间没有任何相关性，每种债券的利率期限结构只是由各自市场中的供求状况所决定的。该理论认为：若长期市场中需求小于供给，长期证券的利率将升高，收益率将向上倾斜，反之，收益率曲线向下倾斜。该理论还认为投资者通常偏好短期债券，所以短期利率较低，长期利率较高，解释了为何收益率曲线经常向上倾斜。但该理论假定短期、中期、长期利率之间无相关性，因此无法解释不同期限的利率通常同向波动，以及长期债券市场利率受短期债券市场利率影响等现象。

（3）流动性偏好理论

该理论结合了预期理论与市场分割理论的特点，假设投资者是风险厌恶型的，所以他们所承担的市场风险需要通过长期债券的收益率予以补偿，不同期限的利率水平之所以不一样，是由不同期限的债券的风险水平不一样造成的，如果所需要的风险溢价大于0，则收益率曲线向上倾斜；反之则收益率曲线向下倾斜（如图 2-5 所示）。

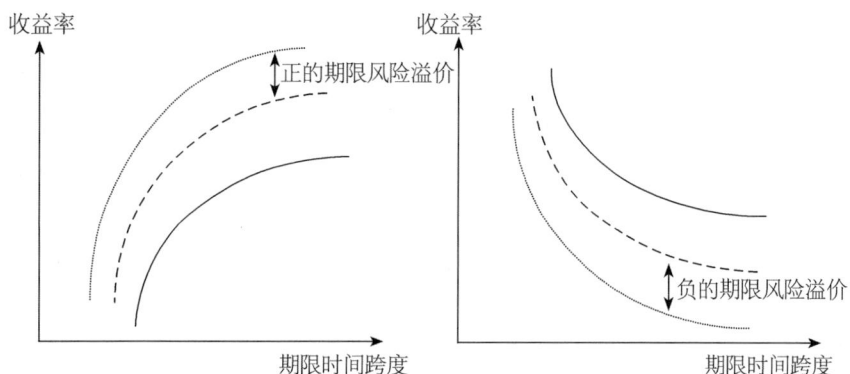

图 2-5 向上/向下倾斜的期限结构收益率曲线

注：----- 即期收益率曲线，·········· 预期的未来即期收益率曲线，—— 远期收益率曲线。

20 世纪 70 年代，学者运用计量经济学和数理统计方法设计出多种利率期限结构的动态模型，通过拟合利率曲线对金融资产定价进行预测，由此形成了现代利率期限结构理论。拟合利率期限结构方法主要分为两类：一类在某一个时点分析与估计整个利率期限结构的静态估计法，包括样条函数方法等；另一类描述收益率曲线随时间变动的可能行为的动态估计法，包括均衡模型（如 Vasicek 模型、单因素均衡模型）和无套利模型（如 Ho 和 Lee 模型、Hull 和 White 模型）。

2. 利率期限结构理论与国债市场运行质量

国债兼具财政属性和货币属性。国债市场是实现财政政策目标和实施货币政策的一个重要平台。国债收益率曲线更是包含了丰富的货币政策信息和宏观经济运行的前瞻性信息。国债收益率曲线对国债市场、金融市场及整个市场经济的作用非常大，因此把握国债收益率水平的变动，不仅有利于了解双方的需求关系，更能揭示市场运行质量。从货币政策角度研究收益率曲线，主要涉及 3 个方面：

（1）货币政策与国债利率期限结构

凯恩斯 IS-LM 理论将利率作为可以调节消费、投资进而调控宏观经济的核心经济变量，当央行出于实现通货膨胀和产出目标的需要，运用公开市场操作等货币政策工具对短期利率施加影响，使得短期利率变动后，市场会形成对未来通胀、经济走势的预期，导致中长期利率变化，进而对投资、消费和进出口等国民经济行为产生直接影响。因此，利率传导渠道通常被视为货币政策传导模式中最重要的一种。货币政策的变化借助利率这个中介目标作用于国债利率曲线可以改变其形状：当一国货币政策当局可信度较高时，若实行紧缩的货币政策，会造成短期利率上升，引起由一系列短期利率决定的长期利率上升。但考虑到货币政策当局将遏制长期物价上涨，投资者会降低长期通货膨胀率的预期，使得长期利率上升幅度小于短期利率上升幅度，长短期利差缩小，整条曲线变得相对平坦；反之，曲线会变得相对陡峭。

（2）经济增长与国债利率期限结构

很多研究表明，国债收益率曲线隐含了丰富的宏观经济信息，收益率曲线的长短期利差对宏观经济走势具有先行作用。Kessel（1965）发现，当经济开始走向衰退，长短期利差通常较小，当经济开始走向扩张，其利差通常较大。Estrella 和 Hardouvelis（1991）发现，通过 10 年期和 3 年期国债利差可预测未来 1~16 个季度的 GDP 平均增长率，即使加入代表货币政策的控制变量后，这种预测作用仍然显著。此外，他们建立的 Probit 模型发现，美国自 1960 年以来出现的 8 次经济衰退（按 NBER 定义）之前，都出现过长短期利率倒挂和收益率曲线向下倾斜现象，起到了较好的预报作用。

（3）通货膨胀与国债利率期限结构

在预测经济增长速度的同时，利率期限结构还能预测通货膨胀。Mishkin（1990）和 Fama（1990）发现美国国债利率期限结构中的长期利率预测通货膨胀的效果较好。康书隆和王志强（2010）发现我国国债利率期限结构的长期利率是 CPI 的一个领先指标。由费雪方程可知，名义利率等于实际利率与预期通货膨胀率之和，即：

$$i_t = r_t + \pi_t^e \qquad\qquad (2.2)$$

式 2.2 中，i_t 是 t 时的名义利率，r_t 是 t 时的实际利率，π_t^e 是 t 时的预期通货膨胀率。在此基础上，加入债券期限与市场其他因素，式 2.2 变为：

$$E_t \pi_{t+m,t+k} = E_t \pi_{m-k,t+k} + E_t R_{m-k,t+k} - \theta_{mt,k}^* \qquad\qquad (2.3)$$

式 2.3 中，$E_t \pi_{t+m,t+k}$ 是当期 t 日对未来 t+k 至 t+m 日的预期通货膨胀率的均值，$E_t \pi_{m-k,t+k}$ 是预期名义利率，$E_t R_{m-k,t+k}$ 是预期实际利率，$\theta_{mt,k}^*$ 是风险溢酬。我们考虑远期利率与即期利率之间的关系，式 2.3 可变为：

$$E_t \pi_{t+m,t+k} = E_t f_{mt,k} - E_t R_{m-k,t+k} - (\theta_{mt,k}^* + \theta_{mt,k}) \qquad\qquad (2.4)$$

式 2.4 中，$E_t f_{mt,k}$ 表示 t 时 m-k 的预期远期利率，式 2.3 和 2.4 能够预测通货膨胀率，尤其是长期的通货膨胀率。

2.2.4　金融市场监管理论

金融市场监管是指监管机构根据监管法律、行政规章和自律组织根据自律规范对金融资产发行、交易等活动以及对参与金融市场活动的主体实施监督和管理，以维护金融市场秩序并保障投资者权益的行为的总和。市场监管目标就是弥补各种市场缺陷，保护市场参与者合法利益，维护市场的公开、公平与公正，促进市场的正常运行和市场功能的发挥，以此提高资源配置的效率，促进整个国民经济的稳定和发展。

1. 政府监管一般理论

（1）福利经济学理论

福利经济学提出的社会福利最大化理念和市场失灵需要政府干预的政策主张是政府管制经济的理论基础。从福利经济学角度出发，完全的市场竞争虽然可以达到最优效率，但无法保证社会公平，也就无法实现社会福利最大化；因公共产品、自然垄断和外部性的存在，使得市场机制失灵，市场本身就是低效率或无效的，需要政府对市场进行一定的干预；政府经济政策的制定和政府监管经济措施的设计应以帕累托最优为效率判断标准。

（2）法律不完备理论

该理论认为，在贝克–斯蒂格勒模型下，只有假设法律是完备的，法律阻吓才是有作用的。但事实上，法律却具有内在的不完备性，因此其阻吓作用会被削弱。这会提出两个方面的要求：一是正因为法律的不完备性，会对立法和执法制度的设计产生深刻的影响，需要在制度设计中尽可能将不完备性降到最低。二是当法律不完备时，对剩余立法权及执法权的分配会影响到法律的有效性，因此需要引入监管来弥补这种不足。

（3）社会选择理论

该理论认为，从公共选择的角度来看，为保持经济的高效运行和资源的有效配置，在自由市场机制失灵的特定领域中，必然需要外部管制，而这种外部管制只能由代表公共利益的政府来提供和安排。由于这种外部管制的需求者是各种市场利益主体，可以说，政府管制是因社会公众选择的需要、被动地反映社会经济主体的利益而产生的，进而变成政府自身职能的一部分。

（4）信息不对称理论

该理论认为，市场失灵是普遍存在的，除了早期提到的公共产品、外部性、垄断等因素外，信息不对称在很多经济领域中也是市场失灵的一个重要原因，只要信息是不完善的，或市场是不完全的，就会产生"道德风险"和"逆向选择"问题，使得市场机制不同程度地丧失效率，市场无法达到约束条件下的帕累托最优，需要政府出面对经济进行干预，进一步提高全社会的福利水平。

2. 金融市场监管的依据与手段

（1）金融市场失灵

市场是否有效率是金融市场发挥功能的前提条件。但在现实市场中，由于经济生活的复杂性、混沌性、不确定性和非线性，以及市场本身一些妨碍市场正常运行的障碍，导致市场失灵，无法保证市场中信息传递的质量，一切可能的信息尚未体现在金融资产的价格中，需要依赖外部力量来对这些障碍进行干预或清除。

常见的金融市场失灵包括：垄断、外部性、公共性失灵和信息不对称。

垄断恰是由于市场本身运行导致资源的集中而产生的，对市场运行的结果有直接影响。如在金融市场上，垄断者通过控制相对占优数量的金融资产，间接控制了金融资产定价权，从而获得垄断利润。垄断之所以需要监管者对此类行为予以界定并进行惩处和限制，一方面因为垄断者是通过剥夺其他投资者特别是中小投资者的利益来获得大部分垄断利润；另一方面垄断扭曲了价格信号，阻碍了生产要素根据市场信号流向高利润部门。

金融领域的外部性是指金融市场参与者的市场行为不仅会影响市场价格，也会因改变其他经济主体的行为而对其福利产生影响。更重要的是，金融市场与实体经济存在密切关联，金融市场异常波动所蕴含的金融风险会迅速传导至实体经济乃至整个宏观经济，对社会经济环境和结构产生了外部负效应。因此，维护金融市场稳定至关重要，政府在这方面应承担重要职责。

公共性失灵是指政府对"公共物品"和"公共服务"的提供是无效率的或低效率的。公共性失灵包含了两种情况：一是当政府提供"公共物品"和"公共服务"时，有一部分人可以不付费免费享受，即"搭便车"，使得供给方在市场条件下无从获得其优化配置生产的收益指标；二是消费者对公共物品的主观需求状态没有得到真实表达或不愿意表达，即"偏好显示的不真实"，导致公共物品提供者无法确定其需求曲线。因此，对信息的强制性披露以及对虚假陈述和内幕交易的制裁无疑是政府监管的重中之重。

金融市场信息不对称表现为信息在投资者与筹资者之间分布的不对称以及在投资者之间分布的不对称，其直接后果是金融资产价格对市场信息无法及时准确反映，也无法正确引导资金流向，导致金融市场运行的低质量。金融市场上这种信息的不完全性和信息分布的不对称性需要政府对金融市场进行监管，需要建立一系列规范化的信息披露制度来弥补市场运作本身的缺陷。

（2）金融市场监管的手段

①法律手段。法律是金融市场发展必不可少的保障要素，金融市场

运行中的各种行为只有以法律的形式纳入法制轨道，才能维护金融市场的良好运行秩序。法律制度作为一种有效的制度安排，既是一种外生性要素，更表现出强烈的内生性，即通过立法和执法协调安排市场内部各项因素，对金融市场主体及其行为模式施加影响，并进一步强化、巩固这种行为模式，赋于金融市场独特的品性。

②行政监管。从委托代理理论角度看，行政监管是一种契约化的制度性安排。在民主政体下，首先，公众作为委托人将自己的权力委托给政治委托人并赋予其一定的报酬，以实现他们的利益，政治委托人代表并执行的是公众（选民）的意愿。其次，政治委托人成立政府后，通过任命或授权具体的监管者代其履行监管或规制行为，并为监管者的行为对公众承担责任。被任命或授权的行政监管机关采用制定政策制度、实施监督检查、追究责任并处置等方式对金融市场进行直接强制行政干预和管理。

③自律监管。自律监管是相对于政府行政监管而言，是政府监管的替代或者补充。自律监管即行为主体自己管理自己的行为，市场行为主体通过制定共同规则、成立自律机构，约束市场参与者的行为，并对违反共同规则组织成员或市场参与者采取必要的自律监管措施或予以相应的处理。自律监管因涉及市场参与者的公共利益，也存在"失灵"的可能，因此必须接受包括行政机构监管、司法审查或者市场力量监督在内的外部制约。

④托管清算。托管清算体系是金融市场尤其是证券市场的重要基础设施。这一体系的健全与完善既是金融市场存在和发展的前提，又对整个金融市场起到保障安全运行和防范风险的独特作用。托管结算环节直接涉及证券和资金，涉及所有权的转移，也是交易目的的最终环节，几乎所有的风险都最终在这一环节显现，是发生金融风险的主要通道，一旦失败，很可能导致多米诺骨牌效应，引发系统性金融风险。可见，安全高效的托管清算体系是保障市场参与者资产安全、防范和控制市场风险、提高市场运行质量、促进金融市场持续稳定发展的必然要求。因此，本书将其列为市场监管的手段之一。

3.金融市场监管理论与国债市场运行质量

国债市场是核心的金融市场，国债市场的运行质量直接关系到债券市场、金融市场作用的发挥。但同时，国债市场也存在"市场失灵"。从各国国债市场发展的经验来看，各国均高度重视制度设计和基础性法规的作用。只有在健全的法制环境中，国债市场才能获得长足发展，只有依托完善的托管清算体系才能防控市场风险，只有在规范的监管下才能提高自身运行质量。

2.3 国债市场运行质量测度

2.3.1 国债市场运行质量测度原则与思路

国债市场运行质量研究最终是为建立更加完善的中国国债市场体系这一战略目标服务的，通过努力发现和掌握我国国债市场自身特有的规律性，构建并运用有效的可度量的测度指标，客观全面地反映我国国债市场运行质量，进而提出改进我国国债市场运行质量的有效措施，最终达到提高整个金融体系资源配置效率的目的。

构建国债市场运行质量测度指标应遵循以下原则：一是多维度原则。现有研究成果表明，国债市场运行质量及其变化不可能使用单个测度指标完美地描述出来。因此，本书主张设置多个测度指标，从不同维度上描述运行质量，以利于对市场运行自身的规律予以更加充分地反映。二是统一性原则。交易所国债市场与银行间国债市场在交易机制等方面存在诸多差异。为了充分反映中国国债市场的全貌，本书立足国债市场整体，充分考虑开展比较研究的便利性，所构建的测度指标体系同时面向交易所和银行间国债市场。三是多样性原则。在交易所国债市场中，数据来源于限价指令簿数据库、成交数据库，在银行间国债市场中，数据来源于做市商双边报价数据库、成交数据库中提取的相应数据。

构建国债市场运行质量指标体系的基本思路是进行市场分层，区分不同市场类型。市场类型不同，测度的角度不一样。根据本书对国债市场运行质量的界定，我们将国债市场运行质量划分为发行市场运行质量、流通市场（包括现货市场和衍生市场）运行质量和市场管理质量 3个方面，这构成了测度指标体系的第一层次。根据市场微观结构理论、有效市场理论、利率期限结构理论及金融市场监管理论，我们可以对国债各类型市场及市场管理设置相应指标，这构成测度指标体系的第二层次。

2.3.2　国债发行市场运行质量测度标准与方法

1. 测度标准

本书认为判定高质量运行的国债发行市场应至少包括以下标准：

第一，符合定价效率。定价效率就是价格的有效性，主要用来判断价格是否能随供求状况变动而变动以及是否能正确反映包括真实供求关系在内的相关信息。这一方面要求必须充分披露和均匀分布国债供求的信息，即在同一时间内每一个投资者得到等量等质的信息。根据有效市场理论，如果不能满足这一条件，市场所形成的价格仅是局部的供求均衡和有效性的反映，但整体来看价格仍是无效的。因此，要最大限度地实现信息的公开和披露的及时性，缩小投资者间获取信息成本的差异，建立严格的信息披露制度就显得异常重要。另一方面要求建立有效的价格发现机制。市场微观结构理论认为，价格形成机制对证券价格确定起到的是关键的作用，达成任何一项经济交易，都需要支付交易费用，而有效的价格发现机制可以减少交易成本。可见，高质量运行的国债发行市场不仅需要信息的充分、及时和均匀分布，还需要建立有效的微观价格发现机制。

第二，低成本发行。国债发行市场的成本包含两部分，即国债的利息成本和发行成本。国债的利息成本是政府按照预先规定的利率向持有人所支付的利息。利息成本由国债的发行利率决定，而发行利率通常是考虑一国国债的发行目标和特定时期的经济和金融因素来确定的，并没有绝对统一的标准。发行成本是指国债发行过程中的各项费用支出，属于发行交易过程中的外生成本。各国发行实践表明，随着国债发行方式的市场化，发行成本呈现逐渐降低态势。

第三，在较短时间内完成发行。这实质上就是斯蒂格利茨提到的"市场促进买卖双方尽快达成交易的效率"。国债在较短时间内完成发行有利于发行者及时归集资金，降低资金的时间成本。但有时较短时间内完成发行或许会与低成本发行等目标存在矛盾，如要在短时间内发行某一国债，就必须提高该国债的发行利率，吸引更多的投资者参与国债发行，这必然带来发行成本的提高。因此，发行主体应综合判断市场情况，以权衡发行成本和发行时间两个目标。

第四，丰富的产品结构。国债发行市场是各类不同期限结构、品种结构国债产品进入市场的"入口"。市场微观结构理论指出，多层次的产品结构一方面满足了各类主体的不同需求，有利于一国完善的投资者结构的形成；另一方面直接影响着市场运行质量。因此，我们必须将产品结构纳入国债发行市场运行质量的测度指标之内。

2. 测度方法

国债发行市场运行质量主要体现在国债的发行效率上，因此考察的指标主要包括影响国债发行效率的内容，具体来说，主要有投资者结构、产品结构、定价机制、发行期限、发行成本、定价效率等几个方面。本书将在第3章中首先通过投资者结构、产品结构、定价机制、发行期限、发行成本等方面的描述，对我国国债发行市场运行质量进行定性分析。在定量分析方面，本书认为发行市场的定价效率表现在发行市场价格招标或利率招标结果与二级市场的同期限同品种债券保持同趋势变化和相近的收益水平，两个市场相互影响，具有较强的相关性。因此，本书通过相关性分析、平稳性检验、协整检验等方法，以1年期国债的发行票面利率和二级市场待偿期限1年的国债的加权平均收益率为例，检验发行市场价格招标或利率招标结果与二级市场的同期限同品种债券加权平均收益率之间是否存在较强相关性，是否存在相对稳定的长期均衡关系。

2.3.3 国债流通市场运行质量测度标准与方法

1. 测度标准

国债流通就是买卖交易已发行的国债。本书所指的国债流通市场仅指国债现货流通市场。本书认为一个高质量运行的国债流通市场应该至少符合如下标准：

第一，良好的流动性。当市场参与者既能迅速而大量地完成国债交易，同时又不会引起国债价格发生显著波动，就可以说市场具有良好的流动性。这对一国提升金融市场效率、稳定金融体系意义重大，具有"公共产品"或"准公共产品"的特征：一是有助于提升金融产品定价效率。国债利率之所以能够成为市场的基准利率，是以国债市场高度流动性为支撑的。在流动性不足的市场中，国债到期收益率因包含流动性溢价而并不能代表真正的无风险利率。二是有助于降低交易费用。市场微观结构理论显示，市场流动性具有"自我强化"机制，即市场参与者一旦预期在可预见的将来，市场继续保持一个较高流动性水平，他们就会更积极地从事交易，相应地，市场的流动性就越高，即时交易的成本就越低，从而提升市场运行质量。三是有助于优化投资者资产组合。在市场微观结构理论中，处于信息劣势的流动性交易者与知情交易者交易时将遭受损失。但在流动性良好的市场中，流动性交易者将拥有多样化的交易策略，与其他流动性交易者交易机会将增加，与知情交易者交易而遭受损失的机会就会减少。四是有助于金融体系稳定。Holmstrom、Tirole（1998）证明了当企业在遭遇经济衰退或金融危机等非随机高度相关性的流动性震荡时，国债市场流动性具有减缓经济衰退或金融危机时就业、投资和生产规模紧缩的功能。综上，流动性应该成为测度国债市场运行质量的着眼点。

第二，可靠的稳定性。稳定性的对立面是波动性，在稳定性好的市场，交易可以在价格变化不大的情况下完成，降低了投资者的风险；相反，在价格波动剧烈的市场，投资者难以把握价格变化趋势，甚至会作出错误决策，导致成本增加，收益降低，信心受到打击，以致可能做出退出市场的选择。Amihud、Mendelson（1987）最早实证研究指出，不同的交易机制对市场波动性影响不同。目前，我国交易所市场和银行间市场的价格形成机制、结算方式等差异较大，必将对两个市场的波动性产生不同的影响。因此对我国国债市场收益率的波动特征作出客观测度，认识两个市场风险的异同，对于提高国债市场运行质量具有很强的实际指导意义。

第三，充分的有效性。有效市场理论认为，有效的市场中的价格可以反映所有的相关信息，交易者尤其是流动性需求交易者的信息搜寻成本进一步降低，交易意愿增加，市场吸引力增强，从而提高市场流动性。但现实中并不存在一个完全有效的市场，国债市场仍是信息不对称的，大量的理论和实证研究都认为，交易信息的披露主体、披露数量和披露时间在不同的交易机制下是有差异的，造成交易信息反映到国债价格的速度与过程不同，这带来了市场有效性的差异。可以说，"有效性"是衡量市场信息分布和流速、交易透明度和规范程度的重要标志，是市场成熟与否的重要标志。

第四，显著的先行性。利率期限结构理论显示，国债收益率曲线中隐含着利率期限结构，包含了市场主体对未来的预期，对宏观经济具有先行性的参考。主要发达国家的中央银行往往会利用收益率曲线测算其中所隐含的、市场对未来利率的预期，预测未来经济增长率和通胀率的目标区间，并据此调整货币政策。10年期与3个月期国债利差早在1996年就被美国政府纳入官方经济先行指标体系中。可以预见，随着利率市场化进程的加快，收益率曲线与我国货币政策、宏观经济目标之间的相关度将进一步加强，应该重视对收益率曲线信息的挖掘和利用。

2. 测度方法

本书将于第4章中，在对市场参与主体、市场基础设施、三大流通市场进行概况性描述的基础上，重点通过流动性指标、波动性指标、有效性指标和先行性指标，从不同维度对国债流通市场运行质量进行测度。

（1）流动性指标

Harris（1990）提出了流动性的4个维度，即宽度、深度、即时性和弹性。宽度（width）衡量的是流动性的价格要素，通常用买卖报价价差来度量，买卖价差越小，市场的宽度越大，流动性越好；理想的无摩擦市场上，买卖价差为零，市场宽度无穷大，流动性达到最好。深度（depth）衡量的是流动性的数量要素，通常用一定比例价格变化所对应的买入和/或卖出数量来度量，数量较多，深度较大，流动性较好。即时性（immediacy）衡量的是流动性的时间要素，反映的是市场对投资者交易需求的响应程度，通常用特定价格和/或特定数量的交易完成的速度来度量，速度越快，即时性较强，流动性较好。弹性（resiliency）

衡量的是由交易引起的价格波动消失的速度，通常用实际成交价格偏离均衡价格程度或发生偏离后回归市场均衡价格的时间来度量，偏离程度越小，回归均衡价格的时间越短，弹性较强，流动性较好。

国内外学者运用多种方法从一个或多个维度来测度市场流动性。如采用价格法测度宽度，采用交易量法测度深度，采用价量结合法同时测度宽度和深度，采用时间法测度即时性和弹性。

①价格法。买卖报价价差是由 Demsetz（1968）首先提出的，Tanner 和 Kochin（1971）将其应用于国债市场。在做市商制的国债市场上，由做市商的最优买入报价和最优卖出报价构成价差；在订单驱动市场，则由限价订单簿上当前时刻的限价买入和限价卖出价格构成价差。常用的买卖价差及计算方法见表 2-1。

表 2-1 　　　　　　　　　　　　　　**买卖价差计算方法**

指标	公式	首次应用
绝对价差	$P_s - P_b$	Amihud,Mendelson（1986）
相对价差	$2 \times (P_s - P_b)/(P_s + P_b)$	Copeland（1979）
有效价差	$\|P - (P_s + P_b)/2\|$	Hasbrouck,Schwartz（1988）
相对有效价差	$2 \times \|P - (P_s + P_b)/2\|/(P_s + P_b)$	Hasbrouck,Schwartz（1988）
绝对已实现价差	$\|P - (P_{st} + P_{bt})/2\|$	Chakravarty,Sarkar（1999）
相对已实现价差	$2 \times \|P - (P_{st} + P_{bt})/2\|/(P_{st} + P_{bt})$	Chakravarty,Sarkar（1999）
对数价差	$Log(P_s/P_b)$	Hasbrouck,Seppi（2000）
流动性复合指标	相对价差$/(P_s \times Q_s + P_b \times Q_b)$	Chordia等（2000）

资料来源：作者根据相关文献整理。

其中，P_s 和 P_b 分别为每笔交易中的最优卖价和最优买价，P_{st} 和 P_{bt} 分别表示交易完成 t 时间后的最优卖出报价和最优买入报价，Q_s 和 Q_b 分别表示在最优卖价和最优买价上委托的债券数量。

②交易量法。按照侧重点不同，基于交易量法的测度指标可以分为

以下几种（见表2-2）：

表2-2　　　　　　　　　　交易量法测度指标

指标	公式	首次应用
交易额	$P \times V_{par}/100$	Mason（1987）
换手率	V/NOV	Kamara（1994）
报价深度	$Ps \times Vs + Pb \times Vb$	Fleming（2001）
委买深度	$\sum_{t=1}^{T} Pb_t \times Vb_t$	Hein（2004）
最优第1档委买委卖深度	$Ps1 \times Vs1 + Pb1 \times Vb1$	郭泓，杨之曙（2006）

资料来源：作者根据相关文献整理。

其中，P表示交易价格，V_{par}表示交易总面值，V表示某种国债品种的交易额，NOV表示某种国债的流通总量，Ps和Vs表示最优卖出报价和数量，以Pb和Vb表示最优买入报价和数量，以Pb_t和Vb_t表示第t个交易日特定时点指令簿上委买价和对应的数量，以T表示连续计算的交易日个数。Ps1和Vs1表示最优第1档委卖价和对应的数量，Pb1和Vb1表示最优第1档委买价和对应的数量。

③价量结合法。Amivest流动性比率，即1个百分点的价格变化所需要的交易额。以L表示Amivest流动性比率，以Pc_t表示某国债在第t日的收盘价，以V_t表示相应的交易额，以$\Delta Pc_t\%$表示该国债第t日相对于第t-1日的收盘价的变化率，以T表示连续观察的交易日数，则：

$$L= \sum_{t=1}^{T} Pc_t \times V_t / \sum_{t=1}^{T} |\Delta Pc_t\%| \tag{2.5}$$

Ky1e（1985）最先提出运用价格影响系数度量国债市场的流动性，Scalia和Vacca（1999）加以具体运用。该指标分析的是在一个固定时间间隔内的净交易额对价格变化的影响。以D表示价格影响系数，以ΔPt表示某国债第t期相对于第t-1期交易价格的变化率，以V_t表示间隔内买方发起的交易额与卖方发起的交易额之差，以ε_t表示残差，则价格影响系数可用下列线性回归方程估计。

$$\Delta Pt= \frac{1}{D} V_t + \varepsilon_t \tag{2.6}$$

Martin指数，即单位交易量引起的价格变化，指数越大，则流动性越差。以 M_t 表示 Martin 指数，P_{it} 为 t 时刻证券 i 的收盘价，V_{it} 为 t 时刻证券 i 的交易量，则：

$$M_t = \sum_{t=1}^{n} \frac{|P_{it} - P_{i(t-1)}|}{V_{it}} \tag{2.7}$$

④时间法。针对交易不活跃的国债品种可使用未交易的时间间隔作为流动性测度指标。以 T 表示未交易的时间间隔，以 Δt_n 表示第 n 次交易与第 n-1 次交易之间的时间间隔，以 N 表示总的交易次数，则：

$$T = \sum_{n=2}^{N} \Delta t_n / N \tag{2.8}$$

此外，交易频率、报价频率分别描述了单位时间内交易次数或报价次数，也可作为流动性指标。F_t 表示交易频率，F_q 表示报价频率，N_t 表示考察期内的交易次数，N_q 表示考察期内的报价次数，T 表示考察期，则：

$$F_t = N_t / T \tag{2.9}$$

$$F_q = N_q / T \tag{2.10}$$

借鉴上述测度方法，本书坚持尽可能准确、全面计量市场流动性的原则，仍然从宽度、深度、弹性和即时性等 4 个方面衡量交易所、银行间两个国债市场的流动性。具体指标如下：

①宽度指标的选取。Roll（1984）提出使用价格自协方差模型衡量价差，他认为，在有效市场中，只有价差才能引起相邻两个价格的变化。本书采用此模型，克服了现有数据中对买卖报价或其他信息的约束，只需借助交易价格信息就可推出隐含的有效价差，为本书衡量宽度提供了捷径。具体模型如下：

$$S_t = \frac{1}{2} \sqrt{|\text{cov}(\Delta P_t, \Delta P_{t-1})|} \tag{2.11}$$

其中，S_t 表示 t 时的价差，ΔP_t 表示 t 时价格变化，cov 表示价格变动的自协方差。当自协方差绝对值越大，有效价差也越大，市场流动性就越低。

②深度指标的选取。本书选择日均换手率作为深度指标，日均换手率=债券日成交金额/债券发行总额。

③弹性指标的选取。为弥补单纯以价格法和交易量法衡量流动性的

不足，本书选取 Martin 流动性比率作为衡量价格与交易量变化关系的指标。

④即时性指标的选取。本书选用日均交易频率，即一天当中的交易次数（不考虑交易规模）来衡量交易的即时性。

（2）波动性指标

根据国外学者的研究成果，本书重点研究波动的聚类性和杠杆效应。

在波动的聚类性描述方面，通过对交易所国债净价指数与银行间国债净价指数的日收益率序列分别进行正态性检验、单位根检验、自相关检验和异方差检验，检验收益率在分布上的"尖峰厚尾"的特征。

在杠杆效应描述方面，本书运用描述非对称冲击的 EGARCH、GJR 和 APARCH 模型来考察我国交易所国债市场、银行间国债市场的指数收益率波动的杠杆效应。本书分别在正态分布、t 分布、偏 t 分布下估计 3 个模型是共估计 9 个模型。

EGARCH 模型是由 Nelson（1991）提出的，方差方程如下：

$$\ln(\sigma^2) = \omega + \sum_{j=1}^{q} \beta_j \ln(\sigma_{t-j}^2) + \sum_{i=1}^{p} \alpha_i \left| \frac{u_{t-i}}{\sigma_{t-i}} - E\left(\frac{u_{t-i}}{\sigma_{t-i}}\right) \right| + \sum_{k=1}^{r} \gamma_k \frac{u_{t-k}}{\sigma_{t-k}} \tag{2.12}$$

杠杆效应的存在通过 γ 小于零的假设得到检验，只要 γ 不等于零，冲击的影响就存在着非对称性，即杠杆效应存在。

GJR 模型是由 Glosten、Jagannathan 和 Runkle（1993）提出的，方差方程如下：

$$\sigma^2 = \omega + \sum_{i=1}^{q} (\alpha_i \varepsilon_{t-i}^2 + \gamma_i S_{t-i}^- \varepsilon_{t-i}^2) + \sum_{j=1}^{p} \beta_j \sigma_{t-j}^2 \tag{2.13}$$

其中，S_{t-i}^- 是虚拟变量，当 ε_{t-i} 为负时，其值为 1，当 ε_{t-i} 大于等于零时，其值为零。好消息 ε_{t-i} 大于零冲击市场时，对条件方差的影响为 α_i，而坏消息冲击市场时，对条件方差的影响为 $\alpha_i + \gamma_i$。若 γ_i 大于零，金融市场的负冲击比正冲击对条件方差的影响大，杠杆效应存在。

APARCH 模型是由 Ding、Granger 和 Engle（1993）提出的，该模型指定的条件方差方程的形式为：

$$\sigma^\delta = \omega + \sum_{j=1}^{p} \beta_j \sigma_{t-j}^\delta + \sum_{i=1}^{q} \alpha_i (|\varepsilon_{t-i}| - \gamma_i \varepsilon_{t-i})^\delta \tag{2.14}$$

其中 $\delta > 0$，$|\gamma_i| < 1$（$i=1$，…，q），$\alpha_i \geq 0$，$\beta_j \geq 0$。在 APARCH 模型中，标准差的幂函数 δ 是估计得到的，用来评价冲击对条件方差的影响幅度；γ 是捕捉直到 q 阶的非对称效应的参数。

偏 t 分布，是由 Hansen（1994）提出的，主要为克服上述模型无法描述资产收益率表现出来的"尖峰"和"厚尾"共存的特征，P.Lambert 和 S.Laurent（2001）给出了标准化的偏 t 分布：在 $\nu > 2$ 条件上，若 Z_t 的密度函数为：

$$f(Z_t | \xi, \nu) = \begin{cases} \dfrac{2}{\xi + \xi^{-1}} sg[\xi(sZ_t + m)|\nu], & Z_t < -\dfrac{m}{s} \\ \dfrac{2}{\xi + \xi^{-1}} sg[(sZ_t + m)/\xi|\nu], & Z_t \geq -\dfrac{m}{s} \end{cases} \tag{2.15}$$

则 $z_t \sim$ SKST（0，1，ξ, ν），其中 g（.| ν）是标准的 t 分布密度函数，参数 ξ 衡量非对称性，ν 衡量尾部厚度，参数 m 和 s^2 分别代表的是非标准化的偏 t 分布的均值和方差。

$$m = \frac{\Gamma(\frac{\nu-1}{2})\sqrt{\nu-2}}{\sqrt{\pi}\,\Gamma(\frac{\nu}{2})}(\xi - \frac{1}{\xi}), \quad s^2 = (\xi^2 + \frac{1}{\xi^2} - 1) - m^2 \tag{2.16}$$

（3）有效性指标

根据有效市场理论，在有效市场中，价格对已有的全部信息的反映是充分的，对新的信息冲击会迅速作出反应、进行调整。市场微观结构理论认为，由于做市商市场和竞价市场在信息反映到价格中的方式、速度、成本都不尽相同，直接导致市场效率的差别。一般认为，做市商在增进市场运行质量方面的作用主要体现在提高市场流动性、降低市场波动性、提供报价信息等 3 个方面。

理论和实证研究都认为，当市场中存在无穷多个做市商时就等同于竞价市场，做市商的利润终因市场的完全竞争而趋近零，同时做市商间的竞争又减少了市场的买卖价差。因此，竞争性做市商制度有利于降低买卖价差，而垄断性做市商制度将导致交易成本的增加（买卖价差的扩大）。

本书将重点考察做市商在提供报价信息方面的作用并以此为依据评

价银行间市场和交易所固定收益平台的有效性。银行间国债市场和交易所固定收益平台的交易机制均属于做市商制。本书将运用 Granger 因果检验的方法，通过检验银行间市场、固定收益平台在引入做市商后其双边报价机制对市场价格是否有引导作用，分析做市商制度的资产价格发现作用发挥程度以及信息是否能有效地融入债券价格中，以度量、比较两个市场的有效性。

（4）先行性指标

利率期限结构包含有关于宏观经济运行的前瞻性信息。本书将通过检验长短期利差对经济波动是否具有先行性，揭示中国银行间市场国债到期收益率曲线在预测我国宏观经济运行方面的具体表现。本书根据 Estrella 和 Hardouvelis（1991）发表的 "The Term Structure as a Predictor of Economic Activity"，将回归分析模型的基本形式设定为：

$$Y_{t,t+k} = \alpha + \beta \times S_t + \varepsilon_t \tag{2.17}$$

$$Y_{t,t+k} = \alpha + \beta \times S_t + \sum_i \gamma_i \times X_t^i + \varepsilon_t \tag{2.18}$$

其中，$Y_{t,t+k} = (m \times 100/k) \times \ln(Y_{t+k}/Y_t)$，对于季度数据或月度数据，m 分别取 4 或 12，因此，$Y_{t,t+k}$ 的经济含义是指标 Y 在此后 k 期内平均年化增长率。S_t 为长短期利差，即收益率曲线的斜率。$\sum_i \gamma_i \times X_t^i$ 是控制变量集合。

2.3.4 国债衍生市场运行质量测度标准与方法

1. 测度标准

衍生品是一种金融合约，其价值依赖于其他更为基础的变量，这些变量通常可能是一些交易资产的价格。国债衍生品属于利率衍生品中的一种，按照作用机理不同，可划分为国债期货、国债回购、国债期权、远期利率协议和利率互换等基本类型。国债衍生市场具有风险对冲、价格发现、资金融通、利率预期等基本功能。国债衍生品作为成熟金融市场重要的衍生工具，在金融机构和非金融企业的利率风险管理中发挥着不可替代的作用。本书认为一个高质量运行的国债衍生市场应该至少符合如下标准：

第一，有效的风险对冲功能。在利率市场化的经济中，国债利率对资金的供求状况、经济运行周期、通货膨胀率、利率以及汇率等诸多市场因素都比较敏感，受这些因素影响会产生持续的波动，使国债投资者随时面临着风险。而国债衍生交易就是为满足投资者规避风险需要而产生和发展起来的，规避风险理所应当成为国债衍生交易的首要经济功能。因此，国债衍生市场风险对冲功能效率的高低，直接关系到国债衍生市场的运行质量。

第二，促进价格发现。国债衍生交易是在有组织的、正规化的市场中进行的，市场中聚集了大量的不同目的的交易者，在保证市场流动性的同时，公开竞价的方式也能避免欺诈和垄断行为。此外，衍生品价格报告制度确保了所有交易者及其场内经纪人能及时掌握市场变化，结合自己的预期做出合理判断，最后反映到衍生品价格中，进一步提高了价格的真实性和预期性。因此，一个高质量运行的国债衍生市场一定是一个交易价格能够持续报出、修正并得到无偏差传播，将潜在的价格信息揭示得更充分、更合理，能较为真实地反映供求状况和人们对某种国债未来价格的综合预期的市场，为投资者决策和规划资金提供依据。

第三，合理引导利率预期。在发达国家，国债回购是中央银行开展公开市场业务的重要工具之一，中央银行可以通过国债回购（或逆回购）来收缩或放松商业银行体系的超额准备金，进而双向性调节货币供给量；也可以采用一次性买卖国债的方式来单向调节货币供应量。如果国债利率上升，中央银行可在国债回购市场拆出短期资金以增加货币供应量，平抑市场利率上升；反之，中央银行可通过国债回购来减少短期货币供应量，以影响利率水平。此外，国债回购利率与其他金融利率，如债券利率、同业拆借利率、理财产品利率等也存在着引导或被引导的关系。因此，高质量运行的国债回购市场既要为中央银行进行公开市场业务、合理引导利率预期提供顺畅的传导机制，也要为其他金融利率的确定提供有益的参考。

当然，国债衍生市场运行质量测度标准还包括低成本融资能力、投资的安全性、促进国债发行和流通等方面，但受文本研究体系所限，只确定上述 3 个标准。

2. 测度方法

本书第 5 章将从国债衍生市场基本功能出发，在对我国现有国债衍生产品的种类、作用及发展现状进行详细介绍的基础上，运用数理经济学和计量经济学的分析工具，考察国债回购利率相关性以及国债期货功能的发挥程度，借此反映我国国债衍生市场运行质量。

（1）国债回购利率相关性实证分析

鉴于债券回购是目前交易量最大的资金融通业务之一，特别是国债回购，以国债为担保品具有价格相对稳定、信用等级高等特点，为中央银行公开市场操作、商业银行进行资产管理和流动性管理以及资金供需双方融通资金提供了便利，因此，国债回购利率与金融市场中的其他主要利率之间必然存在相互关联。为了考察这种相互关联，我们运用 Granger 因果关系检验方法，分别检验银行间国债市场回购利率、上交所国债市场回购利率对金融市场其他主要利率的相互关系。金融市场其他主要利率包括：反映短期流动性的银行间同业市场利率，以同业拆借利率和上海银行间同业拆借利率（Shibor）为代表；反映投资者平均投资收益率，以人民币理财产品预期收益率为代表；反映企业借款成本，以 AAA 级固定利率企业债券到期收益率为代表。

（2）国债期货功能实证分析

本书重点检验了国债期货市场对现货市场的价格发现功能和国债期货的套期保值功能。

一是国债期货市场对现货市场的价格发现功能。主要是观测期货市场价格能够对现货市场价格产生影响作用，体现在数据上，应观察国债期货合约价格是否领先现货价格，领先时间越长，其价格发现功能越强。在确定国债期货合约价格与现货价格的 Granger 因果关系后，本书使用 VAR 模型分析国债期货市场与现货市场价格的交互影响，进一步考察两市场价格对冲击的影响模式。如果期货市场价格发现功能有效，在脉冲响应和方差分解中，期货市场的波动将对现货市场价格产生较大冲击；如果价格发现功能较弱，两者的影响应基本相似。

二是国债期货的套期保值功能。传统套期保值理论是由 Keynes（1930）和 Hicks（1939）率先进行研究的，并提出了经典的全额套期保值理论，所确定的套期保值的比率恒定为 1。现代套期保值理论以 Markowitz（1959）、H.Working（1960）、Leland Johnson（1961）和 Ederington（1979）等为代表，认为套期保值的比率不是恒定为 1，而是由套期保值的交易目的以及现货与期货市场价格的相关性决定的，是可以选择的。随着新的计量分析工具的广泛应用，最优套期保值比例的估计模型也日益丰富，本书使用估计最优套保比率方法中最常用的一种——最小二乘法（OLS）回归模型。该模型的原理就是先构建现货价格和期货价格的线性关系估计出最小方差套期保值比率。具体的回归模型如下：

$$\Delta S_t = \alpha_0 + \alpha_1 \Delta F_t + \varepsilon_t \tag{2.19}$$

其中，ΔS_t 是第 t 日现货价格的变动量，α_0 是回归方程的截距项，α_1 是回归方程的斜率项，同时也是套期保值比率，ΔF_t 是第 t 日期货价格的变动量，ε_t 是随机误差项。

考虑到样本数据的有限性，本书选用基于传统 1∶1 套保模型和 OLS 静态套保模型衡量风险规避的效果，采用的是 Kroner 和 Sultan（1993）提出的方法，公式如下：

$$\gamma = 1 - \text{var}(XH - h^* Qh) / \text{var}(XH) \tag{2.20}$$

其中，γ 为国债期货风险规避效果，h^* 为套期保值比率，var（）表示方差函数。其中，传统 1∶1 的套保模型中，h^* 为 1；OLS 套保静态模型中，h^* 需要估计如下方程：

$$\Delta XH = c + h^* \Delta QH + \varepsilon \tag{2.21}$$

三是国债期货推出对国债现货市场的波动性的影响。根据 Bollerslev（1986）提出的广义自回归条件异方差模型（GARCH 模型），一般的 GARCH（p，q）模型表达式如下：

$$y_t = \beta_0 + \beta_1 X_{1t} + \beta_2 X_{2t} + \cdots + \beta_k X_{kt} + u_t \tag{2.22}$$

$$ut \sim N(0, \sigma_t^2) \tag{2.23}$$

$$\sigma_t^2 = \alpha_0 + \sum_{i=1}^{p} \alpha_i \varepsilon_{t-j}^2 + \sum_{j=1}^{q} \beta_j \sigma_{t-j}^2 \tag{2.24}$$

其中 $p \geq 0$，$q \geq 0$，$\alpha_0 \geq 0(i - 1, 2, \cdots, p)$，$\beta_j \geq 0(j = 1, 2, \cdots, q)$

保证条件方差的非负性，$\sum_{i=1}^{p} \alpha_i + \sum_{j=1}^{q} \beta_j < 1$ 保证过程的平稳性。

波动性的演变过程可用 GARCH 模型中的 3 个不同参数加以描述。其中 α_0 为系统中原先的不确定性；α_i 为滞后期残差平方项的系数，数值越大表明市场信息转化为未来波动性冲击的传递速度越快；β_j 为滞后期条件异方差的系数，由于 β_j 与前期的条件异方差相关，因此可以用来刻画旧的消息对于未来波动性的影响效果，该数值越大，则表明波动性干扰的影响越持久。因此，比较 GARCH 模型各系数值的变化情况可以判断国债期货的推出是否提高了国债市场的信息传递效率。

本书在标准的 GARCH 模型中加入了虚拟变量来度量国债期货推出是否对国债市场的波动性产生影响。具体模型如下：

$$\sigma_t^2 = \alpha_0 + \sum_{i=1}^{p} \alpha_i \varepsilon_{t-i}^2 + \sum_{j=1}^{q} \beta_j \sigma_{t-j}^2 + \gamma D \qquad (2.25)$$

D 是虚拟变量，国债期货推出前，D=0；推出后，D=1。系数 γ 是描述波动性变化的参数，反映国债期货推出前后国债现货收益率波动的变化程度。若 γ 显著大于 0，表明波动性加剧；若 γ 显著小于 0，表明波动性减弱；若 γ 为 0，则表明波动性不变；若 γ 不显著，则表明国债期货推出未对国债现货市场的波动性产生实质影响。

2.3.5 国债市场管理质量测度标准与方法

1. 测度标准

金融市场监管理论显示，金融市场监管的手段主要包括：法律手段、行政监管、自律监管和托管清算。因此，本书对高质量的国债市场监管提出以下标准：

第一，健全完善的法律法规。从法律对国债市场的作用看，完备的法律制度通过有效规范国债市场的发行、交易、登记等环节，降低了交易成本，增进了投资者的参与度，增加了市场中资金的供给数量，有助于建设一个高质量运行的市场。本书认为法律法规的健全完善主要体现在以下方面：一是广覆盖。国债市场包含发行、交易、结算、还本付息及监管等环节，各环节彼此衔接，互为一体。因此，国债市场的发展需要在各个环节予以立法完善和制度创新。二是多层次。国债市场管理的法律法规在纵向上应该包含证券法和预算法等、国债法等专项法律、国债行政法规与行政规章、国债业务规则等多个层次。各层次的法律规范既要遵循下位法不与上位法相抵触的立法原则,又应体现上下位法之间的明确分工和协调一致。三是协调性。从横向上看,国债市场所需要的法律不止一种,它是由许多法律构成的一个综合体系,如《证券法》《预算法》《公司法》《税法》等都是这个体系中的必不可少的重要组成部分。

第二,有效规范的市场监管。法律法规本身即便十分完备,其本身也不能自我执行,必须依赖监管者的执法。执法和立法之间的交互作用,是监管者关键性的作用。法律法规如果得不到严格的执行,将成为一纸空文,无任何实际意义。规范有效的市场监管应该包括清晰的监管目标、分工协作的监管主体、有效的监管手段、明确的监管对象等方面,要充分发挥监管的威慑和调控作用,保障国债市场的秩序和发展。

第三,安全高效的托管清算。建立分工合理、职责明确、运转安全、机制灵活的托管清算体系是一个国家证券市场建设的首要任务。在发达的市场经济国家,交易前台多元化着眼于满足市场交易达成的流动性需求,托管清算平台(后台)集中化、一体化则着眼于满足市场交易结算的安全性、效率性的需求,两者统一于提升市场服务的效率和市场整体竞争力。随着发达市场托管清算系统无纸化运行水平的提高,在发行、托管、结算诸环节都加快了取代传统纸面作业、进行一体化整合的步伐,相应的业务功能不断增加,组织架构进一步紧凑。托管后台更趋于集中,交易后处理的组织和流程不断整合。综合全球中央托管清算机构发展历程,本书认为可将统一托管、集中清算结算、托管清算结算一体化作为安全高效托管清算体系的明显特点。

2.测度方法

本书将在第6章中,借鉴发达经济体国债市场管理的成功经验,主要采用定性分析方法对我国国债市场法律法规体系、市场监管体系和托管清算体系建设、运行情况进行综合考察,在法律法规体系分析方面,主要从法律层面、行政法规层面、部门规章层面依次展开;在市场监管体系方面，着重从国债市场监管的历史沿革、行政监管体系和自律监管体系进行论述；在托管清算体系方面，则分为债券市场登记托管制度和清算结算机制开展分析。以此对我国国债市场管理质量进行客观测度，为提出优化国债市场管理相关政策措施奠定基础。

第3章 我国国债发行市场运行质量

国债发行是国债市场运行的起点和基础环节,这一章将从国债发行市场结构与国债发行市场制度两方面介绍国债发行市场体系,并在借鉴发达国家在这两方面所取得的成功经验的基础上,回顾我国国债发行市场的演进历程,分析市场发展现状与存在的问题,对我国国债发行市场运行质量进行定性描述,最后通过检验发行市场价格招标或利率招标结果与二级市场的同期限同品种债券加权平均收益率之间是否存在较强相关性,是否存在相对稳定的长期均衡关系,来对我国国债发行市场的定价效率指标进行衡量。

3.1 国债发行市场体系

3.1.1 国债发行市场结构

1. 发行市场参与者

参与者是国债发行市场的主体,从职能上划分,参与者可以分为发行者、投资者、中介机构和市场管理者4类:

(1)国债发行者。国债发行者即中央政府,它既是国债的供给者,又是资金的需求者。大部分国家都是由财政部代表中央政府作为国债的发行主体，它在债权债务关系中处于债务人的地位。

（2）国债投资者。它是国债市场上资金的供给者，它们认购国债，在债权债务关系上处于债权人的地位。投资者大致可分为4类：一是居民，包括个人投资者和企业投资者；二是商业银行；三是合同式储蓄机构，包括保险公司、社保基金、证券投资基金等；四是非银行金融机构，包括财务公司、证券公司、信托公司等。其中，后三类称为机构投资者且在市场中占有绝对比重。此外，出于公开市场操作需要，中央银行也会成为投资者，但很快就会被反向交易所抵消。

（3）中介机构。它是指为实现国债从发行者手中转移到投资者手中而依法或按规定承担有关国债发行的事务性工作的机构，视其不同职能可分为代理者、承销商、受托人等几种。代理者一般是中央银行。承销商是按照国债发行者的要求，办理国债承销和分销业务的机构，一般来说由商业银行、证券公司等金融机构组成。受托人泛指接受国债发行者委托，参与经办有关募集国债事务性工作的机构。绝大多数国债发行需要借助中介机构的服务，其作用至少可以表现为4个方面：一是拓展筹资渠道，扩大募集资金来源；二是降低发行费用，减少筹资成本；三是缩短发行时间，提高发行效率；四是可以引导投资者的投资方向，促进资源合理配置。

（4）市场管理者。它是指对国债发行市场进行监督管理以促进其规范运转的机构，它也是国债市场不可缺少的组成部分。不同国家的国债市场管理模式不尽相同，管理机构主要有：财政部、中央银行、证券监管部门以及行业自律机构等。

2. 发行国债种类

国债种类可以根据其特质进行多种分类，比较常见的包括：

（1）国库券。它是中央政府为解决年度内预算资金的周转失灵而发行的债券，它是短期国债最主要的表现形式。这种债券的发行不是为了弥补跨年度的预算赤字，而完全属于国库收支的正常调剂。此种债券具有不记名、期限短、无实物、零利息、标准化的特点。

（2）中长期债券。它是指期限在 1 年以上的债券，其中 1~10 年为中期债券，10 年以上为长期债券。中长期债券的发行不是用于弥补预算年度内各季节间财政收入的淡旺差额，而是实实在在为了实现整个预算年度的财政收支平衡。也正是因为上述功能，中长期债券成为各国政府重要的筹资工具，也是资本市场上主要的流通工具。

（3）预付税款债券。它是用来吸收企业准备用于纳税而储存的资金的一种临时性的短期国债。该种债券一则可以减少企业因资金闲置所造成的损失，二则也有助于实现政府税收的均衡入库。

（4）浮动利率债券。它是指票面利率随某一市场利率变动而变动的债券。其利率包括基本利差和浮动利差两部分，这种利率设计原理，使得在利率水平上升时，有利于保护债券持有人的实际收益水平，促进债券顺利销售，在利率水平回落时，有利于消除或弱化债券的利率风险，降低政府的筹资成本。

（5）指数化债券与 TIPS。这两种债券都是为了应对物价上涨和通货膨胀，使政府债券正常保值增值而设立的。指数化债券指本金随物价指数变化而变化的债券，其所钉住的物价指数包括消费价格指数（CPI）、零售物价指数（RPI）或批发物价指数（WPI）。TIPS 是一种与通货膨胀指数相关联的债券，可以保护投资者在投资期限内规避真实购买力下跌的风险。

（6）储蓄债券。它是指专门用于吸收居民储蓄资金的债券，具有期限较长、利息率较高、折价发行、可免税或少缴税的特点。政府发行储蓄债券，一方面可以扩大财政资金的来源，使以获利为目的的中小投资者可以获得较高收益；另一方面，专门吸收个人储蓄资金，可在一定程度上减少个人用于消费的资金，从而控制总需求、抑制物价上涨。

（7）专用债券。它是各国政府从特定金融机构（主要包括商业银行、保险公司和养老基金等）筹集财政资金的债券。相比储蓄债券，专用债券具有期限更长、带有某些强制性推销、优惠程度不高等特点。

通常，储蓄债券和专用债券是不可上市流通的品种。

3.1.2　国债发行市场制度

1.国债发行的条件

国债发行的条件，就是政府对发行国债的具体内容所作的规定。主要包括发行额度、偿还期限、票面利率、发行价格等内容。

（1）国债发行额度。它是政府每年发行国债的计划数额。通常，政府要在上一财政年度制定预算草案，对下一财政年度的政府收支规模和结构进行计划安排，其中就包括国债的发行额度。而实施国债规模余额管理的国家，通常政府在年度预算草案中不直接提出每年的国债计划发行额，而是提出国债余额的数字，同样交由立法机关审查批准后实施。政府决定每次国债发行数量时，需要综合考虑财政本身对债务资金的需要量、政府未来的还本付息能力、发行对象的承购能力、国债经济功能的发挥等诸多因素。

（2）偿还期限。它是指从国债发行的起息日始至还本付息日止的时间。一般来说，期限 1 年以下的称为短期国债，期限 1~10 年的称为中期债券，期限 10 年以上的称为长期债券。国债期限是否适宜，对国家财政资金的安排和投资人的积极性影响很大。确定国债期限一般应考虑以下因素：一是政府对资金的需求；二是对市场利率的预期；三是社会资金的供给结构；四是还本付息的集中程度。

（3）票面利率。它是指一定时期内（通常为 1 年）政府举债所支付的利息额与借入本金之间的比例，它反映了政府占用投资者资金的时间成本，直接决定着政府筹资成本的大小，同时也是投资者衡量获利水平的标准，因此票面利率的设计便成为国债发行设计的核心内容。政府设计国债利率应当考虑如下因素：金融市场平均利率水平、政府信用状况、社会资金的供给量、社会物价水平、国债期限等。国债利率通常以年利率来表示，其表达式为：

$$国债年利率 = \frac{利息额}{本金额} \times 100\% \tag{3.1}$$

$$单利率 = \frac{利息额}{本金额 \times 期限} \tag{3.2}$$

$$复利率= \sqrt[期限]{\frac{利息额}{本金}+1}-1 \tag{3.3}$$

（4）国债发行价格。它是指投资者认购新发行的国债时实际支付的价格。根据国债的发行价格高于、低于还是等于国债面值，发行价格可以有3种设计：溢价发行、折价发行和平价发行。国债发行价格的高低，受多种因素影响，主要有：票面利率水平、市场利率水平、国债期限长短、政府信用程度。国债发行价格按付息方式可分为零息国债发行价格、贴现国债发行价格、附息国债发行价格。

①零息国债的发行价格：

单利计息：
$$p=\frac{M \times (1+r \times n)}{(1+R)^n} \tag{3.4}$$

复利计息：
$$p=\frac{M \times (1+r)^n}{(1+R)^n} \tag{3.5}$$

②贴息国债的发行价格：

单利计息：
$$p=\frac{M}{1+R \times n} \tag{3.6}$$

复利计息：
$$p=\frac{M}{(1+R)^n} \tag{3.7}$$

③附息国债的发行价格：

$$p=\frac{M \times r}{(1+R)^1}+\frac{M \times r}{(1+R)^2}+\cdots+\frac{M \times r}{(1+R)^n}+\frac{M}{(1+R)^n}=\sum_{t=1}^{n}\frac{M \times r}{(1+R)^t}+\frac{M}{(1+R)^n} \tag{3.8}$$

3.8式中，p为国债的发行价格，M为国债的票面额，r为国债的票面利率，R为市场利率，n为偿还期限，t代表剩余期限。

2.国债发行的方式

国债发行方式就是政府销售国债的具体方法和形式。适当的销售方式也是保证国债发行任务顺利完成的重要一环，不仅可以保证政府比较顺利及时地获得所需要的债务资金，而且投资者也可以比较方便地购买国债，因此，发行方式需要精心的设计和规划。发行方式可以从不同角度进行分类，如以是否有中介机构参与发行来划分，可分为直接发行和间接发行；以国债发行的公开程度来划分，可分为公开募集和私下募集；根据国债发行价格的决定办法来区分，可分为竞价发行和定价发行；按照发行过程中是否运用政府行政权力干预来区别，可分为自愿认购和强制摊派。在长期的实践中，各国主要采取行政摊派、承购包销、公募招标 3 种方式。

（1）行政摊派。它是指政府利用其政治权力强行向发行对象推销国债的发行方式。这种方式具有按照特定标准摊派、发售方式带有强制性、推销机构庞大的特点。其优点是国家可迅速地筹措财政所需资金，确保国债得以全部售出。但因它违背了经济规律的根本要求，剥夺了人民的自由意志，破坏了国家债券的声誉。通常只有国家处于战争、自然灾害等非常时期以及实施经济管制时期才会使用。

（2）承购包销。它是指债券发行者不直接参与而是委托证券承销机构发行债券。承购包销有全额包销和余额包销两种形式。在全额包销形式下，承销机构先以自己的名义和资金全部认购发行者拟发行的债券，然后再按市场条件转售给投资者。此种形式有利于发行者短时间内筹集资金，而承销机构则承担了全部发行风险，作为补偿，承销机构一次性买下发行者拟发行的债券的价格比较低，而卖给公众的价格比较高，之间的差额是承销机构的收入，扣除发行费用即为承销机构的包销利润。在余额包销形式下，承销机构与债券发行者签订承销合同，承诺在约定期限内，若不能全额售出债券，剩余债券将由承销机构按协议价格全部认购。在此种形式中，承销机构只承担部分发行风险。此种方式有以下几个特点：间接发行、发行条件固定、发行期限较短、承销机构不限、主要适用于可转让的中长期债券的推销。

（3）公募招标。它是一种在金融市场上通过公开招标推销国债的方式，其具体程序为：首先由招标人（政府或其委托的中央银行）公开宣布国债的发行招标条件（通常为发行价格和票面利率），然后由投标人投标，政府再将各出标价格或利率按一定的顺序（价格从高到低，利率是从低到高）进行排列，选定最后的中标人，与之签订买卖合同并进行交割。公募招标按不同方式可以分为几类：按报价竞争性不同分为竞争性出价和非竞争性出价；按招标过程是否公开分为公开招标和秘密招标；按标的物不同可分为价格招标、收益率招标和缴款期招标。但最常用的是按中标规制分类，可分为多种价格招标和单一价格招标。其中，多种价格招标又称英国式招标，是指招标人按照出标价格从高到低确定各个投标人的中标价格和数量，此种方式对招标人有利，同样的债券可以卖到不同的价格；但投标人，特别是出价高的投标人，却处于一个十分不利的地位，出价高虽然中标的可能性大，但却支付了比后续中标者更高的价格，称之为"胜利者的诅咒"。单一价格招标又可分为荷兰式招标和美国式招标：①荷兰式招标，指招标人首先按出标价格高低募满发行额，然后将最低的中标价格确定为全体中标人的最终中标价格。荷兰式招标克服了英国式招标中的"胜利者的诅咒"，但对招标者十分不利，因为只能以最低中标价认购，会导致最低价可能低于债券面值，还会导致投标者达成勾结契约，压低中标价。②美国式招标，与荷兰式相似，只是承销机构中标后分别以各自投标的票面利率来认购债券，并以各中标人投标票面利率的加权平均值作为债券发行的票面利率。

3. 国债发行的时间模式

国债发行的时间模式，又称国债推销的时间，它是指政府根据当前财政状况、经济发展形势以及市场行情等因素所选定的最有利于国债销售的时间和频率。具体来说主要包含固定发行制度、预发行制度、续发行制度。

（1）固定发行制度。它是指国债发行部门根据财政资金的安排，综合考虑社会资金状况，固定公开债券的发行时间、规模等信息的制度。根据信息对等的原则，在国债发行部门公开信息的同时，一级自营商等债券的主要投资者也应实施信息报告制度，向财政部门公开其债券库存状况、财务状况等信息。此项制度，一方面向债券需求方提供了持久性的"国债供给意向信息表"，投资者据此可以形成理性预期，从容调整其债券库存和资产组合，可提升对国债的有效需求；另一方面，国债投资者的信息报告制度可以揭示债券需求的基本状况，为债券供给方提供有效的信息，有利于财政部门及时、准确地把握市场信息，并据此相机调整具体发行策略，以取得最佳效果，保证债券的有效供给。此举有利于财政部门与国债主要投资者之间的信息透明，大大减少信息的不对称性，有利于供求双方的理性决策，也有利于国债市场资金和债券供求的平衡。

（2）预发行制度。它指在债券虽已被核准招标发行但尚未正式招标发行期间，市场就对该期债券先行买卖交易的行为。通常，预发行交易始于债券招标公告日，止于债券投标后的最后缴款日。本质上预发行可视为一种短期的远期交易，因为它是对即将发行的债券的远期价格在即期进行买卖交易，但资金与债券的交割是发生在远期。而同时它又与远期交易有区别，其中预发行交易的债券在交割日之前并不存在是最本质的区别，由此引发两者在盈利模式、保证金管理等方面的差异。交易者参与预发行的动机主要有：投机套利，当交易者预期发行利率将上升时，可在债券发行前以较低利率卖出该债券，从而锁定预期利润；分散承销风险，承销机构可在预发行期间内卖出预计中标的数量或基本承销额，以降低新债持有风险并减少融资需求。

（3）续发行制度。它是指增量发行已上市交易的单期国债的制度安排。各个国家根据各自的金融债券市场情况，经过较长时期的运行，续发行已经成为普遍采用的国债发行制度，形成和发展了不同的续发行模式，凸显出续发行机制的独特优势，概括起来主要包括：一是续发行是减少债券碎片的切实措施。在续发行制度采用之前，每次发行国债都与存量债券不同，导致国债品种太多、规模不大、流动性分散，出现了所谓的债券碎片，使得发行人和投资者在考虑兑付结构、管理投资组合方面变得困难。而续发行则能减少国债只数，扩充单只规模，从而减少债券碎片。二是续发行是提高市场流动性的有力工具。由于流动性溢价的存在，使得流动性好的国债具有更低的收益率或发行利率，有利于降低国债筹资成本。从静态评价债券市场流动性高低的买卖价差、换手率等衡量指标来看，引入续发行机制后在市场流动性方面有较为显著的成效。三是续发行是形成规范简明到期结构的有效途径。因续发行可以使政府在不增加新的到期日的情况下仍可以保持国债的高频发行，有利于政府减轻还本付息操作的复杂程度，减少国债发行兑付给国库资金管理带来的较大不确定性。

3.2 国债发行市场运行的国际经验与借鉴

国债发行市场作为国债进入市场体系的"入口"，其运行质量对整个国债市场运行质量来说具有基础性的作用。发达经济体成熟的国债发行市场体系以及在发行制度上的创新，都是我国国债发行市场可以借鉴的。

3.2.1 国债金融资产结构的国际比较

1. 国债品种结构

美国国债按是否可转让分为可流通国债和非流通国债两种：（1）可流通国债可分为 4 类：短期国库券（T-bills），期限有 13、26、52 周，多以折价方式发行，最小购买金额 10 000 美元；中期国库票据（T-notes），现有期限为 2、3、5、10 年，票面利息固定，到期一次还本付息，债券最小面值 1 000 美元；长期国库债券（T-bonds），期限为 5、10、30 年期，也是固定利率，到期一次还本付息，最小面值 1 000 美元；通胀保值债券（TIPS），始于 1997 年，是与 CPI 挂钩的债券，债券本金部分随 CPI 指数进行调整，按固定利率计算的利息将随本金变动而变动。（2）非流通国债可分为 3 类：储蓄债券（saving bond），美国财政部面向普通民众发行的无记名国债，不可转让流通，只能由美国财政部授权机构赎回；州和地方政府债券（SLGS），发售给发行免税证券的州或者地方政府，由于大部分市政债券利息是免税的，因此州及州以下地方政府能够以比国债和公司债更低的利率发行债券，从而存在一个潜在的套利机会，而这种套利是联邦法律禁止的，为了监督州及州以下地方政府按照《联邦反套利法》的规定借款，美国财政部发行了非流通的 SLGS，州及州以下地方政府可以将市政债券发行收益投资于SLGS，从而不违反美国税法；政府账户债券（GAS），主要面向社会保障基金、医疗、军事退休和保健中心、公民退休和残疾信托基金发行，包括平价证券和以市场为基础证券，期限在 0~30 年不等，平价证券以面值发行和认购；以市场为基础证券可溢价或折价发行，到期日以票面额偿还或到期日之前以市价偿还。

英国政府的债券品种并不多，主要包括常规金边债券和指数联结金边债券，规模、批次占 99% 以上。常规金边债券是最简单的形式，发行期限集中在 5、10、30、40、50 年，以 100 英镑为报价单位，每半年支付固定利息。为了提高债券的流动性，在 2009 年 11 月之前，由债务管理局（DMO）发行的常规债券付息日相对固定（3 月 7 日/9 月 7 日、6 月 7 日/12 月 7 日），这种设计可以便于不同债券的单独息票间互换。2009 年 11 月，常规债券开始采用第三个息票系列（1 月/7 月的 22 日支付）。指数联结金边债券，其每半年的利息支付和本金与英国的一般零售价格指数（RPI）挂钩，还本付息时与债券首次发行后的累计通胀相联系。2005—2006 财年以后，所有新发行的指数联结债券的指数联动滞后期为 3 个月（以前滞后期为 8 个月）。此外，还包括双重日期金边债券（即"尾"债）和无限期型金边债券。双重日期金边债券是政府可以选择在第一个和最后一个到期日之间的任何一天偿还该种债券的全部或部分，但条件是至少 3 个月前发布通知。无限期型金边债券在管理上与双重日期金边债券趋同。同时，英国政府还有短期国库券的交易，DMO 发行的国库券期限有 1、3、6 个月，国库券不支付利息，以其名义值或面值的一定折扣发行。

日本国债主要分为 3 类：一是政府为满足一般性常用支出而发行的一般国债，包括建设国债、特殊财政赤字国债、重建国债、偿债国债等；二是为财政贷款基金融资而发行的财政投融资国债；三是面向特定的机构或者对象发行的其他国债，包括补贴国债、捐助/贡献国债以及针对日本开发银行、核事故损害等发行的国债。

2. 国债期限结构

从期限来看，美国中期国库票据占主导地位。截至 2012 年 12 月末，T-bills 余额为 1.63 万亿美元，占全部可流通国债的比例 14.74%；T-notes 余额为 7.32 万亿美元，占比 66.29%；T-bonds 余额为 1.23 万亿美元，占比 11.22%；TIPS 余额为 0.85 万亿美元，占比 7.69%。自 2003 年以来，T-notes 的余额占比均超过 50%。

而在日本，长期国债占有重要位置，截至 2012 年末，长期附息国债（10 年）和超长期附息国债（15 年以上）余额占比为 64.8%，中期国债（5 年及 2~4 年）占比为 28%，1 年及以下短期贴现国债只占到 4% 左右。

德国也以发行长期国债为主。长期联邦债券在年度国债发行额中的占比由 1990 年的 38.88%上升至 1999 年的 40.39%，而中短期国债发行则较少，导致国债余额中待偿年限在 10~30 年的国债占比较大。截至 2007 年 4 月 30 日，10 年期以上的国债余额占比高达 63.12%。与此同时，德国也意识到调整国债期限结构的重要性，6 个月期以下国债的发行比重由 1990 年的 5.7%逐渐提高到 2007 年的 34%，逐步下调长期国债的发行占比，10 年期至 30 年期国债占比由 1999 年的 40.39%下调至 2007 年的 24%。

3.2.2 国债发行市场制度的国际比较

1.国债发行方式

美国采取拍卖方式向投资者发行可流通国债。拍卖方式在 1990 年前采用的是美式投标法（多价格投标），后因"所罗门公司丑闻"，于 1998 年 11 月全面采用荷兰式投标法（单一价格投标），主要采用竞争性投标和非竞争性投标的方式。竞争性投标就是投标者投标是以竞价的方式进行的，且每位投标者的投标额度不能超过该期国债总规模的 35%；非竞争性投标则是投标者只对购买国债的数量（单个投标者不能超过 500 万美元）进行投标，并接受竞争性投标者决定的最终利率。招标结束后，财政部首先接受所有的非竞争性招标数量，之后按照利率高低依次接标直到达到预定数额为止。所有的投标者的投标结果均采用最高投标利率来计算。投标主要通过美国财政部公债局的 TAAPS 系统和 Treasury Direct 系统进行。TAAPS 用来接受机构投资者的竞争性投标；Treasury Direct 则只接受普通个人投资者的非竞争性投标。美国财政部公债局和美联储纽约分行也接受竞争性或非竞争性的书面投标。同时，普通投资者也可通过经纪交易商进行投标。

英国政府债券传统上采用招投标的方式发行。随着全球金融危机和欧洲主权债务危机的加剧，自 2008 年 10 月起，英国进行了发行市场与发行方式的改革。目前共有 3 种正在使用的发行方式，其中债券招标占有主体地位，而辛迪加发行和迷你招标由于融资能力强和灵活性好，金融危机后也得到较多运用，取得了良好的政策效果。具体发行安排情况如下：债券招标，这是金边债券发行的传统模式，较为稳定成熟，2008

年改革后，为了提高透明度和预测性，英国政府采用了两种不同的招标形式，常规债券通过多种价格招标发行，指数联结债券在统一的价格基础上招标，招标时有竞争力的出价必须通过英国一级经销商——金边债券做市商（GEMMs）来指导，其可以直接连接到 DMO 的电子招标系统。DMO 给予招标会上的中标者（GEMMs 及投资人）一项选择权，可以在招标当天的中午 12 点至下午 2 点，以常规债券招标的平均价格以及指数联结债券招标的单项结算（或行使）价格购买分配给其额度的额外 10%的份额（即 PAOF）。辛迪加发行，是指债券发行方委派一个银行团体（主承销）代表其管理债券发行事宜的过程，发行期间，主承销通过不断与投资者对话，建立一个需求预定册，当主承销和发行方一致认为预定的金额和数量满足了发行人的销售目标时，预定结束并确定交易价格。之后，主承销和发行方商定债券在投资者中的分配。迷你招标，作为招标发行的补充，发行量较小，预公告更少，旨在满足对特定债券的紧急需求。

日本国债依据不同发行对象可分为 3 类：面向市场发行、面向零售投资者发行、面向公共部门发行。（1）面向市场发行主要有竞争性拍卖和非竞争性拍卖两种形式。其中竞争性拍卖又分为多重价格拍卖和单一价格拍卖。为方便中小投资者，2、5 和 10 年期国债既可以竞争性拍卖发行，也可以非竞争性拍卖发行。（2）面向零售投资者发行主要有直接面向零售投资者发行和 OTC 销售系统发行两种方式。前者主要是通过证券公司、银行等中间办理机构（约 1 100 家）将用于零售的重建国债和重建支持国债直接出售给个人投资者；后者是专为零售投资者而设计的，旨在增加个人投资者投资某些特定期限国债的机会。（3）面向公共部门发行就是向日本银行发行，主要品种是偿债国债，用来弥补到期国债。

德国国债的发行方式有：招标发行、水龙头方式发行和交易所发行。招标发行主要用于联邦债券、联邦国库债券和国库贴现债券，约占国债发行量的 70%左右。以水龙头方式发行的是联邦储蓄债券和联邦国库融资券。每次即将招标发行的债券都被分为两部分：一部分用于招标；另一部分用于国债市场管理操作，这部分国债不计入国债发行量，而是在国债价格剧烈波动的情况下，分别由财务代理公司通过电子交易平台、联邦银行通过德国证券交易所逐渐出售以平抑剧烈波动的国债价格。目前，这种发行方式不仅成为联邦政府灵活筹资的工具，还能增加国债的供给，进而加大某些国债的流动性和市场深度。

2. 国债发行信息披露制度

为提高发行市场运行质量，首要的是充分均衡披露发行中的供求信息，消除发行者与投资者之间的信息不对称，以及不同投资者之间信息的不对称问题。成熟的国债发行市场主要有 3 种信息披露制度。

（1）固定发行制度

固定发行制度的最大作用在于，保证国债发行具有规律性可循，以便市场形成理性预期，有利于降低发行成本，因此，发达国家和新兴市场国家普遍采用此项制度。在这其中，美国是典型代表（见表3-1）。

表 3-1　　　　　　　　　　美国国债的固定发行表

种类	期限结构	发行频率	公告日	拍卖日	发行日	到期日
国库券	3、6个月	每周	每周二	公告日后的周一	拍卖日后的周四	每个周四
国库券	52周	每月第四周	每月第四周	每月第四个周四	拍卖日后的周四	每月第四个周四
附息国债	2年	每月	每月20日	公告日后的周三	每月最后一日	每月最后一日
附息国债	5年	每季	每季第二月底	公告日后的周二	每月最后一日	每月最后一日
附息国债	4~7年	每季	每季第一月中	公告日后的周三	每季第一个月的15日	每季第一个月的15日
附息国债	3、10、30年	每季	每季第二月中	每季第二月的第一个周三	发行日前的周二至周四	每季第二个月的15日

资料来源：张海星. 公共债务 [M]. 2版. 大连：东北财经大学出版社，2011.

从表3-1可以看出，美国国债的发行品种与期限基本上是固定的，其拍卖周期、公告日、拍卖日、发行日及到期日等具体时间安排也是固定的,且比较均匀地分布在全年中的每个月,上述信息均全部向市场公开,具有较高的透明度。同时,有利于债券发行和资金供给的匹配,有利于降低发行成本,有利于公开市场操作的进行。

其他国家也都在一定程度上采用固定发行制度,并有一定规律可循,短期债券发行每周或每月公布一次,中长期债券发行是每月或每季公布一次(见表3-2)。

表3-2   部分国家国债发行公布频率

国别	债券品种	公布频率	国别	债券品种	公布频率
澳大利亚	5、13、26周短期国库券	每周	爱尔兰	短期债券	每周
比利时	1、3、6个月的短期债券和长期债券	每月	意大利	短期国库券	每周
奥地利	长期政府债券	每月(7、8月除外)		国库期权证券	每月
加拿大	3、6、12个月短期债券	每周	新西兰	国库券	每周
	2、5年期中期债券	每季	日本	长期附息债券	每月
丹麦	3、6、9个月短期债券	每季	德国	长期债券	每月
印度尼西亚	印尼票据	每日	马来西亚	短期债券	每周
	短期债券	每周		1年期债券	每月

资料来源:张海星. 公共债务 [M]. 2版. 大连:东北财经大学出版社,2011.

(2)预发行制度

作为一种成熟的发行制度,预发行制度在多个国家和地区得到广泛应用。总结起来有以下特点:一是在时间规定方面,大多数国家的招标公告是在开标日前1~2周左右发布的,也有长达4周的(如加拿大),而实际交割日一般是国债开标日的第二日,或是已实际发行债券在交易系统上结算的日期(如美国)。二是在参与者资格方面,大多数国家并无严格的规定，任何单位和个人（发行者除外）均可参与，但也有做出明确规定的。三是在交易结算方面，一般包括证券结算和资金结算。如美国预发行交易就是通过实时交易匹配系统（RTTM）和 Fedwire 记账证券转让服务系统进行结算。四是在风险控制方面，考虑到预发行交易与国债期货交易的相似性，集中持仓会损害二级市场流动性或造成逼仓空头风险，会对竞标者的中标数量进行限制。如美国规定，单个竞标者的中标数量不得超过当期发行国债额度的 35%。

（3）续发行制度

美国是最先引入国债续发行制度的国家，并对全球国债发行产生了深远影响。目前，美国财政部主要针对 10 年期中期国债、30 年期长期国债以及通胀保护债券进行续发行。从续发行的时间安排来看，在续发行月份，财政部一般在第一个星期三同时公布 10 年期和 30 年期国债续发行招标计划，10 年期国债在下周三招标，30 年期国债在下周四招标，在续发行月份 15 日完成续发行。对于短期国债，则通过适当的制度安排，使短期国债与原来发行的较长期限的短期国债具有相同的到期日，以达到续发行效果。如 26 周短期国债可以看作以前发行的 52 周短期国债的续发行。从续发行的数量安排来看，近年来，10 年期国债首次发行规模一般在 200 亿~250 亿美元，每次续发行规模一般低于首次发行规模 30 亿美元，经过连续两个月续发行之后，该 10 年期国债规模就在 600 亿~700 亿美元。而 30 年期国债首次发行规模一般在 140 亿~160 亿美元，每次续发行规模同样低于首次发行规模 30 亿美元，连续两个月续发后，该 30 年期国债的规模可达 360 亿~420 亿美元。出于税收政策因素的考虑，美国国债续发行最多发行两期，并且在首次发行的随后的两个月内进行。

英国国债分为国库券和金边债券，其中金边债券占绝大比重，也是续发行的主要债券品种。根据英国债务管理局网站提供的数据，英国对 2003—2060 年到期的金边债券全部予以续发行。英国国债续发行方式与普通发行方式一样，包括拍卖、辛迪加承销、随卖发行、小型投标、债券整体（部分）置换和逆向拍卖等方式。在时间安排上，续发行清算日通常安排在续发行招标日的次日，到期日则与首次发行到期日一致，付息一般为半年一次，一般为某月的 7 日。不同于美国，英国的国债续发行次数多、频率高。英国在一年中对同一债券续发行次数可高达 6 次，如 Treasury Loan 2007，首发期限为 21 年，存续期内有续发的年份达 19 年，共续发行 25 次，平均每年 1.3 次。经过高频续发行，英国绝大多数国债累计发行较首发规模有较大增加，一般能达到初始发行量的 10 多倍。

在印度，对于固定期限国债，普遍采用续发行方式，每周一公布发行通知及招标公告，周五进行招标，通常每次发行（续发行）2~4 期国债；短期国债通常于每周五公布发行通知，下周三进行招标，91 天国债每周发行一期，182 天和 364 天国债隔周交错发行。印度续发行普遍适用于 5、6、7、10、15、30 年等全部期限国债，尤其在 10 年期以上国债品种中运用较为频繁。对于单期国债，续发行频率平均达到每月一次，首次发行后 3 个月内，续发行频率较高，最大单只国债发行总量可超过 7 000 亿卢比。续发行国债招标通常采用价格招标、同一价位中标方式，标的为债券净价，投标人可以在多个价位进行投标，但总投标量不能超过计划发行总额。

土耳其国债续发行运用的非常频繁，并且续发行已经成为土耳其制定债券市场基准利率的重要参考。偿还期限为 22 个月的零息债券通常被看作基准债券，它的利率也成为整个市场的基准利率。土耳其财政部会在每年的 1、4、7、10 月发行这类债券，并在首次发行后的第三个月对此进行续发。续发行招标日均为每周一或周二，发行日为每周三，到期日均安排在周三。

3. 国债一级自营商制度

英国政府债券市场的运作建有完善的一级交易商体系（GEMMs）。2010 年 12 月底，有 20 家公司被 DMO 认可为 GEMMs。每个 GEMM 均是伦敦证券交易所成员，根据 DMO 发布的《DMO 与一级交易商职责指南》的规定，GEMM 义务包括：在所有的市场情况下，根据客户对所有非"尾债"的需求，向客户提供有效的双向报价，从而保证市场流动性，满足客户交易需求；积极参与 DMO 金边债券发行，一般来说，在所有招标上给出竞争性叫买价，并获得与其二级市场份额相当的分配额度；向 DMO 提供市场信息、GEMMs 现有持仓及周转率；以及向 DMO 提供债券收盘价，DMO 对信息进行整理并代表 GEMMs 发布参考价。GEMM 权利包括：在债券招标及其他操作上，享有给出竞争性叫买价的专有权，可以代表其自身利益，也可以代表客户利益；享有通过非竞争性投标得到分配额度的专有权利；与 DMO 召开季度磋商会，可对下一季度招标发行的时间安排以及其他与市场有关的议题提出建议；独家进入债券交易商间经纪人（IDB）圈的权利。

在美国国债市场上，可以直接参与国债招标的证券经纪商和交易商大约有 2 000 多家，但一级交易商（primary dealer）才是主要参与者。一级交易商制度是在 1960 年建立的，其成员在 20 世纪 80 年代最高曾达到 46 家，目前有 21 家。一级交易商由纽约联邦储备银行选择和评价，主要是国内外的综合类券商、商业银行以及经纪类券商等。要想获得一级交易商的相关资格必须要满足一定资格、履行相应义务：资本充足率达到一定要求，如存款类商业银行应大于 8%；有能力和意愿连续参加国债发行和公开市场操作，且投标价格合理；较好履行现金和债券头寸及融资状况报告制度；在二级市场积极做市，报价合理的同时，也要保持一定规模的交易额，这是考察一级自营商能力的主要参照指标。

德国政府债券主要是通过拍卖的方式发行，只有"国债发行拍卖组"成员可以参与拍卖。发行拍卖组成员由财务代理公司负责确定，其只能是欧盟成员国内的信贷机构，且该信贷机构在每自然年内认购国债的数量不低于以不同债券权重因子加权的总发行量的 0.05%。

3.2.3 对我国国债发行市场建设的启示

发达的国债发行市场基本上呈现出以下的特征：一是一级自营商作用突出，财政部主要面向一级自营商发行国债，其主要功能体现在发行市场上的是批发商的作用，以缩短发行时间，降低发行费用，提高发行效率，体现在二级市场上的是做市商的作用，以维护市场流动性，活跃市场。二是采用市场化的发行技术，通过招标过程最大限度地反映真实的需求信息，保证定价过程的规范性和合法性，最终所确定的价格可以为各市场参与者广泛接受，对于发行效率的提高也有一定的促进作用。三是发行过程公开透明，形成定期、滚动、规律化发行，预发行、续发行、固定发行在发达国家国债市场中得到了广泛应用，使得国债供给的意向和信息具有持续性，有利于投资者形成理性预期，从容调整资产组合，进而扩大国债的有效需求；同时，信息报告制度可以揭示债券需求的基本状况，帮助财政部门及时、准确地把握市场信息，并据此相应调整具体发行策略。四是重视关键期限国债发行，期限结构合理，国债品种丰富，有效满足了不同类型投资者的多样化投资需求，有利于政府各年债券支出的流量保持均衡，也为合理引导市场资金价格提供了有益参考。丰富的国债金融资产结构、市场化的定价机制、充分的信息披露制度、完善的一级自营商制度，这些都为国债低成本短期限内顺利发行、提升国债价格的有效性、提高国债发行市场运行质量提供了保障，对我国国债发行市场制度设计和政策安排具有较大的借鉴意义。

3.3　我国国债发行市场运行的现实考察

虽然我国在 1981 年恢复了国债发行，但在 1991 年之前，我国不存在真正意义上的国债发行市场。1981—1990 年，我国国债发行采取的是行政摊派和政治动员相结合的方式，发行信息与发行价格都是由国务院发布的《中华人民共和国国库券条例》来确定。1991 年财政部在国债发行中开展了承购包销试点，标志着我国国债发行市场的初步形成。1992—1994 年承购包销方式得到了进一步发展和完善，承购包销发行的国债份额进一步扩大。1993 年我国还推出了国债一级自营商制度，1994 年开始实行柜台销售方式，1995 年财政部开始尝试以招标方式发行国债，1996 年，国债发行改由通过市场拍卖方式进行，无纸债券逐步取代了纸质债券，国债发行从零售市场向批发市场转变，提高了发行效率，同时首次发行了 3 年期、7 年期和 10 年期国债，进一步丰富了到期期限特征。至此，中国国债市场的发展步入了快速发展的通道。

进入新世纪，随着我国国民经济平稳较快发展，配合重大金融改革，以及应对国际金融危机的客观需要，我国国债市场在复杂的经济环境中平稳运行，有效发挥了金融市场在资源配置中的基础作用，对经济发展的支持力度得到进一步提升。仅就国债发行规模来看，国债发行额从 2000 年的 4 620 亿元，增长到 2013 年的 15 979 亿元，最高年度为 2007 年的 23 483 亿元（含 1.55 万亿特别国债）。在发行规模进一步扩大的同时，我国国债发行市场建设也日臻完善。2001—2014 年国债发行额及发行次数见表 3-3。

表 3-3　　　　　　　2001—2014 年国债发行额及发行次数

年度	2001	2002	2003	2004	2005	2006	2007
国债发行额（亿元）	4 684	6 601	8 502	8 293	8 028	9 850	23 483
发行次数	22	26	24	27	28	36	40
年度	2008	2009	2010	2011	2012	2013	2014
国债发行额（亿元）	8 558	16 229	17 778	15 398	14 362	15 979	17 745
发行次数	39	77	82	73	59	66	73

资料来源：根据 Wind 资讯、中国债券信息网数据整理而得。

3.3.1　投资者结构

自 1991 年引入承购包销机制后，公民个人、个体工商户的国债投资主力军地位逐渐被金融机构取代。1991 年，财政部进行了国库券恢复发行 10 周年纪念系列活动，中国国债协会也正式成立，同年开始在小范围内进行了国库券承购包销试点，当时有 70 家证券中介机构参加了承购包销团。4 月 20 日，财政部与全国 58 家金融机构组成的"1991 年国债承销团"签订了第一个承销协议，承销金额 25 亿元。2000 年，银行间市场国债承销团开始组建。2002 年，交易所市场国债承销团和凭证式国债承销团开始组建。2004 年银行间债券市场和证券交易所债券市场国债承销团分别重新组建，银行间市场国债承销团由财政部与中国人民银行确定，分为甲、乙两类成员，享有参加记账式国债招标发行、直接向财政部承销记账式国债、优先选择参加国债市场改革试点等权利；其中的甲类成员还享有在招标结束当日向财政部申请追加不超过原中标额度 30% 的额外承销额度。但同时承销团成员必须履行连续参加投标、完成单期基本承销额、在单期最低和最高投标限额内投标等义务；证券交易所市场国债承销团由财政部和证监会确定，与银行间市场承销团享受的权利和承担的义务基本相同。2006 年财政部、中国人民银行和证监会联合发布了《国债承销团成员资格审批办法》，组建跨市场国债承销团并按照承销国债品种不同组建了凭证式国债承销团、记账式国债承销团（分为甲、乙两类成员）和其他国债承销团。2012—2014 年国债承销团成员数量具体是：储蓄国债承销团成员 38 家，全部为商业银行；记账式国债承销团成员共 55 家，其中甲类成员 17 家，乙类成员 38 家；凭证式国债承销团成员 40 家。

1993 年，我国开始实行国债一级自营商制度，同年末，财政部、中国人民银行、证监会联合制定了《国债一级自营商管理办法》和《国债一级自营商资格审查与确认实施办法》，批准 19 家信誉良好、资金实力雄厚的金融机构获得首批国债一级自营商资格。1994 年，借助上海证券交易所的交易与结算系统，面向国债一级自营商完成了我国首期无纸化国债的发行。1995 年，引进招标发行方式，由国债一级自营商按照"基数包销、余额招标"方法承购的记账式国债成功发行。多年实践证明，国债一级自营商在降低发行费用、缩短发行时间等方面发挥了重要作用。

3.3.2　产品结构

我国国债的期限结构设计在国债市场发展进程中经历了一个演变过程。在 20 世纪 80 年代早期，我国国债主要以长期债券为主，偿债期限为 10 年和 8 年，在当时由于国债流通市场的缺乏，长期国债很难被个人投资者接受。80 年代后期，国债期限逐步缩短，市场上最常见的是 3 年期和 5 年期，且 3 年期国债在 90 年代初仍是市场主导债券。1994 年，国债的期限结构设计得到较大的丰富，财政部发行了 6 月期、1 年期、2 年期、3 年期、5 年期债券，其中以 2 年期和 3 年期为主。到 1996 年，又成功发行了 3 月期国债，以及 7 年期和 10 年期的附息国债。由于缺乏 10 年期以上的国债品种，导致国债收益率曲线不完整，无法发挥给长期资产定价提供参考的作用。2001 年和 2002 年，财政部相继发行 15 年期、20 年期、30 年期的长期国债品种，国债收益率曲线在长期端得到了补充。2003 年以来，财政部开始注重短期国债的发行，陆续贴现发行 5 期期限在 2 年以内的国债。为适应国债余额管理，2006 年以来增加了 1 年期以下国债的发行。短期国债的丰富使得国债收益率曲线在短期端进一步完善。短期国债与长期国债的丰富，可以同时满足机构投资者因资产配置需要对长期债券的需求和因现金管理需要对短期债券的需求。从 2014 年国债发行期限分布情况来看，5~7 年期国债占比最大为 21%，1~3 年期国债占比次之为 19%，1 年期以下国债占比有所提高，至 16%（见图 3-1）。截至 2014 年末，国债托管总量中，以 1~3 年期和 7~10 年期国债为主，比重达到 26%、18%（见图 3-2）。

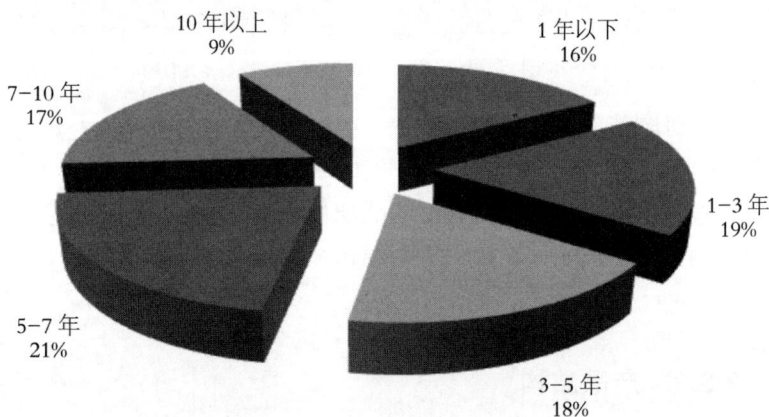

图 3-1　2014 年国债发行期限分布

资料来源：根据中国债券信息网数据整理而得。

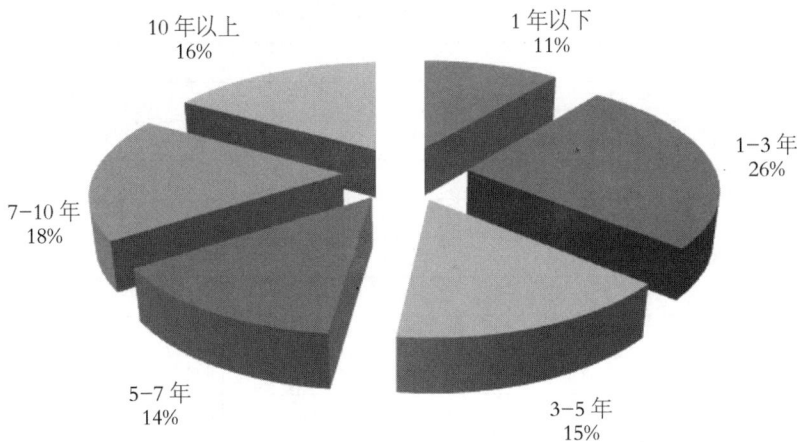

图 3-2　截至 2014 年末国债托管期限构成

资料来源：根据中国债券信息网数据整理而得。

为适应政府的用资需要和社会的投资需要，我国国债品种也日渐丰富。据不完全统计，改革开放以来，我国共发行了 14 个品种的国债，即国库券、国家重点建设债券、财政债券、国家建设债券、特种国债、保值公债、转换债、定向债券、特别国债、无记名国债、凭证式国债（储蓄国债）、特种定向国债、记账式国债和专项国债。1995 年，财政部根据国际惯例对国债品种进行了整理，统一确定 6 种国债品种，即记账式国债、凭证式国债、储蓄国债（电子式）、特种定向国债、专项国债和特别国债（见表 3-4）。

我国国债品种的发展变化主要有几个方面的特点：

一是国债发行次数逐步增加。1981—1986 年，每年发行一次国债，1987 年发行 2 次，1988 年发行 4 次，1989 年发行 3 次；1990—2000 年发行次数逐步增加，达到一年 15 次；2001—2005 年维持在每年20 次左右，2006—2008 年维持在每年 30 次左右，2009 年以后发行次数激增到每年 70 次左右。

二是记账式国债发行占有主导地位，并且成为跨市场发行的品种。自 2000 年以来，记账式国债无论发行次数，还是发行规模都占有绝对比重。在 2002 以前，交易所市场和银行间市场基本处于分割状态，记账式国债一部分在交易所市场发行、流通，另一部分在银行间市场发

表 3-4　　　　　　　　　　我国不同国债品种的发行期数

年份	国债种类与发行期数			
	记账式国债	凭证式国债	储蓄国债（电子式）	特别国债
2000	12期	3期	—	—
2001	16期	4期	—	—
2002	16期	4期	—	—
2003	14期	4期	—	—
2004	14期	6期		—
2005	15期	3期	—	—
2006	21期	5期	2期	—
2007	21期	5期	1期	8期
2008	26期	5期	3期	
2009	59期	5期	8期	
2010	60期	5期	11期	
2011	46期	12期	15期	—
2012	45期	6期	14期	
2013	48期	8期	10期	
2014	59期	4期	10期	

注：1.1996—1999 年，我国发行了 6 期社会保险基金特种定向国债；2.1998—1999 年，我国向商业性保险公司发行了 3 期定向债券；3.1998 年，我国向四大国有商业银行发行了 1 期特别国债，向除国有商业银行外的其他商业银行和城市合作银行发行了 1 期专项国债。

资料来源：根据 Wind 资讯数据整理而得。

行、流通。由于发行条件相近或特征类似的国债，因不同市场、不同投资者群体而表现不同，无法形成公认的国债基准品种及收益率。2002年商业银行国债柜台交易出现后，财政部开始发行跨市场的记账式国债品种，且次数不断增加。2002 年跨交易所市场、银行间市场和国债柜台市场发行的只有 1 期，2003 年跨市场发行有 3 期，2004 年跨市场发行增加到 8 期，2005—2014 年发行的记账式国债全是跨市场发行，其中，跨 3 个市场发行的次数从 2005 年的 3 次增加到 2014 年的 45 次。

三是储蓄国债（电子式）异军突起。储蓄国债的发行是一次金融创新，作为电子式的债券，它丰富了国债品种，改进了国债管理模式，并提高了储蓄类国债的发行效率。自 2006 年首次发行两期 400 亿元储蓄国债以来，储蓄国债近年来得到快速发展，2011 年储蓄国债发行量为1 600 亿元，2012 年达到 1 700 亿元，2013 年激增到 2 170 亿元，2014年回落到 1 884 亿元，成为个人投资者继凭证式国债后的又一个重要投资品种，代表了未来以吸收个人储蓄资金为主的国债品种的新趋势。

3.3.3　定价机制

我国国债发行方式经历了行政摊派到承购包销、再到招标发行的变迁过程。1981—1990 年，国债发行依靠行政计划分配、半强制性购买。1991 年，开始尝试国债承购包销方式，1992—1994 年承购包销方式得到进一步发展和完善，份额进一步扩大，1993 年推出了国债一级自营商制度，1994 年开始实行柜台销售方式，承购包销发行方式改变了国债发行单纯依靠行政手段的局面，是国债发行方式转向市场化的标志。1995 年财政部开始尝试以招标方式发行国债，1996 年采取了多种招标方式：对贴现国债采取价格招标；对附息国债采取收益率招标；对已确定发行条件的无记名国债采取缴款期招标，经过一年的努力，招标发行体制从基数承销、差额招标、竞争定价、余额包销的部分招标，发展到了无基数、无区间的全额招标。2003 年之前，中国大多采用荷兰式招标，2003 年以后更多地采用美国式招标。2004 年，财政部推出混合式招标，现已成为发行招标的主要方式。混合式招标综合了单一价格招标和多价格招标的特点，有助于调动承销团成员的积极性，并能提高报价的精准度：一是当累计投标量达到计划发行量时，以投标量为权重对相应投标利率进行加权确定全场加权平均中标利率。二是中标标位低于或等于票面利率的，按票面利率承销，与荷兰式招标一致；中标标位高于票面利率一定范围以内的，按各自中标利率承销，与美国式招标一致。三是该方式明显区别于荷兰式和美国式招标之处的是，中标标位高于票面利率一定范围以上的全部落标。

3.3.4　发行机制

1.我国的固定发行制度

我国自 2002 年开始试行记账式国债季度发行计划表。目前的发行信息公布的主要为关键期限记账式国债发行计划以及凭证式国债全年发行计划，并配合以记账式国债发行表（见表3-5）。

表3-5　　　　记账式附息国债关键期限发行计划与季度发行计划

月份	1年期		3年期		5年期		7年期		10年期		20年期		30年期		50年期	
	2009	2010	2009	2010	2009	2010	2009	2010	2009	2010	2009	2010	2009	2010	2009	2010
1																
2							★		★		☆			☆		
3		★		★				★	★	★						
4		★			★	★	★	★				☆	☆			
5	★		★			★	★	★	★							☆
6				★	★	★	★			★				☆		
7	★	★	★		☆	★	☆							☆		
8				★	★	★	★	★	★		☆	☆		☆		
9	★	★	★		☆				★	★						
10						★	★	★		★				☆		
11	★	★	★	★					★	★					☆	☆
12						★	★	★		★						☆

注：黑色五角星为关键期限发行计划。

资料来源：根据中国债券信息网数据整理而得。

从表3-5可以看出以下特点：一是国债关键期限发行计划和季度发行计划相结合，全年与季度发行计划相结合，发行时间既固定又具有一定的灵活性，很大程度上缓解了市场中的信息不透明，有利于投资者对国债发行形成稳定的预期；二是关键期限品种实现每季度滚动发行，如2010年，1年期、3年期、7年期、10年期品种在每个季度都进行滚动发行，5年期品种则在二、三、四季度发行，时间分布比较均衡。

2.我国的续发行制度

我国财政部从2003年开始使用续发行技术，并在平衡国债到期结构、提高二级市场流动性等方面取得了初步成效，但尚未形成完整的制度体系。

我国国债采用续发行方式始于 2003 年 5 月 19 日续发行 2003 年记账式（一期）国债，此后在 2004 年、2007 年、2009 年我国运用续发行技术发行国债共 7 次。2004—2007 年我国使用"增发"概念续发行记账式国债 6 次，2009 年开始使用"续发行"概念，2011 年，国债续发行频率明显提高，全年续发行共计 16 次，2012 年共计续发行 14 次，续发行技术应用不断完善。对比续发行与同期国债总体发行情况，续发行主要有以下几个特点：一是续发行期限短于总体发行期限，续发行平均期限在 2.8~4.8 年，低于同期国债平均发行期限 0.4~4.9 年。二是续发行认购倍率总体略低于当年国债平均认购倍率，2007 年、2009 年低 0.3 左右，从 2011 年起差距明显缩小。三是溢价续发行比例较高，在 2011—2012 年的 30 次续发行中，溢价续发行次数为 19 次，占比为 63%。

从效果来看，一是平衡了国债到期结构，特别是增加了一季度到期国债数量。受发行机制影响，通常每年第一季度为国债发行淡季，相应的第一季度到期的国债也少于其他季度，降低了国债到期结构的均衡程度。而续发行则可以灵活安排国债到期日期，从而调节国债还本付息现金流。如 2011 年上半年续发行国债的到期日均在第一季度，仅在 2012 年第一季度到期的就有 3 只，到期金额共计 450.6 亿元，约占该时期总到期量的 22%。同时 2011 年的 16 次续发行减少了 16 个到期日和每年相应的付息日，实现了还本付息的适度集中。二是提高了二级市场流动性。选取 2011 年发行的 10 年期国债 110002 和 110008 作为样本（见表3-6），选取两只债券同时存续且距离发行或续发行上市日期 10 天后的两个时段作为观察期，选取做市商报价次数、报价平均买卖价差和交易量指标进行对比，110002 于 1 月 26 日上市交易，5 月 18 日进行了续发行，续发行部分于 5 月 25 日上市交易；110008 于 3 月 23 日上市交易，上半年未进行续发行。

表 3-6 国债 110002（有续发行）与 110008（无续发行）二级市场比较

交易活跃指标	样本国债	4月4日至5月20日	6月6日至7月22日
做市报价次数	110002	328	860
	110008	236	1198
报价平均买卖价差（BP）	110002	5.95	5.22
	110008	4.94	6.54
交易量（亿元）	110002	93	1 170.2
	110008	556.6	658.3

从表 3-6 可以看出，在反映债券流动性和交易活跃程度的典型指标比较中，续发行后的 110002 除了做市报价次数低于未续发行的 110008 外，110002 做市报价平均买卖价差由 5.95BP 收窄至 5.22BP，而 110008 则由 4.94BP 扩大到 6.54BP；在交易量方面续发行后交易量是原来的 12.5 倍，而 110008 交易量增长幅度不大，综合来看，续发行对二级市场流动性、交易活跃程度的改善具有积极作用。

3.我国的国债预发行制度

2003 年末，中央国债登记结算公司就提出《全国银行间债券市场预发行交易方案设计框架（讨论初稿）》。2004 年 8 月国家开发银行第 13 期金融债券和 12 月第 103 期中央银行票据的发行实际采取的就是预发行制度。在财政部"2005 年二季度国债筹资及市场分析会"上有消息传出，2005 年将推出国债预发行制度，同年 12 月 14 日，央行发布关于《中国人民银行关于全国银行间债券市场预发行交易有关事项的公告（征求意见稿）》。但直到 2013 年 3 月 22 日，财政部才会同中国人民银行、证监会联合发布了《关于开展国债预发行试点的通知》。9 月 26 日，上海证券交易所和中证登颁布实施《国债预发行（试点）交易及登记结算业务办法》。该办法规定：可参与上交所债券交易的证券公司、银行、基金管理公司、保险公司等金融机构，以及符合《上海证券交易所债券市场投资者适当性管理暂行办法》相关规定的其他专业投资者才可参与国债预发行试点；该办法同时规定，只有国债承销团成员才可在预发行交易中净卖出，预发行交易申报应为 1 000 手（100 万元面值）或其整数倍，发行实行 T+0 原则，暂不实施大宗交易方式。此外，预发行业务还引入了价格区间控制、市场规模上限、保证金制度等措施。预发行交易期间，上交所每日末会及时披露全市场交易净卖出信息，便于市场参与者控制风险。

2013 年 10 月 10 日正式推出国债预发行，首轮预发行标的即为 13 国债 20。由于财政部于 10 月 13 日就 13 国债 20 进行了续发行招标，因此第二轮预发行的标的与首轮相同，但首轮预发行采用的是收益率申报，第二轮预发行采用的是价格申报。上市首日，国债预发行价格走势平稳，买卖价差明显小于同期现券，基本保持在 1 个基点内，与 7 年期基准国债收益率走势也高度吻合，投资者交易理性，机构投资者参与积极。全天共成交 162 万手，成交额 1.62 亿元。

3.3.5　发行期限与发行成本

随着我国国债一级交易商制度、国债承销团制度、债券托管与结算制度、国债远程招标系统等基础性制度的逐步完善，国债发行期限逐步缩短。中标机构的资金筹集与结算速度也大幅提高，提高了国债的发行效率。但与发达国家国债发行期限相比，仍然存在较大差距，我国国债发行期限是美国的 3 倍，是欧盟、日本的 2 倍多（见表 3-7）。

表 3-7　　　　　　　　　发行期限国际比较

国家	发行期限
中国	15 天
美国	5 天
欧盟	7 天
日本	7 天

资料来源：贾康. 中国政府债券市场发展报告［M］. 北京：经济科学出版社，2012.

在美国、日本等成熟发达的国债市场中，发行成本费率通常与发行规模负相关，美国国债直接销售的发行成本率（发行过程中各项直接成本/国债发行总额）为 0.4%~2.8%，公开发行的成本费率为 1.1%~10.2%。日本国债的发行成本费率为 0.9%~1.17%。如图 3-3 所示，我国国债的发行成本费率自建立招标机制以来一直处于下降趋势，但相比国际成熟债券市场的发行费率仍然偏高。

费率 %

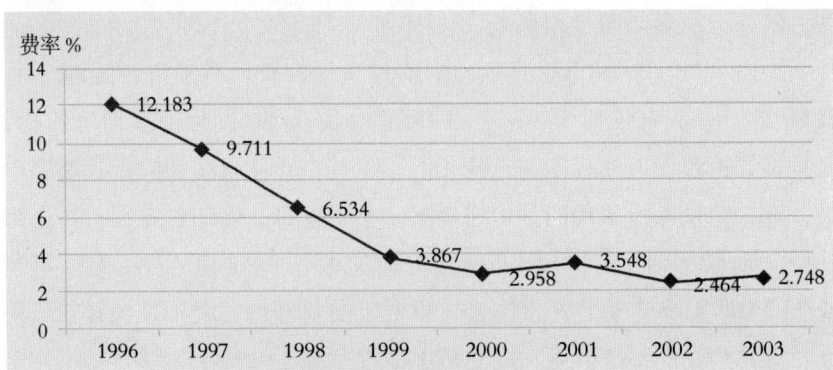

图 3-3　我国国债市场发行费率

资料来源：高坚. 中国债券资本市场［M］. 北京：经济科学出版社，2009.

3.3.6　国债发行市场存在的问题

1. 机构投资者的作用和功能尚未得到有效发挥

国债承销团促进了国债的顺利发行和市场的稳定发展，但仍然存在一些问题未能解决，影响了自身作用的有效发挥。特别是 2013 年以来，市场流动性紧张，国债招标情况并不理想，个别国债中标利率高于市场预期，认购倍数逐渐走低，同时各主承销商为了满足最低承销额度要求，往往需以较低利率投标，因此在债市不景气的背景下，往往一级市场国债中标反而会给承销商造成损失，而当二级市场需求不足时，承销商还要自出资金消化最低招标额度与实际需求之间的差额，因此出现了国债承销团成员单位退出承销团的情况。

现行的国债一级自营商尚存在一些缺陷：一是作用发挥不够。目前，国债一级自营商凭借其资金规模大、管理能力强、经验丰富的优势，在发行市场中很好地扮演了"市场批发商"的角色，极大提高了国债发行和分销的效率，但在活跃二级市场、维护市场流动性、联结市场等方面的作用发挥得不够，亟待加强。二是权利与义务未能完全落实。我国国债市场分割导致优先承销股票、优先参与公开市场操作、进行国债回购、投资国债投资基金等国债一级自营商依法应该享有的权利难以得到有效落实。三是组成结构单一。目前，商业银行、保险公司、证券公司和基金公司是国债一级自营商的主要成员，因其在资金实力和业务能力方面的明显优势，使得商业银行处于市场领导者和垄断者地位。而商业银行多数却是国债的到期持有者，缺乏在二级市场中做市的动力，致使大量国债囤积于商业银行，降低了二级市场的流动性，反过来影响了一级市场的定价效率。

2. 国债产品结构有待进一步改善

一是期限结构仍不合理。自改革开放以来，我国国债发行期限结构未发生大的调整，主要以中期国债为主，从图3-1和图3-2可以看出，中期国债（1~10年期）无论发行量还是托管量的占比均超过70%，长期国债和短期国债明显不足，呈现出"中间大，两头小"的"橄榄型"格局，其弊端十分明显：第一，期限的相对集中导致偿债高峰期集中到来，不利于政府合理安排债务的偿还计划；第二，不同层次投资者特别是机构投资者的需求与偏好无法得到充分满足；第三，限制了中央银行公开市场业务操作的有效性；第四，由于长期和短期国债的占比较小，国债收益率曲线的长期端和短期端尚不完善，国债收益率距离市场的基准利率还有一定差距。

二是国债品种仍有待丰富，与发达经济体相比，缺乏浮动利率债券和指数化债券，无法为投资者提供一个有效规避通胀风险的债务工具。

3. 混合式招标模式存在一定局限性

尽管混合式招标能降低发行成本，同时还能鼓励投标人理性投标，但仍有一些局限，有必要进一步完善混合式招标规则：一是对国债二级市场价格有负面影响。投标人为了中标被迫报出较高的价格（较低的利率），压缩了投标人的获利空间，削弱了投标人的积极性。另外，投标人的中标标位如果高于票面利率但未达到落标范围时，投标人成功认购国债后即可在二级市场出售获利，会扭曲二级市场的国债价格。二是容易产生操纵市场行为。实践经验表明，投标人即使面临巨额的违规成本也一定会不择手段获得以较低的价格（较高的利率）承销国债的机会。

4. 发行机制仍待改进完善

与发达国家的国债市场相比，我国现行的固定发行表制度还存在以下问题：第一，完整性欠缺。年度发行计划并不完整，1 月份是发行淡季几乎没有发行计划。第二，固定性不够。2009 年发行了 15 年期国债，而 2010 年却改为 2 年期国债；2010 年一季度没有发行 5 年期国债，而二、三季度中连续 5 个月发行 5 年期国债。第三，发行计划会临时调整，对投资者在年初已经安排好的年度投资计划造成不利影响。

从已完成交易情况来看，机构参与国债预发行交易的热情极为有限。究其原因，一是国债主要的需求主体在银行间市场，而预发行交易却是在交易所场内市场进行的，当前我国国债市场仍处于分割状态，造成预发行的需求主体与交易市场的分割。二是作为净买入方，基金、保险等机构对国债需求很弱，上市银行是承销团成员也不必通过该方式认购国债；而对于可净卖出国债的承销团成员来说，即便在目前环境下有动力卖出做空，但买方力量的不足，使得预发行市场依然很难达成交易。

3.4 我国国债发行市场定价效率实证分析

发行市场的定价效率作为衡量市场运行质量的重要指标，主要表现在发行市场价格招标或利率招标结果与二级市场的同期限同品种债券是否保持同趋势变化和相近的收益水平，两个市场是否相互影响并具有较强的相关性，并形成相对稳定的长期关系。本节将开展定价效率的实证分析。

3.4.1 数据来源及处理

本书以 1 年期国债的发行票面利率（CR）和二级市场待偿期期限 1 年的国债的加权平均收益率（MR）为例具体说明。这里选用的样本区间为 2005 年 1 月—2013 年 10 月的月度数据，其中，CR 的取值为有 1 年期国债发行月度内所发行的 1 年期国债的发行票面利率，MR 的取值为有 1 年期国债发行月度内的银行间国债市场上待偿期限为 1 年国债的月度加权平均收益率，数据列表见表 3-8，依据表 3-8 画出两者趋势图（见图 3-4）。

表 3-8 　　　　　2005 年 1 月—2013 年 10 月 CR 和 MR 数据

1年期国债发行月份	CR(%)	MR（%）
2005 年 3 月	2.1106	2.7512
2005 年 6 月	1.4003	2.2235
2005 年 9 月	1.1429	1.4216
2006 年 6 月	1.9240	1.9228
2006 年 9 月	1.9580	2.0199
2007 年 3 月	2.1000	2.1774
2007 年 6 月	2.6100	2.5868
2007 年 9 月	2.9500	3.0910
2007 年 12 月	3.6600	3.6943
2008 年 6 月	3.4200	3.4590
2008 年 9 月	3.3400	3.3389
2008 年 12 月	1.2800	1.2988
2009 年 5 月	0.8900	0.9482
2009 年 7 月	1.0600	1.4039
2009 年 8 月	2.6000	1.6121
2009 年 9 月	1.9297	1.5112
2009 年 10 月	2.6000	1.5130
2009 年 11 月	1.8510	1.5068
2010 年 3 月	2.0086	1.5241
2010 年 4 月	1.9657	1.6244
2010 年 5 月	2.6000	1.7380
2010 年 6 月	2.6000	1.9984
2010 年 7 月	2.1619	1.9711
2010 年 8 月	2.6000	1.9177
2010 年 9 月	2.2301	1.9237
2010 年 10 月	2.6000	1.9945
2010 年 11 月	2.2728	2.3217
2010 年 12 月	2.8500	3.0289
2011 年 1 月	2.8100	3.0379
2011 年 3 月	2.9857	2.9048
2011 年 4 月	3.0903	2.8324
2011 年 5 月	2.8951	2.9548
2011 年 6 月	3.0791	3.3390
2011 年 7 月	3.5224	3.5914
2011 年 8 月	3.8500	3.6746
2011 年 9 月	3.8943	3.8106
2011 年 10 月	3.8500	3.2340
2011 年 11 月	3.8500	2.7173
2012 年 1 月	2.7800	2.7843
2012 年 2 月	2.8700	2.9067
2012 年 6 月	2.1500	2.2723
2012 年 10 月	2.9400	2.8669
2013 年 1 月	2.8100	2.8360
2013 年 4 月	2.6200	2.7344
2013 年 7 月	3.4800	3.4682
2013 年 10 月	4.0100	3.6324

资料来源：根据 Wind 资讯数据整理而得。

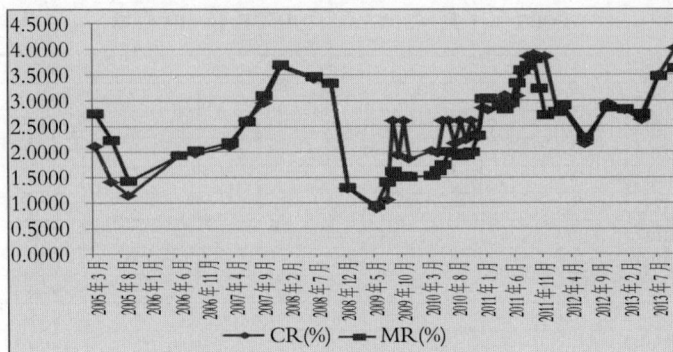

图 3-4　CR 和 MR 数据趋势图

3.4.2　相关性统计描述及平稳性检验

从图 3-4 可看出，CR 与 MR 基本保持相同的变化趋势和相近利率水平，初步判断两者具有较强的相关性。经过计算，两列时间序列数据相关系数达到 0.86，进一步证明了两者具有较强的相关性（见表 3-9）。

表 3-9　　　　　　　　　　CR 和 MR 相关性

	CR	MR
CR	1.00	0.86
MR	0.86	1.00

为了进一步从统计角度验证 CR 与 MR 之间的稳定关系，本书进行了协整检验。在协整检验之前，首先需要证明两列利率序列的平稳性。使用 Eviews 软件，通过扩展的迪基-福勒检验（ADF），对 CR 和 MR 的原序列和一阶差分序列进行单位根检验，结果如表 3-10 所示。

表 3-10　　　　　　　　　　CR、MR 单位根检验结果

变量序列	P 值	结论
CM	0.1435	不平稳
ΔCM	0.0000	平稳
RM	0.3859	不平稳
ΔRM	0.0000	平稳

从表 3-10 可以看出，CM、RM 原序列均存在单位根，属于非平稳序列，但它们的一阶差分都在 1% 的显著性水平下平稳。因此，CM 和 RM 都是一阶单整 I（1）过程，可以运用协整检验验证两者之间的长期稳定关系。

3.4.3 协整检验及结果分析

常用的协整检验有两种方法，即 E-G（Engle-Granger）检验和 JJ（Johansen-Juselius）检验，由于 E-G 检验存在许多缺陷，存在自变量与因变量互换可能对结果产生较大影响、不适用于多变量的情况等问题，在实践中，JJ 检验逐渐成为协整检验的主要方法。本书亦使用 JJ 检验分析 CR 与 MR 是否存在协整关系。

表 3-11　　　　　　　　　　　　协整检验结果

原假设	迹统计量	P 值	结论
没有协整关系	23.8060	0.0156	拒绝原假设
至少有一个协整关系	3.4917	0.4931	接受原假设

表 3-11 表明，在 5% 的显著性水平下，拒绝了没有协整关系的原假设，但不能拒绝至少存在一个协整关系的原假设。1 年期国债的发行利率与二级市场待偿期限 1 年的国债加权平均收益率存在协整关系，表明两者在长期内具有动态均衡稳定关系。对应的协整方程如下：

$$CR = 0.9835 + 0.8650 \times MR \tag{3.9}$$

［4.0778］　［7.2057］

（注：方括号内数字为系数的 t 检验值）

实证检验结果表明：CR 与 MR 之间存在长期稳定关系，且 MR 每提高 1 个单位，CR 将提高 0.8650 个单位。一级市场发行利率与二级市场收益率的这种长期动态均衡稳定关系，将使发行市场与流通市场的联系更加紧密，既会促进流通市场的流动性，也会降低发行成本，进而吸引更多投资者参与到国债市场中。随着我国国债发行市场定价机制市场化改革的深入，国债发行招投标制度、固定发行制度、续发行制度、预发行制度等基础性制度的逐步建立与完善，极大调动了国债承销商成员参与国债投标的积极性，并提高了承销团成员报价的精准度，使得国债一级市场的发行利率与二级市场的收益率逐步趋于协调。

第 4 章　我国国债流通市场运行质量

国债连续顺利的发行需要国债流通市场作为保障。本章延续第 3 章的结构安排，首先从组织形式、交易机制两方面介绍国债流通市场架构，介绍发达国家国债流通市场建设的成功经验，追溯我国国债流通市场的演进历程，分析市场发展现状与存在的问题，对我国国债流通市场运行质量进行定性描述，然后通过设置流动性、波动性、有效性、先行性指标对我国国债流通市场运行质量进行测度。

4.1　国债流通市场架构

4.1.1　国债流通市场组织形式

传统上，国债流通市场分为场内市场和场外市场。自 20 世纪 70 年代末、80 年代初以来，以美国为代表的一些西方国家出现了"第三市场"和"第四市场"两种新型的市场，并得到了快速发展。

作为传统和典型的证券交易场所，国债在证券交易所中交易的特点主要有：集中的交易场所和固定的交易时间；严密的组织和管理规则；完善的交易设备和较高的操作效率；公开竞价的交易方式，持续性的双向拍卖市场。国债在交易所交易的组织形式如图 4-1 所示。

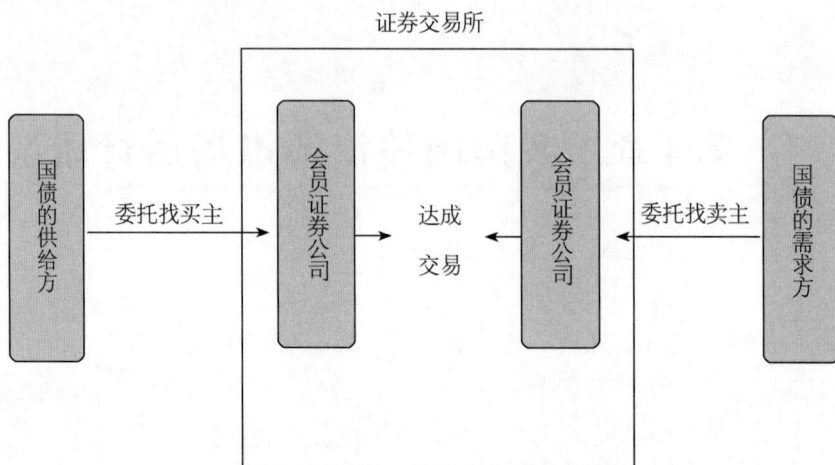

证券交易所

图 4-1 国债在交易所交易的组织形式

场外交易是指在证券交易所以外的柜台市场进行的交易。柜台交易是国债等有价证券的最初转让方式。在证券交易所出现前，有价证券的转让活动是在以银行为中介的柜台上进行的，尽管目前有价证券的交易不再局限于以银行为中介，而是以相当数量的证券公司为中介，但其交易的基本组织形式未变。国债柜台交易的组织形式（如图 4-2 所示）具有不固定交易场地和交易时间；交易规则灵活且手续简便；交易双方以询价方式进行，自主谈判，逐笔成交等特点。

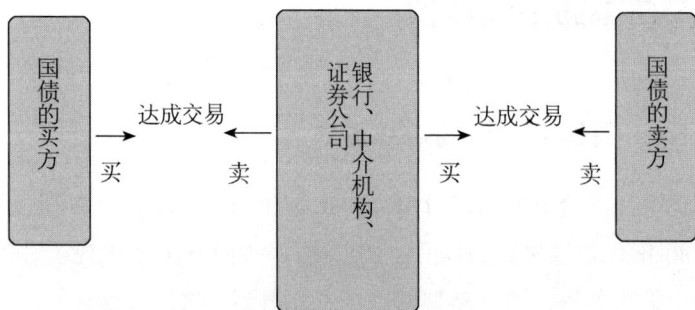

图 4-2 国债柜台交易的组织形式

第三市场是指对已在交易所挂牌上市的证券进行交易的柜台（店

头）市场。近年来，这一市场的交易量大增，特别是国债交易规模的扩大更为显著，地位有所提升，有学者认为应该把它看成是一个独立的市场。但准确地说，第三市场既是场外交易市场的一部分，也是证券交易所市场的一部分，它实际上是"已上市证券的场外交易市场"。

第四市场是指完全绕开证券交易商，各类投资者和个人投资者相互间直接进行国债的交易。第四市场目前只在美国有所发展，其他国家刚刚开始。这种市场虽然也有帮助安排交易的第三方介入，但其一般不直接介入交易过程，也无须向公众公开其交易情况。

4.1.2 国债流通市场交易机制

1.做市商制和竞价制

交易机制最常见、最基本的分类是做市商制和竞价制。在做市商市场中，做市商必须同时报出债券的买入价和卖出价（即双边报价），并承诺在此价位上以自有资金和债券与投资者进行债券买卖，投资者只有在看到报价后才能下订单，而投资者之间并不进行交易，因此做市商制又叫报价驱动机制。目前，绝大多数债券市场采用的是做市商制。根据每只债券做市商数量的不同，做市商制可分为每只债券只有一个做市商的垄断性做市商制和每只债券有多个做市商同时做市的竞争性做市商制。做市商制的优点主要有维持市场的连续交易并提供流动性成交即时性、价格稳定性（具有缓和买卖指令不均衡导致价格波动性过大的影响）、抑制价格操纵等。其缺点为透明度不高、交易费用高、监管成本增加。

在竞价市场中，市场交易系统接受买卖双方提交的委托指令或订单，根据一定的指令匹配规则进行撮合，最终成交价格由订单之间的竞争关系决定，因此竞价制又叫订单驱动机制。竞价制的优点主要有透明度高、信息传导速度快、交易费用较低。其缺点为处理大额买卖订单的能力较低、不利于提升债券市场的流动性、价格相对不稳定。

此外，还有兼有两者特征的混合机制。最典型的是纽约证券交易所（NYSE）采取的以指令驱动为主、专家制度（一种特殊的做市商制度）为辅的交易机制。

2. 全价交易和净价交易

国债交易制度依据交易价格的组成还可分为全价交易和净价交易。两者的最大区别在于全价交易的报价中含有自然增长的应计利息，而净价交易的报价中不含利息，但两者均需按全价价格进行清算交割。净价交易因成交价格和应计利息是分离的，价格的波动仅反映本金价值的变化，其优点有：一是更准确地体现国债的利率产品本质，有利于发挥国债作为其他投资工具基准的作用；二是能够分离出国债交易中的资本收益和利息收益，便于税务处理；三是为国债期货等衍生品价格的确定奠定基础；四是能够明确国债交易中卖方的收益程度和买方的支付成本。

3. 国债交易的限制措施

交易保证金，是指作为交易履约保证的资金，通常在相关交易结算未完成前，资金接收方委托证券交易所、专门的登记结算机构或证券经营机构冻结和监控资金支付方的相应资金，以保证自身利益和交易的顺利完成。在债券现券交易中，交易保证金的要求比例不同于期货等杠杆交易，一般都要求资金支付方缴纳 100%的保证金。

持仓限额，是指为防止在流通市场上恶意操纵债券价格，一般会对投资者所持有的单一券种数量占该券种流通总量的比例加以限制。但债券的流通市值相对股票而言比较小，所以债券的持仓限额较为宽松。

涨跌幅限制，是指在债券交易中对债券的成交价格、对投资者的买卖申报价格或做市商的双边报价等价格所设定的波动上限和下限。

交易时限，是指买卖债券并清算交割后，进行反向的卖买交易之间的最短时间间隔。现代资金清算系统已基本实现资金清算交割的实时反馈，而证券的清算交割尚无法做到实时反馈，因此交易时限通常针对买入后再卖出的情况，对卖出后再买入则没有特别的时限要求。若 T 日为首次交易日，则对应的反向交易时限可能是 T+0、T+1、T+2 等（交易时限的天数用加号后的数字代表）。债券在 T+0 日进行反向交易的流动性最高，确认成交买入的债券即可在当日清算交割之前全部或部分卖出，但相应资金和剩余债券的交收一般在 T+1 日完成。

4.2 国债流通市场运行的国际经验与借鉴

4.2.1 美国国债流通市场

美国国债市场是目前全球规模最大、流动性最好的单一市场，也是历史最悠久、发展最完备的市场之一。截至 2012 年底，美国国债余额为 16.43 万亿美元，同比增长 7.95%，2008 年和 2009 年的同比增速均在 15% 以上。受金融危机的影响，2007 年以后美国国债规模与 GDP 的比例不断大幅攀升，2012 年底达到 104.8%，较 2011 年提高了 3.8 个百分点，较 2007 年底提高了 39 个百分点。

美国场内市场以纽约证券交易所内的债券交易市场为代表。现阶段，尽管国债和评级较高的债券可以在交易所交易，然而几乎所有的美国联邦债券、联邦机构债券、市政债券以及大部分公司债券都集中在场外柜台交易市场进行。据统计，目前美国场外市场交易占比高达 95%。即使在遭遇金融危机严重冲击的情况下，美国金融改革方案仍然没有缩减场外市场规模的意图，只是强调把过去缺乏监管的场外市场，变成能够全面监控和有透明度的市场。

美国国债交易主体为一级交易商、中间商和客户。国债市场中做市商的角色主要由一级交易商扮演。一级交易商除与客户直接交易外，还可通过 6 家中间商进行一级自营商彼此间的交易，而且此种交易十分频繁。中间商在其中的作用，一是有效地传播价格和交易信息，二是提供匿名交易的便利。

美国国债市场呈现出高度国际化特征。从美国国债的持有者结构就可看出端倪。截至 2012 年 3 季度末，美国国债各投资者持仓占比由大到小依次为：第 1 位国际投资者 48.38%；第 2 位货币当局 14.62%；第 3 位共同基金 8.46%；第 4 位个人投资者 8.40%；第 5 位养老金 7.16%；第 6 位银行类机构 4.69%；第 7 位州及地方政府 4.37%；第 8 位保险公司 2.34%；其他 1.58%。

美国国债市场流动性极强（见表 4-1），市场集中程度也很高，投资者在价格变化很小的情况下，可迅速实现大量的国债买卖。以 2005 年为例，一级交易商的日均交易量可达 5 496 亿美元，其中一级交易商之间的交易量为 2 338 亿美元，与客户的交易量为 3 158 亿美元。前 5 名的交易量占比达 40% 以上，一级交易商的交易量将全部可流通国债周转一次的时间不超过 11 个交易日。可以看到，金融危机后美国国债市场总体的流动性下降，究其原因：一是金融危机爆发后，由于担心对手方信用风险，市场流动性趋于紧张，导致交易冷清；二是虽然危机后国债存量规模大增，但美联储通过两轮量化宽松操作购买大量国债和联邦机构住房抵押债券，使得这部分债券在市场上的周转速度下降。

表 4-1　　　　　　　　　　美国国债年换手率

年份	2005	2006	2007	2008	2009	2010	2011	2012
换手率（%）	33.5	30.6	31.8	24.1	14.2	15.0	14.4	12.7

资料来源：美国证券业协会，NAFMII 数据库。

美国国债市场允许进行本息分离交易。由于附息国债的利息再投资面临未来市场利率不确定性的风险，有些投资者希望持有到期时一次性支付本息的债券，即以贴现价格发行的零息票债券。从 1985 年开始，美国财政部允许投资者对中期和长期国债进行本息分离交易。由于国债的本息分离以及重新组合操作简便、成本很低，在两个市场之间的套利交易很活跃，使未分离债券和已分离债券之间的价格相关性很强。

美国证监会始终秉承"市场透明度是市场公平与效率的关键"的理念，重视报价与交易信息的传播。1975 年，美国将此理念写进证券法修正案，证监会由此建立了由互联电子通信系统构成的全国市场信息系统，保证了国债市场的高度透明。相比其他债券子市场，美国国债市场可以说是完全透明的（Levitt，1998）。GovPX 系统始建于 1990 年，主要面向所有一级交易商和交易商间经纪人的国债交易，提供包括国库券、中长期国债和联邦机构债券在内的实时报价和交易数据。需要者付费后，可以得到其所需的综合信息。

4.2.2　英国国债流通市场

英国国债流通市场交易活跃，运行稳健，注重效率，规模较大。在运行和革新中，其指导思想、政策措施都形成了自身独特的特点。

总体上，英国政府对国债市场参与者限制较少，结构完善，既有增大市场规模、增强市场流动性的效应，又有提高市场效率、完善市场结构的特点。市场参与者主要包括：一是做市商，主要是指金边债券做市商在英国所有的工作日对其客户进行的买卖双向报价交易，其主要目的是通过维持市场流动性和投资者的信心，鼓励更广泛的市场参与、流通交易，从而最终降低政府的借债成本。根据金边债券市场的成长情况，适时扩大做市商的数量，自2010年初的16家，上升到2010年末的20家。二是交易商间经纪人（IDB），是一级做市商的代理人，代做市商调剂头寸，控制风险，提供交易便利。IDB通常由资信卓著、拥有良好风险管理能力和信息统筹能力的大公司担任，能够协助做市商在彼此间有效地完成大规模交易量的短期报价。至2010年末，英国DMO和英格兰银行共认可6家IDB。三是除经纪人外，在金边债券市场上还有一种撮合范围更为广泛的中介机构，被DMO确定为代理经纪人或经纪交易商。它属于批发性交易经纪人，其客户范围既包括积极进行政府债券、公司债券或衍生品交易的银行、公司，也包括一般交易商和最终投资者。一般来说，做市商没有义务向其提供买卖双向报价，如果这些中介机构是在代理一家做市商向另一家做市商进行询价，它们必须向被询价的做市商予以说明，但可以不指明被代理做市商的具体身份。四是机构投资者，对于非做市商的机构投资者来说，可以在债券发行前委托做市商直接参与发行市场，也可以在市场中直接根据对做市商的询价来买入或者卖出金边债券。对于境外投资者参与购买金边债券，根据英国法律和市场管理规则，无任何额外限制，享受国民待遇。五是个人投资者，与机构投资者一样，既可以提前委托直接参与发行市场交易，也可以在事后完成投资决策，同样也不甄别个人投资者的境内外身份，按照统一的规则进行管理和要求。当前英国国债市场参与者的情况如图4-3所示。

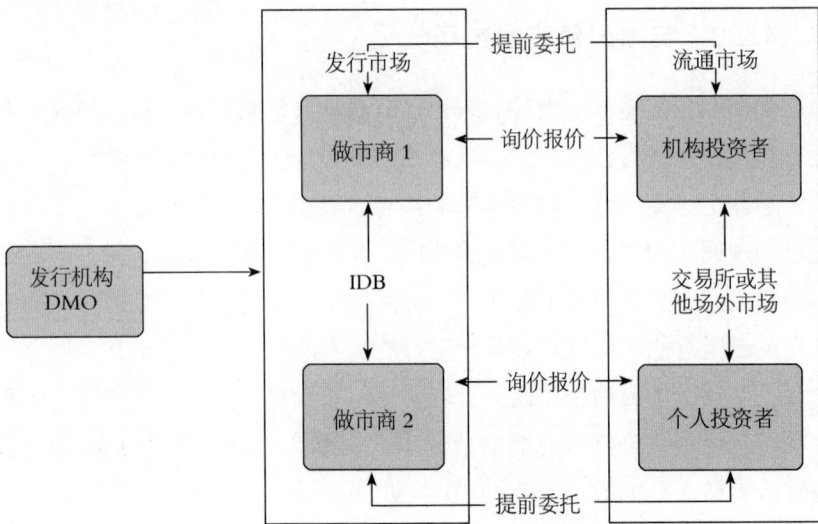

图 4-3　英国国债市场参与者的性质与结构

　　为促进国债市场发展，使不同的投资者能够利用不同期限的最简单的现金流结构（零息债券），20 世纪 90 年代中期以来，英国政府从各个方面大力推进金边债券的本息分离交易。但目前，只有金边债券做市商、债务管理局和英格兰银行可以对金边债券进行本息拆离；只有当一只金边债券的发行量达到一定规模以上（50 亿英镑）时，才能被确定为本息可分离的债券。此外，债务管理局还向市场提供几种特别的交易方式，例如"残余金边债券"的买回、快到期金边债券的买回、代理其他政府部门买卖金边债券、大额金边债券的买卖、金边债券的零售买卖、对特定交易对手的日常回购交易、市场扭曲情况下的特别回购交易、金边债券的转换交易等。

4.2.3　日本国债流通市场

　　1965 年，日本在第二次世界大战后首次发行国债，因当时国债限制流通，国债二级市场几乎没有。直到 1977 年，日本才逐渐允许金融机构买卖国债，国债流通市场得以急速扩张。日本国债流通市场主要包括交易所市场和场外市场（OTC）。在 OTC 中，价格通过协商产生，日本证券交易商协会（JSDA）通过制定交易规则、及时公布债券交易行情来引导债券交易价格，使之位于合理范围内。在交易所市场中，价格主要通过拍卖产生。目前，在证券交易所交易的上市国债种类有 2 年、5 年、10 年、20 年、30 年和 40 年固定利率国债。

目前日本国债存量非常庞大，从 2000 年的 372.92 万亿日元、占 GDP 的 75% 增长到 2012 年的 803.74 万亿日元、占 GDP 的 171.08%，均增加了近 1.5 倍。金融危机后，尽管国债交易量逐渐下降，但仍占据绝对比重。场外市场的国债交易量占 90% 以上，2012 年达到了 98.81%（如图 4-4 所示，本图按财政年度划分，4 月开始，次年 3 月结束，2012 年截至 11 月）。从国债交易者结构来看，证券交易商占了其中的半壁江山，交易量占全部交易量的 47.22%；银行和国外交易者分居二、三位，占比分别为 22.45%、9.59%。三者合计占比达到了近 80%，保险公司、信托公司和个人交易量占比较低（如图 4-5 所示）。

（万亿日元）

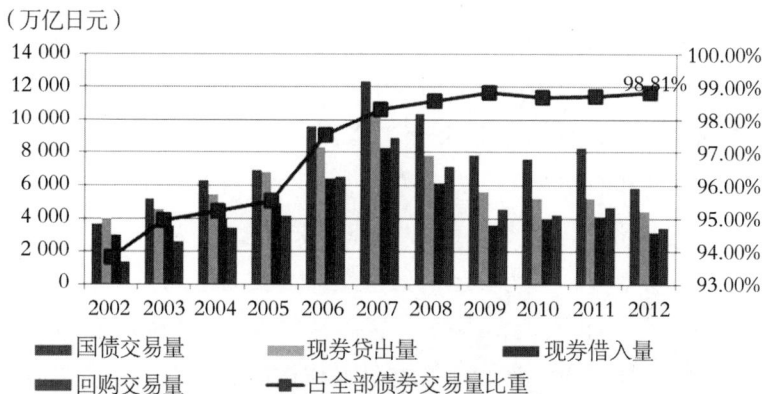

图 4-4 不同年份场外市场国债交易额及占全部债券交易量比重

资料来源：根据 Wind 资讯数据整理而得。

4.2.4 德国国债流通市场

德国债券市场是世界第三大债券市场和欧洲第一大债券市场。1995 年以前，德国债券市场的增长主要依靠国债，即联邦政府和各种联邦基金发行的债券；1995 年以后，国债所占的份额逐步下降，银行债券快速增长。

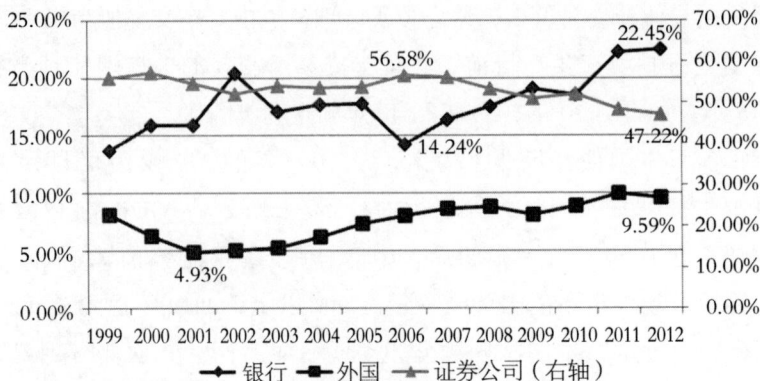

图 4-5　不同年份主要类型交易者交易比重

资料来源：根据 Wind 资讯数据整理而得。

交易所市场。德国有 8 家证券交易所，其中德国交易所集团旗下法兰克福证券交易所的上市证券最多、交易量最大。国债可以在所有德国证券交易所一板市场进行交易，是各交易所交易最为活跃的债券。除一板市场外，德国证券交易所还有二板市场以及私人组织的三板市场。德国证券交易所会员可分为三类：一是信贷机构和金融服务机构，进行自营和经纪业务。二是专家，是一板市场的交易中介，有义务维持固定的价格。三是经纪人（freimakler），作为一、二板以及三板市场的交易中介，可为自己的账户交易。交易所国债市场呈现以下特点：一是交易电子化，国债交易通过的 Xetra 系统属于指令驱动性，具有流动性集中、指令簿及交易操作透明、所有交易者权限同等并允许远程登陆等特征；二是价格标准化，每个交易日上午 11 点，专家会对在一板市场上交易的约 100 只联邦政府债券及其特别基金确定标准价格，并作为结算和会计的依据，这也是德国证券交易所国债交易的独特之处。

场外市场。近年来，场外电子交易系统迅速发展，与原来的 OTC 市场共存。但大多数债券交易仍采用传统的电话谈判方式，只通过电子交易系统予以成交确认。目前，德国有多种电子交易系统并存，既有为大债券商交易服务的系统（如 Euro-MTS），也有为中小投资者或单个银行服务的交易系统。

二级市场报价。德国债券面值为 100 欧元，以面值的百分数报价。根据债券的种类和剩余期限的不同，债券最小价格变动单位分别为 0.001 个百分点、0.005 个百分点和 0.01 个百分点。为及时披露市场价格信息，德意志银行每日以余额为权数对所有剩余期限在 3 年以上的上市国债收益率进行加权平均并予以公布，方便投资者理性选择债券品种。

德意志银行作为国债发行代理人，对德国证券交易所国债交易进行价格管理，其目的一方面是向市场提供国债流动性，保证私人投资者的小额指令能够得以执行，另一方面是满足财政部的短期流动性需求。

4.2.5　对我国国债流通市场建设的启示

发达国家的国债流通市场呈现以下特点：一是场外市场是发达国家发展国债市场的首选，占有绝对份额，场内市场只起到补充作用，规模较小；二是结构合理的机构投资者是市场高质量运行的积极因素，在做市等方面发挥应有的作用；三是市场层次清晰，做市商制度充当流动性引擎；四是电子交易平台发达，国债交易效率不断提高；五是公开透明的交易信息配合巨大的成交量，使得国债收益率曲线能够真实反映资金的实际供求状况，巩固了国债收益率作为其他固定收益资产定价基准的地位。本书通过对比主要国家与我国的国债流通市场，寻找差距，取长补短，进一步建立健全我国国债市场制度，为我国国债市场的健康发展提供政策建议。

4.3　我国国债流通市场运行的现状描述

我国国债流通市场始于 20 世纪 80 年代中期，大体经历了以柜台市场为主、场内市场为主、银行间市场为主以及融合发展的四个阶段，由银行间市场、交易所市场和商业银行柜台市场三个基本子市场组成的现货交易市场体系已经建立并得到快速发展。目前，银行间市场处于主体地位，容纳了 90% 以上国债存量和交易量；交易所市场面向各类社会投资者，属于集中撮合交易的零售市场；商业银行柜台市场可视为银行间市场的延伸，也属于零售市场。

随着我国国债市场建设的持续推进，国债现货交易规模逐年增加。2007—2012 年现货市场交易规模逐年增加，最大增幅出现在 2010 年，同比增长了 85.32%。全部交易规模中，银行间国债市场交易额占绝大部分，2009 年占比突破了 95%，2012 年更是突破了 99%。2013—2014 年银行间国债现货市场交易量有所下降。2007—2014 年国债交易量情况如图 4-6 所示。

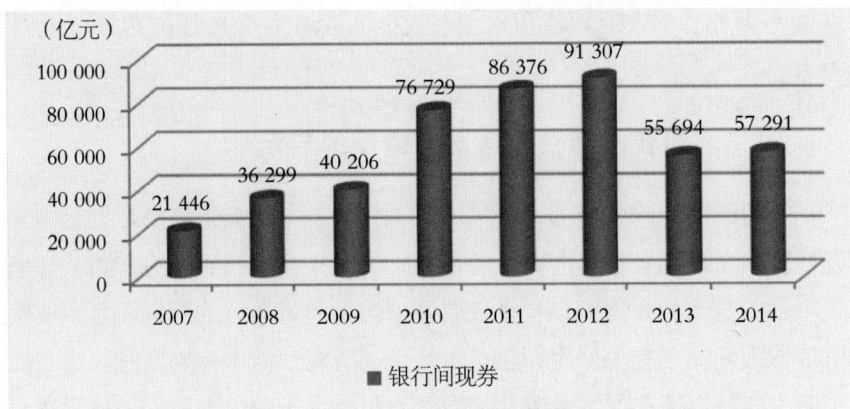

（亿元）

年份	数值
2007	21 446
2008	36 299
2009	40 206
2010	76 729
2011	86 376
2012	91 307
2013	55 694
2014	57 291

■ 银行间现券

图 4-6　2007—2014 年国债交易量情况

资料来源：根据中国债券信息网、上海证券交易所网站数据整理而得。

4.3.1　交易所国债流通市场

1981 年恢复国债发行以后，明确规定了国库券不得当作货币流通，不得自由买卖。作为信用产品，流动性是国债内在的本质要求，没有流动性，国债难以形成持久稳定的循环运行。当持有者对变现需求与没有流通市场状况产生矛盾后，便滋生了国债的黑市交易。为打击黑市交易，1988 年 4 月，在沈阳、哈尔滨、上海、重庆、武汉、广州和深圳 7 个市场同时开展国债流通转让试点；6 月，国债流通转让试点进一步扩大到全国 54 个大中城市。这标志着我国国债二级市场（即柜台交易市场）初步形成，但当时的市场规模还比较小，只能算作场外市场的雏形。

1990 年 12 月上海证券交易所成立后，开始托管实物债券，并可以交易记账式国债。1994 年，在国债发行量剧增以及交易所开辟国债期货交易两因素刺激下，交易所国债现货交易开始明显放大。但与此同时，因全国集中统一的国债托管结算系统尚未建立，国债买空、卖空、挪券和假回购等违规行为在各地大量出现。同年下半年，国家开始清理整顿证券交易场所，关闭了武汉、天津、北京等交易中心，将国债交易全部集中于证券交易所。然而从 1995 年起，因交易所国债交易风险控制机制的缺乏，交易所国债交易违规事件频发。1997 年上半年，过热的股票市场吸引大量银行资金通过交易所债券回购等途径违规进入股市。1997 年 6 月，中国人民银行发文要求商业银行全部退出上海和深圳证券交易所市场。2003—2004 年，交易所债券回购风险集中爆发，许多机构投资者进一步撤离交易所市场，这使得交易所市场逐渐演变成面向个人和中小投资者的市场，许多证券公司、保险公司、信托投资公司、证券投资基金、其他非金融机构虽然也参与交易所债券交易，但仅占其自身交易份额很小的比重。2010 年，随着我国市场经济运行机制、基础设施和监管手段的不断完善，为发挥交易所市场在交易机制、投资者参与范围和风险管理上的优势，财政部、中国人民银行、银监会和证监会先后下发了一系列政策措施，大力推进交易所国债市场的发展，使其得到快速恢复和不断发展。

1. 市场参与主体范围日趋扩大

2007 年 7 月 25 日，上海证券交易所依托其先进的交易技术平台，建立了固定收益证券电子平台，旨在提升交易所市场的吸引力，连通交易所与银行间两个债券市场。该平台面向机构投资者，主要是证券公司、信托投资公司、基金管理公司、保险公司、财务公司。2009 年 1 月 9 日，商业银行被允许参与固定收益平台上的债券交易，2010 年 10 月，证监会、中国人民银行、银监会联合发布通知，上市商业银行在时隔 13 年后重返交易所市场，使得市场参与者范围进一步扩大，成为交易所国债市场得以恢复和发展的重要支撑。我国国债市场参与主体类型具体见表 4-2。

表 4-2   我国国债市场参与主体情况表

市场类别	银行间市场	交易所市场	柜台市场
上市商业银行	√	√	×
非上市商业银行	√	×	×
非银行金融机构	√	√	×
非金融机构	√	√	√
居民个人	×	√	√
非居民个人	×	×	√

注：√代表可以参与该市场交易，×代表不可以参与该市场交易。

近年来，交易所市场参与主体的规模得到了迅速恢复与增长，从图 4-7 可以看出，我国交易所国债市场参与主体的规模持续增加，且增速明显高于美国和日本等发达国家。上市商业银行回归对参与主体的直接增长作用有限，但可以大大改善交易所市场的交易规模和前景，从而引致大量的投资者进入交易所参与国债市场交易。

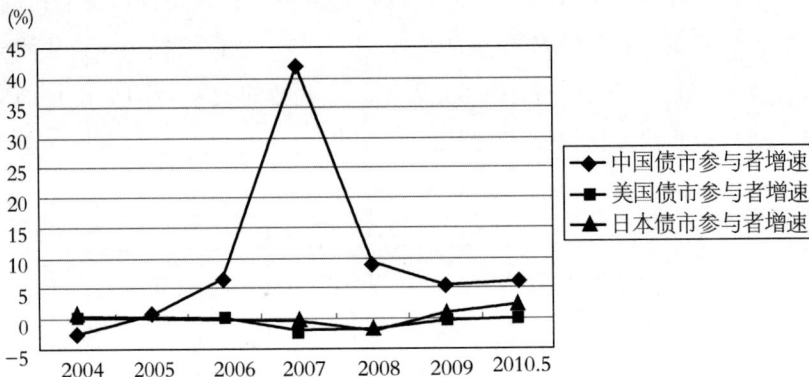

图 4-7　中美日债市参与者数量增长比较

资料来源：贾康. 中国政府债券市场发展报告 [M]. 北京：经济科学出版社，2012.

2. 市场规模得到恢复和发展

衡量市场规模的典型指标是市场交易规模和总市值。根据上交所数据，2006—2014 年上交所国债现货成交规模呈现先扬后抑趋势（如图

4-8 所示）。其中，2007 年是近几年的低点，主要是由于 2007 年上证国债市场处于低迷态势，上证国债指数从年初 112 点的高位跌至 110 点，并持续 7 个月在低位徘徊，影响了现货交易量。

（亿元）

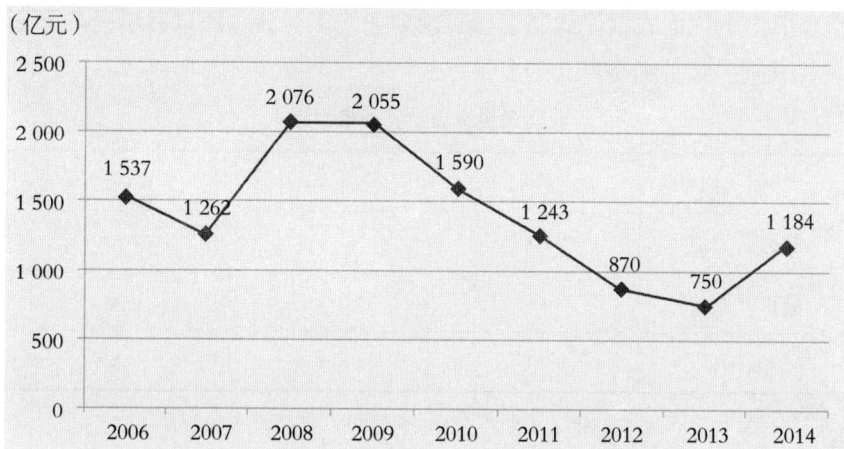

图 4-8　2006—2014 年上交所国债现货交易规模

资料来源：根据上交所网站数据整理而得。

从国债现货市价总值来看，呈持续增长态势。截至 2014 年末，上交所国债现货市价总值为 64 958 亿元，是 2007 年末（18 423 亿元）的 3.5 倍。上市国债现货数量也由 2007 年末的 62 只，增长到 2014 年末的 189 只。总体上，我国交易所国债市场的规模保持着持续扩张的趋势（如图 4-9 所示）。

（亿元）

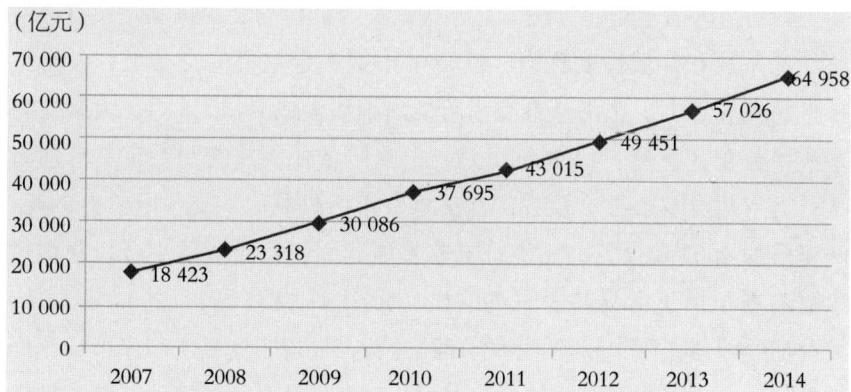

图 4-9　2007—2014 年上交所国债现货市价总值

资料来源：根据上交所网站数据整理而得。

3. 期限和种类结构有所改善

国债的基本类型包括记账式国债、凭证式国债、储蓄国债。储蓄国债作为不可上市交易的国债，可上市交易的只有记账式国债和凭证式国债，但由于凭证式国债受制于交易规则而难于流转，所以目前只剩下记账式国债在交易所交易（见表 4-3）。

表 4-3 我国国债市场交易国债类型

国债类别	银行间市场	交易所市场	柜台市场
记账式国债	√	√	√
凭证式国债	×	×	√
储蓄国债	×	×	√

注：√代表可以参与该市场交易，×代表不可以参与该市场交易。

交易所国债交易品种的期限以中期国债为主，2011 年交易所的短期国债（1～3 年期）、中期国债（5～10 年期）和长期国债（10 年期以上）交易规模分别占到总交易规模的 31%、57%、12%，到 2012 年占比分别为 43%、21%、36%。中期国债交易规模压缩，而短期和长期国债交易占比大幅增长，期限结构有较大改善。但较短期国债交易 70%占比的发达国家水平，仍有一定差距。

4. 交易机制不断丰富

交易所国债市场的传统交易方式是集合竞价的交易机制，具有连续性、竞争性和开放性的优点，适合中小型资金规模的交易主体参与交易。2003 年 1 月，上海证券交易所推出国债大宗交易，8 月，大宗交易系统平台正式开通。2005 年 7 月，上交所依托大宗交易系统平台创新推出大宗债券双边报价业务，首次将做市商机制引入交易所债券市场。两年后的 2007 年 7 月，上海证券交易所建立了固定收益平台，并构建了交易商与一级交易商的市场结构（如图 4-10 所示）。2008 年 6 月，关键期限国债在固定收益平台上登陆运行，实现了交易所国债市场竞价机制与做市商机制并存的情况。2010 年 11 月，上交所推动国债在集合竞价和固定收益平台间双边挂牌交易，原固定收益平台的交易商可以同时参加集合竞价和做市商的交易机制（如图 4-11 所示）。该平台融合了竞价交易、询价交易和做市商报价等三类特点，在宏观上有利于构建基准收益率曲线，在微观上有利于满足不同市场投资者的需求，在风险方面有利于解决国债市场风险过于集中于银行间市场的局面，相对完备的平台信息披露机制有利于监管和控制风险，促进了交易所债券市场的发展。2008 年、2009 年该平台国债现券交易额分别为 293 亿元和 715 亿元。

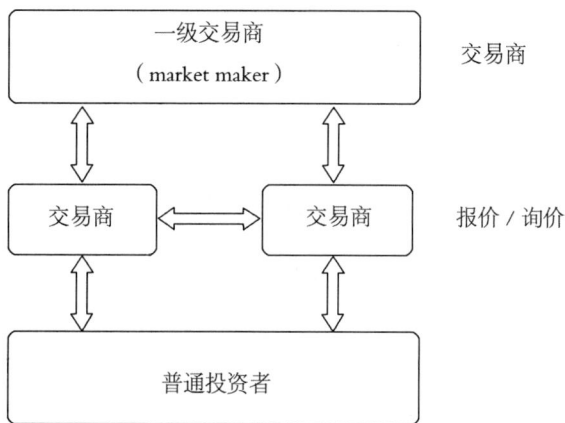

图 4-10　固定收益平台两层次市场结构

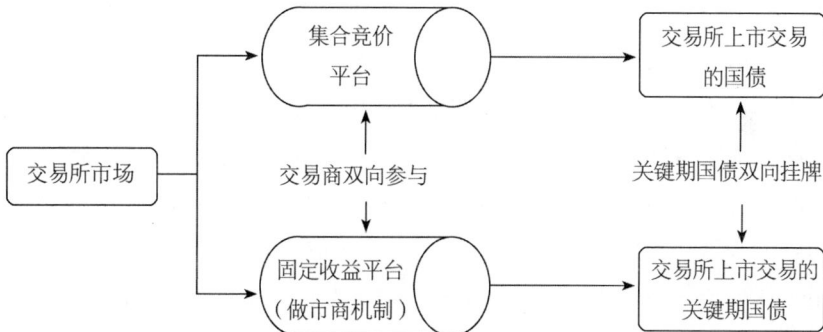

图 4-11　交易所市场交易机制示意图

4.3.2　银行间国债流通市场

1997 年，在多方面因素的共同促进下，中国银行间债券市场成立：一是中央银行对货币供应实施间接调控需要一个有一定规模和流动性良好的场外债券市场；二是当时积极的财政政策需要一个能容纳更大国债发行规模的场外市场；三是商业银行需要借助场外债券回购市场解决融资问题；四是满足商业银行退出交易所后保持其持有债券流动性的需要。1997 年 6 月 16 日，全国银行间拆借中心开始办理银行间现券和回购交易，标志着全国银行间债券市场的形成。银行间债券市场成立仅仅17 年，但发展迅猛，1997—2014 年，中国银行间市场国债存量从 345 亿元增长到 8.28 万亿元，交易总额从 8.7 亿元增长到 5.73 万亿元，在 2012年曾达到 9.13 万亿元，已经成为具有相当广度和深度的债券场外市场。

1. 市场参与者结构日趋多元化

投资者性质单一曾是制约我国国债市场发展的重要因素。多年来，在国债市场功能增加、规模扩大的客观要求下，在政府多项政策的支持下，我国政府债券市场的参与者不断丰富，初步形成了多元化的市场主体结构。

1997 年，国务院决定商业银行退出证券交易所。为满足商业银行债券交易的需求，中国人民银行组建了银行间债券市场，分阶段批准了不同类型的机构投资者进入银行间债券市场，为机构投资者的发展壮大提供了有利契机。1997 年 6 月，银行间债券市场成立，全部市场参与者仅有 16 家商业银行。1998 年，商业银行分行、经批准可以经营人民币业务的外资银行和保险公司入市，全年共批准 116 家金融机构入市。1999 年，农村信用社、基金管理公司和证券公司入市。2000 年，财务公司和金融租赁公司入市。2001 年，中小金融机构可以通过债券结算代理人进入市场。2002 年 4 月，金融机构准入由审批制改为备案制。2007 年 2 月，允许企业年金进入银行间债券市场进行投资、交易。2008 年，允许保险机构以其保险产品的名义、基金管理公司以其管理的专项基金的名义、证券公司以其管理的专项理财计划的名义开立账户，进行债券交易。2010 年 8 月，允许部分境外机构试点进入银行间债券市场，开启了境外机构进入市场的先河。截至 2012 年末，国债市场参与主体中一级托管投资者已达到 12 415 家，受丙类账户清理影响，2013 年末一级托管投资者降至 6 075 家，2014 年末小幅增长至 6 681 家（如图 4-12 所示）。

（家）

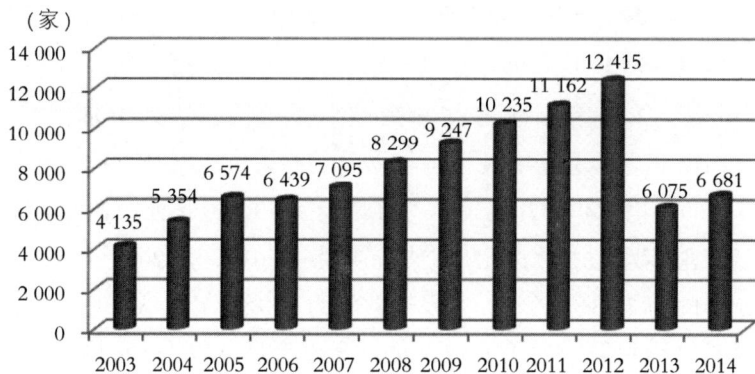

图 4-12　银行间债券市场投资者数量

资料来源：根据中国债券信息网数据整理而得。

2. 市场规模呈跨越式增长

在银行间市场成立之初，只能是商业银行之间进行交易，呈现出高度同质化特征，交易一度十分冷清。1997—1999 年 3 年的国债现券交割量不足 100 亿元，1999 年末的国债托管量不足 7 000 亿元。随着国债发行量的增加以及保险公司、证券公司和证券投资基金的进入，从2000 年开始，银行间国债市场一直保持着快速的发展势头。国债托管量在 2001 年突破 1 万亿元，在 2005 年突破 2 万亿元，到 2014 年达到8.28 万亿元，占全部国债托管量的 90.6%（如图 4-13 所示）。

（亿元）

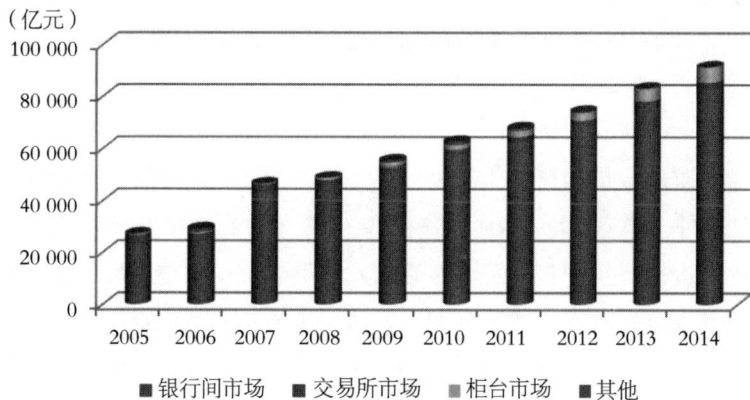

■银行间市场　■交易所市场　■柜台市场　■其他

图 4-13　历年各市场国债托管量比例

资料来源：根据中国债券信息网数据整理而得。

随着市场参与主体、债券发行量及托管量的扩大，银行间国债市场的成交量也逐年上升。1997 年，国债现券交易量为 8.7 亿元，交易笔数仅为 10 笔。2005 年，现券交易突破 1 万亿元，达到 1.08 万亿元。2006—2012 年，现券交易规模每年以万亿的数量级增长，特别是 2010 年，从 2009 年的 4.02 万亿元，直接增长到 7.67 万亿元。2012 年，国债现货交割量为 9.13 万亿元，交易笔数为 60 612 笔。2014 年，国债现货交割量降为 5.73 万亿元，交易笔数降为 47 493 笔。从国债现券交易占比来看，1997 年占比为 97%，2000 年以后最高值为 2002 年的 62%，近年来维持在 11%～13%之间，2014 年占比上升到 18.49%（如图 4-14 所示）。

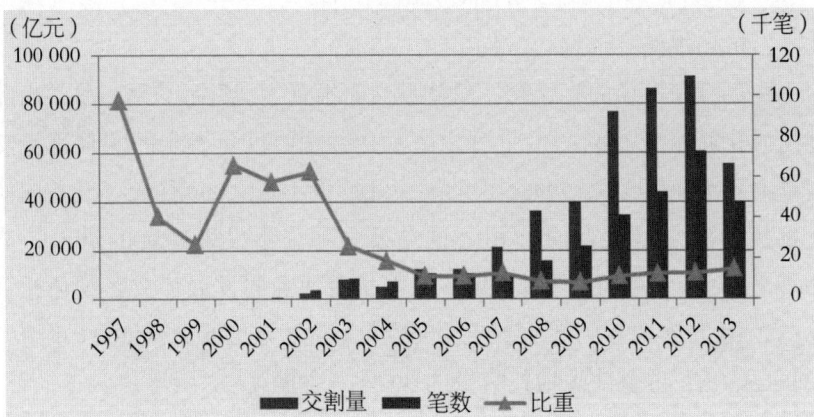

图 4-14　历年国债现货交割量、交易笔数、占比情况

资料来源：根据中国债券信息网数据整理而得。

3. 做市商制度日臻完善

我国双边报价的概念于 2000 年初在《全国银行间债券市场交易管理办法》中首次提出。2001 年 3 月发布的《关于规范和支持银行间债券市场双边报价业务有关问题的通知》明确规定了双边报价商的资格认定、业务规范及政策支持等内容；7 月，获准 9 家商业银行正式成为首批双边报价商，并对 20 个指定券种进行报价，做市商制度进入实际操作阶段。此后，中国人民银行又进一步规范了报价价差、报价商融券业务等，基本形成了银行间债券市场做市商制度框架。2004 年 7 月，中国人民银行用"做市商"替代"双边报价商"的提法，将做市商的数量进一步扩大到 15 家，范围扩展到证券公司。2007 年 1 月 11 日发布的《全国银行间债券市场做市商管理规定》，进一步完善原有做市商制度框架，降低了做市商准入标准、加大了对做市商的政策支持力度、放宽了做市商的相关业务要求、加强了对做市商的考核管理，为数量更多的不同类型金融机构参与银行间债券市场的做市业务提供了机会，同时有利于增强做市商的做市能力，促进做市商主动灵活开展业务，做市商的激励约束得到了有效强化。2011 年 4 月，中国人民银行和财政部联合发布公告，要求做市商在 5 个关键期限新近发行的记账式附息国债中至少选择 4 个期限品种做市，且在每个关键期限最近新发的 4 只国债中至少选择 1 只做市；做市商对所选定的做市券种应在开盘后 30 分钟内开始报价，报价必须是连续双边报价且累计时间不能少于 4 小时。截至 2012 年 1 季度末，中国银行间债券市场共有 25 家做市商。

从做市报价规模来看，2009 年，做市商买卖报价量合计 49.47 万亿元，是 2008 年的 7.45 倍。2010 年，为减少做市商虚增报价量的情况，对单边报价量超过另一边 2 倍以及超过 5 亿元的报价超额部分不纳入计算，使得各类型做市商报价量同比大幅下降，买卖报价量比例趋于合理，2010 年的报价量合计 10.87 万亿元，比 2009 年减少 78%，买入报价量与卖出报价量之比为 1.14。2011 年，买卖报价量合计 53 871.06 亿元，相比 2010 年下降 50.47%，买入报价量与卖出报价量之比更为均衡，为 1.01。2012 年 1 季度，在稳健货币政策的背景下，流动性由紧张趋于适度宽松，债券市场交易活跃，收益率曲线保持平稳态势，做市买卖报价量合计 15 232.65 亿元，相比上年同期 11 606.40 亿元提高 31.24%。

从国债报价情况来看，2011 年，从做市券种类型来看，引入新发关键期限国债做市，做市商对国债的做市报价规模持续上升，成为最活跃的交易券种，国债买卖报价量 19 008.11 亿元，同比增长 35.67%，而央票、政策性金融债、（超）短期融资券、中期票据及其他券种分别下降 76%、56%、42%、65%、47%；从各类型券种报价量占比情况来看，与 2010 年相比，国债所占比例大幅上升并成为占比最大的券种，占比达到 35.28%，提高 22.40 个百分点。2012 年 1 季度，做市商对国债的做市报价规模持续上升，买卖报价量 5 456.40 亿元，同比增长 139.88%；占比 35.82%，同比提高 16.22 个百分点。

从做市成交规模来看，2009 年，做市商报价共点击成交 13 172 亿元，较 2008 年增长 59.65%；2010 年，成交 6 368 亿元，较 2009 年下降 51.65%；2011 年，成交 3 579 亿元，较 2010 年下降 43.80%；2012 年 1 季度，做市点击成交量 1 177 亿元，同比增长 37.21%。

从做市成交券种类型来看，2011 年，国债的做市成交量持续上升，国债成交量占比大幅上升，国债做市成交量 1 303.10 亿元，同比增长 59.31%，占总成交量的 36.41%，提高 23.57 个百分点。2012 年 1 季度，国债的做市成交量持续上升，国债做市成交量 388.80 亿元，同比增长 265.41%，占总成交量的 33.02%，提高 18.78 个百分点。

4. 货币经纪制度得以引进

货币经纪公司（经纪商）是在金融市场开展经纪业务，为金融产品交易提供信息、促使交易达成的专业化机构。经纪商出现后，大量交易信息汇集到经纪商，经纪商可以有效整合市场各方的需求信息并筛除非真实报价，使最终的供需匹配出市场的最优价格，显著降低金融机构的搜寻成本，对提高市场流动性、降低交易成本及促进市场公平交易具有重要作用。此外，经纪商的存在为匿名交易等交易方式创造了条件，有利于消除市场主体地位不平等带来的消极影响，满足众多市场参与者不希望在交易时暴露真实身份的要求。我国于 2006 年 7 月在银行间债券市场引入经纪制度，并分别批准 6 家货币经纪公司进入银行间市场提供经纪服务，具体运作模式如图 4-15 所示。

5. 交易系统相对集中

与国际上场外债券市场存在多种交易系统不同，我国银行间债券市场的交易系统集中于中国外汇交易中心建立的统一电子平台。目前，有 2 000 余家外汇交易中心电子交易系统的成员是银行间债券市场参与者（其他非成员多是通过结算代理方式进入银行间市场），这些机构向该交易平台报价并将交易要素录入交易系统进行匹配。交易中心交易系统提供询价和点击成交两种交易方式。其中，询价交易方式主要适用于待定

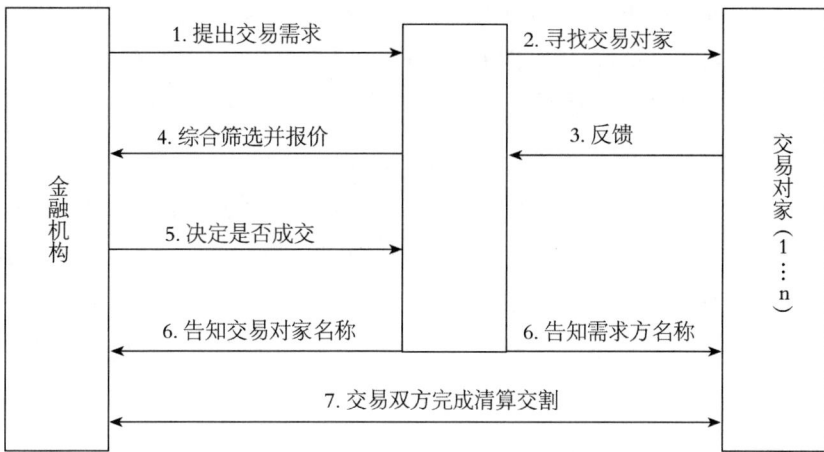

图 4-15　经纪服务流程图

交易要素多、以双边谈判为主、非标准化的交易品种，系统支持格式化询价和非格式化询价；点击成交交易方式主要适用于以做市商或规范的双边报价机制为主导的、相对标准化的交易品种。

4.3.3　柜台国债流通市场

柜台市场是我国国债流通市场的雏形，后因交易所市场发展迅猛，柜台市场逐渐萎缩。2000 年，财政部、中国人民银行着手开始进行记账式国债柜台交易试点的相关准备工作，组织四大国有商业银行开发柜台交易系统。2002 年 4 月，国务院颁布《商业银行柜台记账式国债交易管理办法》，6 月，首次通过试点银行柜台面向全社会发售记账式（6 期）国债。2006 年 7 月，财政部借鉴储蓄国债（凭证式）方便、灵活的优点，参照国际经验推出了储蓄国债（电子式）。与储蓄国债（凭证式）相比较，储蓄国债（电子式）除了具备上述储蓄国债（凭证式）的所有优点之外，还有更为先进的特点：一是储蓄国债（电子式）采用电子方式记录债权，实行二级托管体制，中央结算公司负责总登记和一级托管，承办银行负责二级托管，由专门的计算机系统记录和管理投资人的债权，债权管理更加安全、可靠，债权查询更为便利；二是计息方式灵活，付息方式较为多样，适合个人投资者存本取息的投资习惯；三是发行方式有较大的改革，代销方式下的机动额度抓取模式很好地平衡了各家承销机构销售能力不均的问题，在基本额度合理分配的前提下，对剩余额度的二次分配实现了再次均衡，为顺利完成储蓄国债（电子式）发行任务提供了有力保障。

发展柜台市场意义重大。一是较大程度地满足国债投资和交易需要。凭证式国债是中小投资者尤其是个人进行国债投资的主要品种，但因不能上市交易，唯有持有到期或者损失一定收益向发售银行提前兑付。柜台交易开通后，中小投资者通过遍布全国的试点商业银行网点，既可方便快捷地购买到种类丰富的记账式国债，为投资者提供更多的选择，又可在需要资金时通过商业银行柜台卖出国债，提高投资人债券资产的流动性。二是扩大国债场外市场的投资者基础。发展柜台市场可优化场外市场的投资者结构，将投资者范围扩大到中小投资者特别是个人，有利于改变商业银行过度集中持有国债的状况，维护金融稳定以及市场的平稳发展。三是促进做市商市场的发展。从试点商业银行的角度来看，柜台交易产生的国债委托头寸必须及时地通过银行间债券市场买进或卖出予以平盘，既扩大了商业银行的中间业务收入，又推动了试点商业银行在场外市场更加积极地进行做市交易。试点以来，柜台市场不断完善和发展，成为银行间国债市场的有效延伸和拓展。

市场参与主体最为广泛。柜台交易市场是准入门槛最低、市场参与者最多的国债交易市场。根据《商业银行柜台记账式国债交易管理办法》，参与柜台交易的对象是非金融机构和个人，其中非金融机构既包括企业组织又包括事业法人和社团。2002 年以来，参与柜台交易对象不断扩大，非金融机构从 2002 年的 98 家增加到 2014 年末的 3 446 家，个人投资者更是从 3.95 万人激增到 1 611.87 万人，共有 8 家商业银行 8 万多家柜台从事国债交易。

市场交易品种和交易规模稳步扩张。2002 年，国债柜台市场建立的第 1 年，交易品种只有 2 个，但交易量达到 14.41 亿元；2003 年，交易品种增加到 5 个，交易量达到 24.13 亿元；2004 年，交易品种又增加 3 个，达到 8 个，交易量达到 62.17 亿元；2005 年、2006 年，交易品种有 11 个，交易量分别为 65.70 亿元、82.64 亿元；2007 年，受股市过热影响，交易量降至 35.67 亿元；2008 年，所有关键期国债全部纳入柜台交易品种，交易品种达到 42 个，但全年交易仅发生 30.44 亿元；2009 年，交易品种达到 5 种期限、63 个，全年累计成交 62.85 亿元。但在随后的几年，柜台国债交易逐渐萎缩，2010 年累计成交 41.71 亿元，2011 年为 27.89 亿元，2012 年更是跌到 14.99 亿元的低点，2013 年略有起色，增长到 18.72 亿元，2014 年猛增到 71.70 亿元。

4.3.4　我国国债流通市场存在的问题

1. 市场分割状态仍未彻底解决

银行间市场和交易所市场在交易主体、交易品种、托管清算以及监管主体等方面仍处于分割格局，严重阻碍了国债市场乃至整个债券市场的发展。一是不利于国债市场统一利率的形成，市场分割造成跨市套利机制缺乏，同券不同价，无法形成统一的市场基准利率，不利于我国利率的市场化及国债衍生品种的推出。二是容易产生流动性问题，商业银行等金融机构是银行间国债市场的主要参与者，其资金需求和市场行为相对趋同，使得银行间国债市场面临着潜在的流动性风险，也容易助推市场价格的非理性波动。三是容易造成管理漏洞，无论监管主体的分割，还是托管主体的分割，都使得市场限于多头监管、"谁都管又谁都不管"的尴尬境地，难免出现管理漏洞，埋下损害投资者利益甚至产生市场动荡的风险。

2. 市场投资者的持有结构严重失衡

在投资者队伍不断壮大及机构类型呈现多样化的同时，市场上表现出国债过度集中于商业银行的特征，降低了国债二级市场的流动性，增加了潜在的市场风险。截至 2014 年末，商业银行持有国债总量达到 59 543.35 亿元，占比达到 69.62%，比 2013 年末的 68.85% 提高了 0.77 个百分点，比 2005 年末的 61.40% 提高了 8.22 个百分点，其中全国性商业银行占全部投资者数量不足 1%，但其持有比例却达到54.94%（见表 4-4）。

表 4-4　　　　　　　　2014 年末国债持有者结构情况

投资者结构	国债持有量（亿元）	持有比例
特殊结算成员	15 785.92	18.46%
商业银行	59 543.35	69.62%
其中：全国性商业银行	46 989.05	54.94%
信用社	751.78	0.88%
非银行金融机构	260.00	0.30%
证券公司	290.83	0.34%
保险机构	3 050.94	3.57%
基金类	947.68	1.11%
交易所	2 653.36	3.10%
合　计	85 527.55	100%

资料来源：根据中国债券信息网数据整理而得。

3. 缺乏有效的做市商制度安排

做市商是国债市场运行和发展的基础，但目前我国国债市场做市商的作用亟待加强，双边报价成交规模偏小、报价的价差和连续性受市场行情影响过大等问题严重制约了做市商作用的发挥。究其原因：一是与国际上做市商准入采取注册制、归口行业自律组织管理的通行做法不同，我国做市商准入实行行政审批制，审批效率低、准入门槛高，准入成本加大，不利于做市商队伍拓展和结构优化，也降低了整个市场做市业务的竞争效率；二是我国做市商权利义务不对等，承担义务过重而法律赋予的权利没有得到有效落实，做市动力不足，其引导债券价格、活跃市场交易的作用难以充分发挥。

4. 我国国债市场需加快对外开放的步伐

国债市场对外开放有利于吸收外部资源发展本国经济，在更大范围、更广领域内更好地配置资源，也有利于我国金融市场的国际地位。在人民币离岸债券市场方面，自 2007 年国开行在香港发行 50 亿元人民币债券以来，人民币离岸债券发展并不迅速，直到 2009 年人民币跨境贸易结算试点范围的扩大和在港人民币业务的快速发展，财政部才于

2009 年 10 月在香港发行了 3 期、共 60 亿元的人民币国债。2013 年，财政部分别于 6 月和 11 月在香港成功发行了 130 亿元和 100 亿元的人民币国债。2014 年，在港发行人民币国债达到 280 亿元。相比国内发行规模来看，呈现出发行规模偏小、发行日期比较集中、点心债①规模远大于合成型债券②等特点。在对外资开放力度方面，虽然我国的银行间债券市场包含了外资银行、保险机构和证券公司等，但其市场参与范围不广、所占比重也不高，不利于活跃市场、增强市场流动性。

4.4　我国国债流通市场运行质量的实证分析

根据本书构建的国债市场运行质量测度指标体系，国债流通市场运行质量可以通过流动性指标、波动性指标、有效性指标和先行性指标来衡量，下面将依次对各个指标开展数理统计与计量分析。

4.4.1　流动性指标的计量检验与分析

我国国债市场的交易方式主要有现券买卖、回购交易。本书依据《全国银行间债券市场债券交易管理办法》等相关规定，使用现券交易的活跃程度（即现券交易占回购交易的比例）和换手率对我国国债市场流动性概况进行简单描述。从现券交易的活跃程度来看，相比国债回购交易，我国市场上现券交易规模较小，买卖活跃度不高，2010—2013 年，现券交易占回购交易量的比重一直处于下降态势，分别为 26.8%、19.2%、11.6%、5.2%。分市场来看，银行间国债市场现券交易活跃程度相对较高，但依然呈现逐年递减状态，分别为 33.9%、33.6%、20.3%、9.5%；而交易所市场现券交易的活跃度较低，分别为 2.4%、0.6%、0.3%、0.2%。从换手率③来看，2010—2012 年，我国国债流通市场总的换手率基本维持在 1.25 ~ 1.3，分别为 1.25、1.29、1.24，但 2013 年的换手率下降至 0.74。分市场来看，2010—2012 年，银行间市场换手率维持在 1.35 左右，分别为 1.33、1.38、1.33，同样在 2013 年降为

---

① 点心债：以人民币发行、以人民币结算的债券。
② 合成型债券：以人民币发行、以美元或其他外币结算的债券。
③ 换手率=年现货交易量/年末债券托管量。

0.74；交易所市场换手率则一直逐年下降，分别为 0.8、0.62、0.49、0.31。综合来看，相比一般发达国家国债市场 5～10 倍的换手率，我国国债流通市场的流动性相对较低。从现券交易的活跃程度和换手率指标的分市场表现来看，银行间市场的总体流动性要好于交易所市场。

在分析完国债流通市场流动性基本概况之后，本书将以同时在银行间市场和交易所市场进行交易的券种为分析对象，进一步比较两个市场之间的流动性。

1. 指标选取和数据说明

合理设定流动性指标并加以分析是判断一个市场的流动性最直接的方法，本书在第 2 章中已设定采用宽度、深度、弹性和即时性等四类流动性指标，分别用买卖价差、日均换手率、Martin 流动性比率、综合日均交易频率来衡量。由于每类指标的侧重点不同，各有优劣，单一指标不能全面反映市场的流动性，因此需要综合这四类指标结果来评价市场的流动性。

在数据方面，考虑到部分国债报价和交易比较冷清，因此本书选择对两个市场都有报价且交易相对活跃的 5 只债券进行分析，样本期间从 2013 年 1 月 1 日至 2014 年 1 月 30 日（数据来源于 Wind 资讯）。样本债券的基本信息见表 4-5。

表 4-5　　　　　　　　　　**样本国债基本信息**

银行间市场		上交所市场		发行量（亿元）	期限（年）
债券名称	债券代码	债券名称	债券代码		
13 附息国债 07	130007	13 国债 07	019307	300	1
11 附息国债 13	110013	11 国债 13	019113	300	3
13 附息国债 14	130014	13 国债 14	019314	260	1
13 附息国债 13	130013	13 国债 13	019313	300	5
13 附息国债 15	130015	13 国债 15	019315	300	7

资料来源：根据中国债券信息网数据整理而得。

样本债券中，同一国债品种在银行间市场和交易所市场的债券名称和债券代码并不相同，样本数据中各债券的每笔成交信息包含了买方报价、卖方报价、成交净价、成交全价、成交量、剩余期限等。

2. 实证检验及结果分析

第一，比较银行间市场与交易所市场的宽度指标差异（见表4-6）。

表4-6　　　　银行间市场与交易所市场样本债券宽度比较

银行间市场		上交所市场	
债券代码	价差	债券代码	价差
130007	0.013542289	019307	0.014430262
110013	0.067709504	019113	0.400381874
130014	0.018759955	019314	0.174852125
130013	0.418457155	019313	0.182193902
130015	0.216180891	019315	0.123496844

从宽度指标来看，银行间市场中的130007、110013、130014三只债券的价差小于上交所市场所对应的019307、019113、019314三只债券的价差，说明这三只债券在银行间市场的流动性要好于交易所市场；但同时也要看到银行间市场的130013、130015两只债券的价差大于上交所市场所对应的019313、019315两只债券的价差，说明其流动性要弱于交易所市场。因此，单就宽度指标尚无法判断哪个市场的流动性更好。

第二，比较银行间市场与交易所市场的深度指标差异（见表4-7）。

表4-7　　　　银行间市场与交易所市场样本债券深度比较

市场	债券代码	日均换手率			
		最小值	最大值	均值	标准差
银行间市场	130007	0.000331	0.825168	0.029009	0.005773
	110013	0.000332	0.090424	0.027459	0.000737
	130014	0.000077	1.093240	0.053324	0.010032
	130013	0.000315	0.545596	0.018312	0.002415
	130015	0.000967	0.561362	0.056648	0.004856
上交所市场	019307	1.667E-07	0.017257	0.001600	0.000013
	019113	3.333E-08	0.081562	0.001099	0.000050
	019314	3.846E-08	0.038550	0.002130	0.000042
	019313	3.333E-08	0.002239	0.000472	5.357E-07
	019315	3.333E-08	0.000967	0.000129	6.916250

从深度指标来看，银行间市场样本债券日均换手率均值明显大于交易所市场，其标准差也均大于交易所市场。在极值方面，银行间市场样本债券 130014 的换手率最大值大于 1，说明当天的交易量已经超过该债券的发行量，其他债券中除 110013 外，日均换手率都在 0.5 以上。因此，就深度指标来说，银行间市场的流动性要大于交易所市场。

第三，比较银行间市场与交易所市场的弹性指标差异（见表 4-8）。

表 4-8　　　　银行间市场与交易所市场样本债券弹性比较

市　场	债券代码	Martin 流动性比率			
		最小值	最大值	均值	标准差
银行间市场	130007	0	9.71E-09	6.250E-10	2.232E-18
	110013	0	2.197E-08	8.174E-10	7.376E-18
	130014	0	1.045E-08	1.557E-10	8.942E-19
	130013	0	2.760E-08	2.200E-09	2.037E-17
	130015	6.191E-13	1.357E-08	5.366E-10	2.607E-18
上交所市场	019307	0	0.000333	0.000159	9.641E-07
	019113	0	9	0.293006	0.681077
	019314	0	2.8	0.094117	0.213711
	019313	0	1.11	0.090402	0.093996
	019315	0	0.9	0.057964	0.044406

从弹性指标来看，银行间市场样本债券 Martin 流动性比率均值也明显小于交易所市场，根据其标准差来判断，银行间市场 Martin 流动性比率的稳定性也要好于交易所市场，说明银行间市场单位交易量所引起的价格变化要比交易所市场小。因此，就 Martin 流动性比率来说，同样可以得出银行间市场的流动性大于交易所市场的结论。

第四，比较银行间市场与交易所市场的即时性指标差异（见表 4-9）。

表 4-9　　　　　　　　　银行间市场与交易所市场即时性比较

综合日均交易频率（万笔）	2007年	2008年	2009年	2010年	2011年	2012年	2013年
银行间市场	0.004	0.006	0.009	0.014	0.018	0.026	0.017
上交所市场	0.190	0.160	0.150	0.090	0.060	0.040	0.060

由于数据的可获得性，本书即时性指标选取了银行间国债市场和上交所国债市场综合日均交易频率，即一天当中的所有国债券种的平均交易次数。从即时性指标来看，2007 年以来，交易所市场综合日均交易频率均大于银行间市场，但呈逐年下降趋势，说明交易所市场的流动性虽然好于银行间市场，但呈逐年递减态势，而银行间市场的流动性呈逐年递增态势。

从上述实证结果可以看出，评价流动性的角度不同，各债券市场流动性的评估结果也不同，不能一概而论。从深度和弹性指标来看，银行间市场的流动性大于交易所市场；从即时性指标来看，交易所市场的流动性大于银行间市场；宽度指标尚不能作出具体判断。结合通过现券交易活跃程度和换手率描述出来的银行间市场和交易所市场总体的流动性情况，本书认为银行间市场的流动性整体好于交易所市场。

4.4.2　波动性指标的计量检验与分析

本节重点研究国债指数收益率波动的聚类性和杠杆效应。

1. 指标选取和数据说明

具有波动聚类性特征的时间序列，其数据分布不符合正态分布的特征，且通常会有明显的自相关，这些特征可以通过基本的描述性统计分析方法进行观测。本节中，通过计算偏度、峰度，进行 JB 检验，绘制密度函数图等方法检验序列分布的正态性，并计算 Q 统计量以检验其是否存在自相关，进行单位根检验以检测序列的平稳性。

波动的杠杆效应主要通过 GARCH 族模型来分析，本节使用 2.3.3

节中所述的 EGARCH、GJR 和 APARCH 模型，分别在正态分布、T 分布、偏 T 分布下进行估计，观察各模型中参数 γ 的估计值是否显著，如果显著说明存在杠杆效应。本节数据处理与分析采用的软件是 Oxmetrics6.2。

选取交易所和银行间国债市场为研究对象，采用中债登公布中债银行间国债净价指数、中债交易所国债净价指数进行分析，之所以采用净价指数，主要是因为其不受应计利息与利息支付的影响，其变动完全反映市场因素的影响。样本期间从 2006 年 11 月 17 日至 2014 年 2 月 17 日。

在净价指数的基础上，进一步计算日收益率。交易所国债净价指数、银行间国债净价指数的日收益率的计算公式为 $r_t = 100 \times \ln(p_t/p_{t-1})$，其中 r_t 表示 t 日国债指数收益率，p_t 表示第 t 日国债收盘指数，p_{t-1} 表示第（t-1）日国债收盘指数。

2. 聚类性统计特征分析

对交易所国债净价指数、银行间国债净价指数的日收益率的分布特征和时间序列属性进行分析，分析和检验结果见表 4-10。图 4-16 显示了交易所和银行间国债市场收益率的直方图，并绘制了密度函数及正态分布曲线进行比较。

表 4-10　　交易所与银行间国债日收益率序列统计特征分析

	交易所国债	银行间国债
样本区间	2006/11/17—2014/02/17	2006/11/17—2014/02/17
观测数	1 771	1 809
最小值	−1.0639	−1.1954
最大值	1.1703	1.7896
均值	−0.0026	−0.0031
标准差	0.1649	0.1553
偏度	0.3366（0.000）	1.4380（0.000）
峰度	9.6930（0.000）	26.6951（0.000）
Jarque-Bera	3 339.037(0.000)	42 943.250(0.000)
Q(5)	73.842(0.000)	337.679（0.000）
Q(10)	81.547(0.000)	346.196（0.000）
Q(20)	106.760(0.000)	440.092（0.000）
ARCH 1-2 Test	155.632（0.000）	359.176（0.000）
ARCH 1-10 Test	226.286（0.000）	367.373（0.000）
ARCH 1-20 Test	250.066（0.000）	482.713（0.000）
ADF 单位根检验	−35.114（0.000）	−27.528（0.000）

注：（）中为 P 值；ADF 单位根检验的形式为（C，0，0），即包含常数，无时间趋势，滞后期为 0。

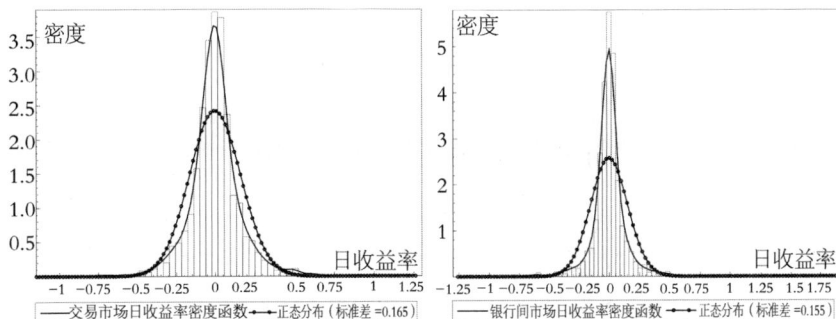

图 4-16 交易所（左）和银行间（右）市场日收益率直方图

两个日收益率序列的偏度均为正，说明分布呈右偏状态，峰度值分别为 9.69 和 26.70，而正态分布的峰度为 3，J-B 检验的统计量较大，在 1%的显著性水平下拒绝了正态分布的原假设，说明两个日收益率序列都不符合正态分布。从直方图中可以看出，与正态分布曲线相比较，日收益率的密度函数更加尖锐，基本呈现"尖峰厚尾"的形态，而且"尖峰"现象相对于"厚尾"现象更为明显。

对于两个序列，ADF 单位根检验说明两个序列都是平稳的。在自相关检验中，Q（5）、Q（10）、Q（20）统计量在 1%的显著性水平下拒绝了样本不存在自相关的原假设，说明序列存在自相关。

交易所和银行间国债指数收益率序列如图 4-17、图 4-18 所示。

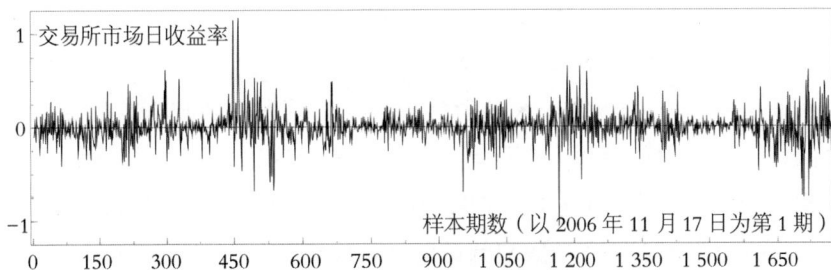

图 4-17 交易所国债指数收益率序列

从图 4-17、图 4-18 两个序列的时序图可以看出，交易所和银行间市场的日收益率都存在一定程度的波动性聚集现象，且交易所市场日收益率波动的幅度要大于银行间市场，这与表 4-10 列示的交易所市场的标准差大于银行间市场的情况是一致的。

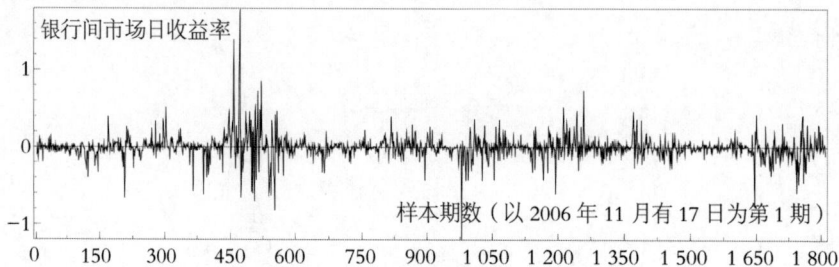

图 4-18　银行间国债指数收益率序列

从上述描述统计分析来看，可以发现两个特点：一是两个市场净价指数收益率都不服从正态分布，都存在自相关、异方差现象，具有平稳性，表明收益率序列具有显著的波动聚类性；二是若以标准差作为风险衡量尺度，交易所国债市场的风险要大于银行间国债市场。

3. 杠杆效应的实证分析

在各类 GARCH 模型中，EGARCH、GJR 和 APARCH 模型是用于描述金融市场时间序列非对称冲击，即杠杆效应的有效工具。各种 GARCH 模型的主要差别，在于对条件方差的假设不同。在 2.3.3 节中，详细介绍了三种 GARCH 模型的条件方差形式。本节将用交易所和银行间日收益率对这 3 种模型进行估计，误差项的统计分布假定也会影响分析结果，因此对于每个模型都尝试了正态分布、T 分布和偏 T 分布三种假设，以探求较为稳健的结论。

设定均值方程。ARMA 模型是刻画平稳时间序列的基本工具，两个国债市场的收益率序列平稳，且存在自相关现象，因此以 ARMA 模型作为均值方程的基本形式。观察两个时间序列的自相关函数，交易所市场日收益率的自相关函数和偏自相关函数都在 1 阶之后衰减，初步判定均值方程形式为 ARMA（1，1）；银行间市场日收益率的偏自相关函数呈现 1 阶拖尾，而自相关函数则在 1 阶后迅速衰减，初步判定均值方程形式为 AR（1）。AIC 和 SC 准则与初步判断是一致的，具体分析如图 4-19、图 4-20 所示及见表 4-11。

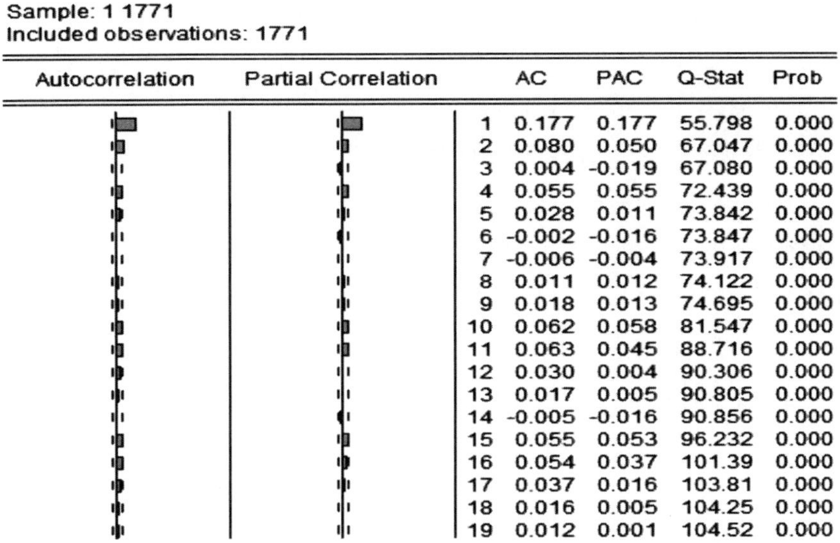

Sample: 1 1771
Included observations: 1771

Autocorrelation	Partial Correlation		AC	PAC	Q-Stat	Prob
		1	0.177	0.177	55.798	0.000
		2	0.080	0.050	67.047	0.000
		3	0.004	-0.019	67.080	0.000
		4	0.055	0.055	72.439	0.000
		5	0.028	0.011	73.842	0.000
		6	-0.002	-0.016	73.847	0.000
		7	-0.006	-0.004	73.917	0.000
		8	0.011	0.012	74.122	0.000
		9	0.018	0.013	74.695	0.000
		10	0.062	0.058	81.547	0.000
		11	0.063	0.045	88.716	0.000
		12	0.030	0.004	90.306	0.000
		13	0.017	0.005	90.805	0.000
		14	-0.005	-0.016	90.856	0.000
		15	0.055	0.053	96.232	0.000
		16	0.054	0.037	101.39	0.000
		17	0.037	0.016	103.81	0.000
		18	0.016	0.005	104.25	0.000
		19	0.012	0.001	104.52	0.000

图 4-19 交易所市场日收益率自相关函数图

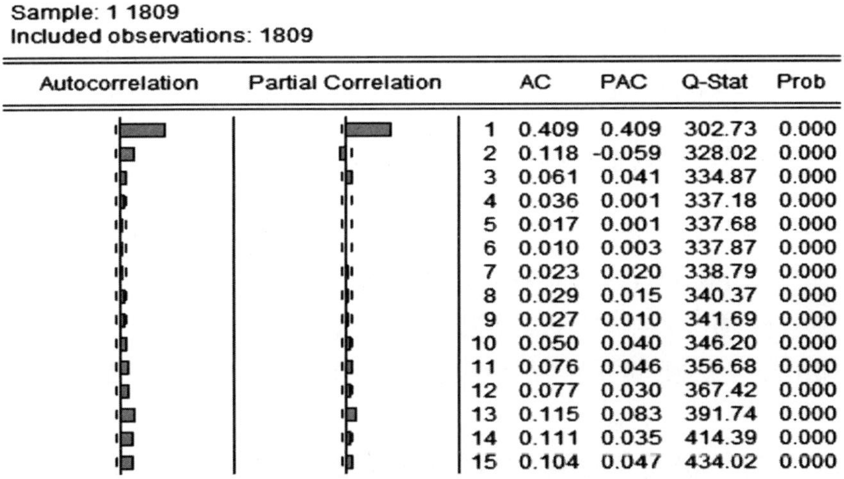

Sample: 1 1809
Included observations: 1809

Autocorrelation	Partial Correlation		AC	PAC	Q-Stat	Prob
		1	0.409	0.409	302.73	0.000
		2	0.118	-0.059	328.02	0.000
		3	0.061	0.041	334.87	0.000
		4	0.036	0.001	337.18	0.000
		5	0.017	0.001	337.68	0.000
		6	0.010	0.003	337.87	0.000
		7	0.023	0.020	338.79	0.000
		8	0.029	0.015	340.37	0.000
		9	0.027	0.010	341.69	0.000
		10	0.050	0.040	346.20	0.000
		11	0.076	0.046	356.68	0.000
		12	0.077	0.030	367.42	0.000
		13	0.115	0.083	391.74	0.000
		14	0.111	0.035	414.39	0.000
		15	0.104	0.047	434.02	0.000

图 4-20 银行间市场日收益率自相关函数图

表 4-11 条件均值方程最佳形式识别判定表

模型形式	交易所市场日收益率		银行间市场日收益率	
	AIC 准则	SC 准则	AIC 准则	SC 准则
ARMA (0,1)	−0.7936	−0.7874	−1.0618	−1.0558
ARMA (1,0)	−0.7970	−0.7878	−1.0714*	−1.0623*
ARMA (1,1)	−0.7981*	−0.7888*	−1.0683	−1.0623

注：*表示该列信息准则下，该行对应的模型形式是最优的。

在确定均值方程以后，进一步进行 ARCH-LM 检验。交易所市场的 2、10、20 阶检验统计量分别为 155.632、226.286、250.066，银行间市场为 359.176、367.373、482.713，都在 1%的显著性水平下拒绝了原假设，说明残差序列存在 ARCH 效应。

进一步估计 EGARCH、GJR 和 APARCH 模型，表 4–12 和表 4–13 分别列出了交易所市场和银行间市场的估计结果，重点观察各模型中反映杠杆效应的 γ 系数估计情况。交易所市场和银行间市场的模型估计得到了相似的结果，EGARCH 模型中含有两个 γ 系数，分别反映滞后 1 期和 2 期的杠杆效应冲击，其中 γ_1 的估计值在 3 种分布下都不显著，γ_2 的估计值则为正值，不满足 $\gamma < 0$ 的假设。在交易所市场 GJR 和 APARCH 模型中，γ 的估计值都不显著，在银行间市场 GJR 和 APARCH 模型中，只有 APARCH 模型在正态分布假设下 10%的显著性水平下显著，且 P 值为 0.095，非常接近 0.1，在这种情况下认定估计系数显著很勉强。总体来看，基本结论是在交易所和银行间市场日收益率的杠杆效应并不明显。

4.4.3　有效性指标的计量检验与分析

国债流通市场的有效性指标主要通过国债价格对各种影响价格信息的反应能力、速度，评价某一市场的效率及成熟程度。本书将分别在银行间国债市场、交易所固定收益平台这两个由做市商报价的市场中，比较做市商制度对国债价格发现的引导作用发挥程度的差异，来衡量两个市场的有效性。

1. 指标选取和数据说明

有效性指标的实证分析，其主要目的就是检验国债市场做市商的报价能否引导国债市场价格。因此，本书用做市商对某一国债的买卖报价的平均值序列表示做市商的报价水平，用该国债的收盘价序列表示现货市场价格，通过对两个序列的相关性检验、稳定性检验、协整检验和 Granger 因果检验，判断做市商对同一债券在不同国债市场上的报价对该债券现货价格是否存在 Granger 因果关系，以期发现两个市场中哪个市场更具有效性。

表 4-12

交易所国债市场 GARCH 族模型不同分布下的估计结果

系数	EGARCH 正态分布	EGARCH T分布	EGARCH 偏T分布	GJR 正态分布	GJR T分布	GJR 偏T分布	APARCH 正态分布	APARCH T分布	APARCH 偏T分布
Cst(M)	−0.002 (0.622)	−0.003 (0.182)	0 (0.912)	−0.003 (0.345)	−0.003 (0.248)	−0.002 (0.530)	−0.003 (0.359)	−0.003 (0.247)	−0.002 (0.552)
AR(1)	−0.356 (0.134)	−0.301 (0.306)	−0.33*** (0.001)	−0.404 (0.474)	−0.251 (0.485)	−0.26 (0.468)	−0.409 (0.490)	−0.329 (0.552)	−0.345 (0.570)
MA(1)	0.459* (0.051)	0.422 (0.149)	0.448*** (0.000)	0.537 (0.343)	0.376 (0.294)	0.386 (0.281)	0.543 (0.361)	0.457 (0.410)	0.472 (0.437)
Cst(V)	0 (1.000)	14.986*** (0.007)	−3.357*** (0.000)	0** (0.021)	0** (0.011)	0** (0.012)	0.001** (0.047)	0.001 (0.185)	0.001 (0.188)
ARCH(α_1)	−0.338*** (0.005)	−0.331*** (0.002)	−0.336*** (0.001)	0.138*** (0.000)	0.187*** (0.000)	0.187*** (0.000)	0.14*** (0.000)	0.209*** (0.000)	0.21*** (0.000)
GARCH(β_1)	0.992*** (0.000)	0.959*** (0.000)	0.962*** (0.000)	0.859*** (0.000)	0.816*** (0.000)	0.816*** (0.000)	0.863*** (0.000)	0.824*** (0.000)	0.824*** (0.000)
EGARCH(γ_1)	0.014 (0.692)	−0.005 (0.866)	−0.004 (0.887)						
EGARCH(γ_2)	0.421*** (0.000)	0.522*** (0.000)	0.521*** (0.000)						
GJR(γ)				0.003 (0.944)	0.036 (0.345)	0.036 (0.335)			
APARCH(γ)							−0.008 (0.911)	0.051 (0.333)	0.052 (0.324)
APARCH(σ)							1.778*** (0.000)	1.581*** (0.000)	1.572*** (0.000)
Student(DF)		3.786*** (0.000)			4.129 (0.000)			4.123*** (0.000)	
ξ			0.038 (0.228)			0.027 (0.349)			0.029 (0.319)
ν			4.001*** (0.000)			4.112*** (0.000)			4.104*** (0.000)

注：（）内为 P 值，*、**、***分别表示在 10%、5%和 1%的显著性水平下显著。

表4-13

银行间国债市场 GARCH 族模型不同分布下的估计结果

系数	EGARCH			GJR			APARCH		
	正态分布	T分布	偏T分布	正态分布	T分布	偏T分布	正态分布	T分布	偏T分布
Cst(M)	−0.001 (0.793)	−0.004* (0.065)	−0.007*** (0.005)	−0.005 (0.108)	−0.004 (0.037)	−0.007 (0.011)	−0.005 (0.104)	−0.004** (0.025)	−0.007*** (0.001)
AR(1)	0.345*** (0.000)	0.255*** (0.000)	0.254*** (0.000)	0.32*** (0.000)	0.261*** (0.000)	0.262*** (0.000)	0.32*** (0.000)	0.253*** (0.000)	0.254*** (0.000)
Cst(V)	−3.636*** (0.000)	2.005 (0.577)	−0.561 (0.381)	0*** (0.009)	0.001*** (0.009)	0.001** (0.010)	0** (0.010)	0.006* (0.073)	0.006* (0.077)
ARCH(α_1)	−0.314** (0.029)	−0.28 (0.153)	−0.408*** (0.004)	0.113*** (0.000)	0.379*** (0.002)	0.377*** (0.002)	0.156*** (0.000)	0.342*** (0.000)	0.336*** (0.000)
GARCH(β_1)	0.926*** (0.000)	0.948*** (0.000)	0.966*** (0.000)	0.841*** (0.000)	0.754*** (0.000)	0.759*** (0.000)	0.841*** (0.000)	0.778*** (0.000)	0.782*** (0.000)
EGARCH(γ_1)	−0.061 (0.172)	0.023 (0.780)	0.124 (0.560)						
EGARCH(γ_2)	0.469*** (0.000)	1 (0.631)	3.342*** (0.001)						
GJR(γ)				0.094 (0.171)	0.067 (0.449)	0.051 (0.551)			
APARCH(γ)							0.15* (0.095)	0.044 (0.445)	0.034 (0.560)
APARCH(σ)							2.022*** (0.000)	1.118*** (0.000)	1.095*** (0.000)
Student(DF)		2.145 (0.003)			2.511*** (0.000)			2.512*** (0.000)	
ξ			−0.047* (0.084)			−0.045 (0.113)			−0.05* (0.062)
ν			2.012*** (0.000)			2.516*** (0.000)			2.516*** (0.000)

注：( ) 内为 P 值，*、**、***分别表示在 10%、5%和 1%的显著性水平下显著。

　　本书选取在银行间国债市场和交易所固定收益平台都有交易且相对活跃的 9 只国债作为研究样本。鉴于固定收益平台于 2007 年 7 月 25 日正式上线，考虑上线初期交易活跃程度不高，因此本书选取的样本期间从 2008 年 1 月 1 日至 2013 年 12 月 31 日。在样本选择上除考虑交易活跃程度外，还考虑了起止时间的衔接、发行期限等因素。样本债券基本信息见表 4-14。

表 4-14　　　　有效性指标实证分析样本债券基本信息

银行间市场		交易所市场		上市日期	期限（年）
债券名称	债券代码	债券名称	债券代码		
08附息国债 01	080001	08国债 01	019801	2008-01-21	7
—	—	08国债 04	019804	2008-04-21	3
—	—	08国债 11	019811	2008-07-21	3
09附息国债 15	090015	09国债 15	019915	2009-07-22	3
10附息国债 11	100011	10国债 11	019011	2010-05-06	1
—	—	10国债 25	019025	2010-08-18	3
10附息国债 30	100030	10国债 30	019030	2010-09-15	1
—	—	10国债 36	019036	2010-11-17	1
13附息国债 07	130007	13国债 07	019307	2013-04-17	1

　　资料来源：根据中国债券信息网数据整理而得。

　　我们用 P_A 表示做市商的卖出报价；P_B 表示做市商的买入报价；$PM = \dfrac{P_A + P_B}{2}$ 表示买卖报价的平均值，即表示做市商的报价水平；PC 表示债券当天的收盘价。由于两个市场不一定每天每只债券都有报价或成交，因此本书在研究时选取当天既有报价又有成交的交易日，从而保证 PM 和 PC 均有取值。

2. 实证检验与结果分析

实证分析的目的是检验国债市场做市商的报价能否引导市场价格，首先我们必须考察一下平均买卖报价 PM 与当天收盘价格 PC 的相关性，经过相关性检验以后，发现所选债券的相关度很高，都大于 0.9。在此基础上，本书需要运用 Granger 因果检验对此进行分析。

（1）单位根检验

在进行 Granger 因果检验之前，需要先进行单位根检验，以确保序列的平稳性，具体检验结果见表 4-15。

表 4-15 上交所样本债券单位根检验结果

债券代码	序列	检验类型	样本数	ADF检验值	P值	是否平稳
019804	PM	(C, T, 1)	189	−1.8768	0.6626	不平稳
	DPM	(C, 0, 0)	189	−14.8967	0.0000	平稳
	PC	(C, T, 0)	190	−13.8500	0.0000	平稳
	DPC	(C, 0, 3)	186	−11.6481	0.0000	平稳
019307	PM	(C, T, 0)	100	−2.8071	0.2288	不平稳
	DPM	(C, 0, 0)	99	−4.1645	0.0141	平稳
	PC	(C, T, 0)	100	−3.9426	0.0547	不平稳
	DPC	(C, 0, 0)	99	−6.5612	0.0008	平稳
019811	PM	(C, T, 0)	171	−2.0883	0.5482	不平稳
	DPM	(C, 0, 1)	169	−6.8306	0.0000	平稳
	PC	(C, T, 2)	169	−3.6804	0.0263	平稳
	DPC	(C, 0, 3)	167	−9.4663	0.0000	平稳
019915	PM	(C, T, 1)	223	−2.3657	0.3966	不平稳
	DPM	(C, 0, 0)	223	−12.5459	0.0000	平稳
	PC	(C, T, 0)	224	−14.8988	0.0000	平稳
	DPC	(C, 0, 4)	219	−11.2952	0.0000	平稳
019801*	PM	(C, T, 0)	199	−12.7744	0.0000	平稳
	DPM	(C, 0, 4)	194	−10.6769	0.0000	平稳
	PC	(C, T, 7)	192	2.6175	1.0000	不平稳
	DPC	(C, 0, 6)	192	4.0012	1.0000	不平稳
019030	PM	(C, T, 0)	98	−0.3896	0.9867	不平稳
	DPM	(C, 0, 0)	97	−9.0252	0.0000	平稳
	PC	(C, T, 0)	98	−0.8690	0.9547	不平稳
	DPC	(C, 0, 0)	97	−12.6105	0.0001	平稳

续表

债券代码	序列	检验类型	样本数	ADF检验值	P值	是否平稳
019036	PM	（C，T，0）	51	−1.3061	0.8752	不平稳
	DPM	（C，0，0）	50	−6.0120	0.0000	平稳
	PC	（C，T，0）	51	−1.2489	0.8891	不平稳
	DPC	（C，0，0）	50	−5.7442	0.0000	平稳
019025	PM	（C，T，0）	224	−12.3691	0.0000	平稳
	DPM	（C，0，3）	220	−11.7077	0.0000	平稳
	PC	（C，T，1）	223	−1.5823	0.7971	不平稳
	DPC	（C，0，0）	223	−17.9147	0.0000	平稳
019011	PM	（C，T，0）	68	−0.7257	0.9610	不平稳
	DPM	（C，0，0）	67	−3.7030	0.0099	平稳
	PC	（C，T，0）	68	−1.3899	0.8418	不平稳
	DPC	（C，0，0）	67	−5.8600	0.0000	平稳

注：1. 显著性水平为 5%。

2.（C，T，n）分别表示在进行 ADF 检验时，是否包含截距项（C）和时间趋势项（T）以及滞后阶数（n），其中滞后阶数是根据 SIC 准则选取确定的。

3. 债券 019801 因 DPC 序列也不稳定，因此从样本数据中剔除，不进行 Granger 因果检验。

从表 4-15 可以看出，在上交所所有样本债券的 PM 和 PC 的原序列中，既有平稳的情况，也有不平稳的情况。本书发现对于不平稳原序列除债券 019801 外，其余债券的一阶差分都在 5% 的显著性水平下稳定，因此可以对两差分序列进行 Granger 因果检验。

受制于数据的可获得性，本书只获得了 9 只样本债券中 5 只债券在银行间国债市场的交易数据和做市商报价数据，具体检验结果见表 4-16。

表 4-16　　　　**银行间市场样本债券单位根检验结果**

债券代码	序列	检验类型	样本数	ADF检验值	P值	是否平稳
130007	PM	（C，T，1）	62	−3.298175	0.0761	不平稳
	DPM	（C，0，0）	61	−6.433946	0.0000	平稳
	PC	（C，T，0）	63	−4.230152	0.0072	平稳
	DPC	（C，0，2）	59	−5.721027	0.0000	平稳

债券代码	序列	检验类型	样本数	ADF检验值	P值	是否平稳
100030	PM	(C, T, 0)	17	−2.180628	0.4693	不平稳
	DPM	(C, 0, 0)	16	−6.491288	0.0001	平稳
	PC	(C, T, 0)	17	−2.126701	0.4961	不平稳
	DPC	(C, 0, 0)	16	−4.516203	0.0032	平稳
100011	PM	(C, T, 0)	90	−2.015449	0.5848	不平稳
	DPM	(C, 0, 0)	89	−9.178055	0.0000	平稳
	PC	(C, T, 0)	90	−5.012389	0.0005	平稳
	DPC	(C, 0, 1)	88	−9.604048	0.0000	平稳
090015	PM	(C, T, 0)	36	−2.459776	0.3449	不平稳
	DPM	(C, 0, 0)	35	−6.254141	0.0000	平稳
	PC	(C, T, 0)	36	−2.956881	0.1579	不平稳
	DPC	(C, 0, 0)	35	−6.343786	0.0000	平稳
080001	PM	(C, T, 1)	188	−1.538728	0.8128	不平稳
	DPM	(C, 0, 0)	188	−10.18414	0.0000	平稳
	PC	(C, T, 3)	192	−1.167613	0.9135	不平稳
	DPC	(C, 0, 2)	192	−16.02583	0.0000	平稳

注：1. 显著性水平为5%。

2.（C，T，n）分别表示在进行 ADF 检验时，是否包含截距项（C）和时间趋势项（T）以及滞后阶数（n），其中滞后阶数是根据 SIC 准则选取确定的。

从表 4-16 可以看出，在银行间市场样本债券的 PM 和 PC 的原序列中，既有平稳的情况，也有不平稳的情况。但不平稳原序列的一阶差分序列都在 5%的显著性水平下稳定，因此可以对两差分序列进行 Granger 因果检验。

（2）Granger 因果检验

对两个市场样本债券的 PM 和 PC 的一阶差分序列进行 Granger 因果检验，具体检验结果见表 4-17、表 4-18。

表 4-17　　　　上交所固定收益平台 DPC 与 DPM 因果检验结果

债券代码	原假设	F统计量	P值	结果
019804	DPM 不是 DPC 的格兰杰原因	5.312	0.022	拒绝
	DPC 不是 DPM 的格兰杰原因	0.246	0.621	接受
019307	DPM 不是 DPC 的格兰杰原因	0.705	0.547	接受
	DPC 不是 DPM 的格兰杰原因	0.327	0.738	接受
019811	DPM 不是 DPC 的格兰杰原因	44.610	0.000	拒绝
	DPC 不是 DPM 的格兰杰原因	1.005	0.368	接受
019915	DPM 不是 DPC 的格兰杰原因	0.333	0.717	接受
	DPC 不是 DPM 的格兰杰原因	0.016	0.984	接受
019030	DPM 不是 DPC 的格兰杰原因	15.754	0.000	拒绝
	DPC 不是 DPM 的格兰杰原因	0.235	0.791	接受
019036	DPM 不是 DPC 的格兰杰原因	8.023	0.001	拒绝
	DPC 不是 DPM 的格兰杰原因	1.272	0.290	接受
019025	DPM 不是 DPC 的格兰杰原因	0.084	0.919	接受
	DPC 不是 DPM 的格兰杰原因	0.629	0.534	接受
019011	DPM 不是 DPC 的格兰杰原因	1.280	0.298	接受
	DPC 不是 DPM 的格兰杰原因	2.108	0.145	接受

从表 4-17 可以看出，在上交所固定收益平台上 8 只债券中，有 4 只债券（019804、019811、019030、019036）在 5% 的置信水平下，拒绝了"DPM 不是 DPC 的格兰杰原因"，而接受了"DPC 不是 DPM 的格兰杰原因"的原假设，说明这 4 只债券的做市商报价变动水平对现货价格变动具有一定的引导作用；其余 4 只债券均接受了原假设，说明做市商报价变动水平对现货价格变化没有引导作用。

表 4-18   银行间国债市场 DPC 与 DPM 因果检验结果

债券代码	原假设	F统计值	P值	结果
130007	DPM 不是 DPC 的格兰杰原因	9.535	0.000	拒绝
	DPC 不是 DPM 的格兰杰原因	0.823	0.444	接受
100030	DPM 不是 DPC 的格兰杰原因	1.152	0.351	接受
	DPC 不是 DPM 的格兰杰原因	1.090	0.370	接受
100011	DPM 不是 DPC 的格兰杰原因	11.293	0.000	拒绝
	DPC 不是 DPM 的格兰杰原因	1.743	0.181	接受
090015	DPM 不是 DPC 的格兰杰原因	5.590	0.009	拒绝
	DPC 不是 DPM 的格兰杰原因	1.639	0.211	接受
080001	DPM 不是 DPC 的格兰杰原因	113.091	0.000	拒绝
	DPC 不是 DPM 的格兰杰原因	0.962	0.328	接受

从表 4-18 可以看出，在银行间国债市场上，有 4 只债券（130007、100011、090015、080001）在 5%的置信水平下，拒绝了"DPM 不是 DPC 的格兰杰原因"，而接受了"DPC 不是 DPM 的格兰杰原因"的原假设，说明这 4 只债券的做市商报价变动水平对现货价格变化具有一定的引导作用；而债券 100030 接受了原假设，说明做市商报价变动水平对现货价格变化没有引导作用。

（3）实证结果

做市商制度的双边报价机制对债券价格有一定的引导作用，做市商的报价包含了部分市场信息，在一定程度上增加了信息反映到价格中去的速度，从而提高了债券市场的价格有效性。但仍有部分债券，做市商的双边报价变动水平未对现货市场价格变化起到引导作用，说明我国做市商做市效率尚待提高，做市制度有待完善。分市场来看，剔除交易所固定收益平台有数据而银行间市场无数据的 4 只国债（019804、019811、019025、019036）和无效样本债券（019801），比较两个市场均有数据的 4 只债券。本书发现在银行间市场中，除债券 100030（交易所固定收益平台对应债券为 019030）表现为做市商报价变动水平对现货市场价格变化无引导作用（交易所固定收益平台则表现为做市商报价变动水平对现货市场价格变化有引导作用）外，其余的 090015、100011、130007 等 3 只债券表现为做市商报价变动水平对现货市场价格变化有引导作用，而交易所固定收益平台对应债券 019915、019011、019307 表现为做市商报价变动水平对现货市场价格变化无引导作用。因此，本书认为银行间市场的做市商做市效率要高于固定收益平台，即银行间国债市场的有效性要高于交易所固定收益平台。

4.4.4　先行性指标的计量检验与分析

国债利率期限结构包含关于宏观经济运行的前瞻性信息，而国债利率期限结构主要是通过国债收益率曲线体现的。因此，本节将检验中国银行间市场国债到期收益率曲线对我国宏观经济运行预测方面的具体表现。

1. 分析方法与变量设定

本书认为，收益率曲线与经济活动的相关性应包括两方面内容：一是市场利率水平通常表现为顺周期波动；二是收益率曲线中的长短期利差对经济波动具有先行性。因此，本节使用第 2 章提出的 Estrella-Hardouvelis 回归方程，来揭示我国国债长短期利差对经济波动的预测程度。所用数据来自 Wind 资讯和中国债券信息网，所用分析软件为 Eviews6.0 和 STATA12。回归方程各变量设定如下：

对于 Y 指标，本书分别选取国内生产总值（GDP）和第二产业工业增加值（IP）来替代，根据数据的可获得性，GDP 和 IP 频率均为季度，并利用 Eviews 软件中 X12 模块进行季节性调整，数据样本期从 2004 年 1 季度至 2013 年 4 季度。

对于 S_t 指标，通常国外研究选取 10 年期和 3 个月期作为长、短期期限。本书对短期利率分别选取 0.5 年期、1 年期和 3 年期共 3 个档期，对长期利率分别选取 7 年期、10 年期和 15 年期共 3 个档期，进行组合。通过系数显著性来衡量，不论长期利率取何种档期，短期利率取 3 年期的效果要明显好于 0.5 年期和 1 年期。从数据的统计特征来看，1

年期及以下短期利率波动较大，其中部分波动可能来自短期冲击，不代表实体经济的长期变化趋势，还有部分波动来自金融市场本身，并非来自实体经济，因此，1年期及以下短期利率包含噪音较多，对利差信号干扰较大。长期利率方面，从债券市场交易情况来看，10年期以下期限的债券市场成交活跃，利率代表性较好，10年期以上期限的债券市场成交较少，利率代表性较差。因此，本书选取10年期和3年期国债的利差作为长、短期国债利差进行检验。

本书同样加入两个控制变量，一个是选取银行间市场7天拆借加权平均利率（IB-7D），表示货币政策立场；另一个是引入当期环比增长折年率 $Y_t^1 = (m \times 100) \times \ln(Y_t/Y_{t-1})$（m取值同上），表示滞后经济增长水平。

2.国债市场收益率水平顺周期波动分析

为说明国债市场收益率水平顺周期波动，本书分别选取我国2004—2013年的国家统计局宏观经济景气一致指数（月度数据）、消费者价格指数（CPI）当月同比指标（月度数据）以及银行间市场10年期国债收益率水平（月度加权平均水平）进行分析，结果显示国债市场收益率变动与我国宏观经济走势基本同步（如图4-21所示）。相关性分析显示，10年期国债收益率与宏观经济景气一致指数间的相关系数为0.32，与CPI当月同比指标间的相关系数达到0.58。

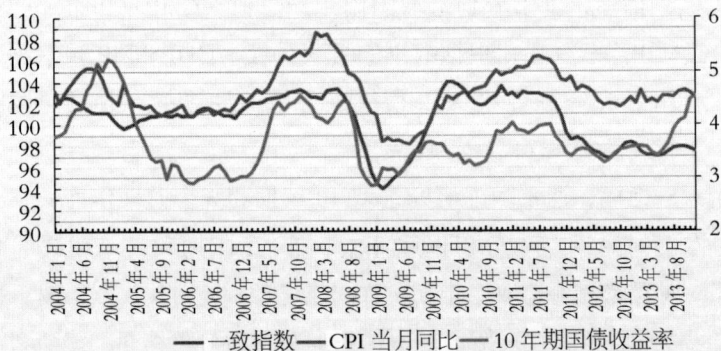

图4-21　国债收益率与一致指数、CPI当月同比走势对比图

3.国债利差对经济指标先行作用的检验与结果分析

本书所用指标主要为利率指标和增长率指标，这些指标通常被认为是平稳的，而且本书对所涉及指标都进行过 ADF 单位根检验，检验结果均拒绝了存在单位根假设。因此，本节将不再明确提及变量的平稳性检验问题，而直接进行回归分析。

运用 STATA12 软件，编写计算程序（具体见附录），得到如下回归结果：

（1）无控制变量情况下长期利差对未来 GDP 增长率的预测能力分析

使用的回归方程为：

$$\frac{400}{k}\ln(\frac{GDP_{t+k}}{GDP_t}) = \alpha + \beta \times S_t + \varepsilon_t \tag{4.1}$$

得到的回归结果见表 4-19。

表 4-19　长短期利差对未来 GDP 增长率的预测能力（无控制变量）

k值（季度）	b估计值	标准误	P值	$\bar{R}^2$
1	4.382	2.672	0.108	0.035
2	5.794	2.227	0.013	0.114
3	5.985	1.954	0.004	0.160
4	5.904	1.735	0.001	0.198
5	5.638	1.573	0.001	0.220
6	5.301	1.440	0.001	0.234
7	5.109	1.301	0.000	0.265
8	5.035	1.172	0.000	0.309
9	4.727	1.052	0.000	0.336
10	4.075	1.000	0.000	0.297
11	3.254	0.937	0.001	0.235
12	2.400	0.900	0.012	0.149
13	1.767	0.873	0.051	0.083
14	1.288	0.859	0.144	0.036
15	1.005	0.853	0.248	0.012
16	0.614	0.860	0.481	−0.016
17	0.486	0.876	0.583	−0.024
18	0.563	0.896	0.535	−0.021
19	0.963	0.935	0.312	0.002
20	1.758	0.974	0.083	0.077

根据回归结果，得出拟合度曲线如图 4-22 所示。

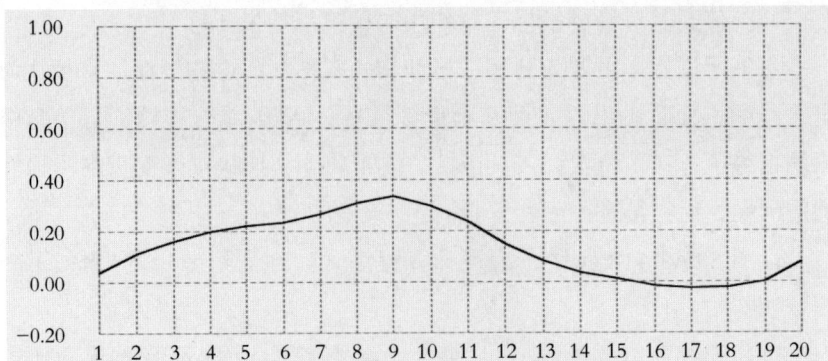

图 4-22　长短期利差对未来 GDP 增长率的预测能力 $\bar{R}^2$（无控制变量）

从表 4-19 可以看出，在 GDP 的单变量预测方程中，在 1% 的置信水平下，长短期利差对未来 3~11 个季度 GDP 增长具有统计上显著的预测能力。但单变量方程的整体拟合度不高，最高值出现在未来第 9 季度，$\bar{R}^2$ 为 33.6%。

（2）无控制变量情况下长期利差对 IP 增长率的预测能力分析

使用的回归方程为：

$$\frac{400}{k}\ln(\frac{IP_{t+k}}{IP_t})=\alpha+\beta\times S_t+\varepsilon_t \tag{4.2}$$

得到的回归结果见表 4-20。

表 4-20　长短期利差对未来 IP 增长率的预测能力（无控制变量）

k值（季度）	b估计值	标准误	P值	$\bar{R}^2$
1	10.056	3.537	0.007	0.133
2	12.085	2.937	0.000	0.262
3	12.017	2.569	0.000	0.322
4	11.441	2.236	0.000	0.369
5	10.225	2.062	0.000	0.360
6	9.028	1.951	0.000	0.332
7	8.473	1.814	0.000	0.342
8	7.953	1.707	0.000	0.347
9	7.184	1.623	0.000	0.329
10	5.734	1.637	0.001	0.234
11	4.193	1.581	0.012	0.144
12	2.758	1.529	0.080	0.061
13	1.742	1.477	0.247	0.011

续表

k值（季度）	b估计值	标准误	P值	$\bar{R}^2$
14	1.186	1.450	0.419	−0.010
15	0.895	1.423	0.534	−0.019
16	0.453	1.414	0.751	−0.030
17	0.234	1.421	0.870	−0.034
18	0.337	1.439	0.817	−0.034
19	1.093	1.515	0.477	−0.017
20	2.372	1.599	0.150	0.043
21	3.098	1.500	0.049	0.112
22	3.061	1.435	0.043	0.124
23	2.498	1.405	0.089	0.083
24	1.566	1.410	0.279	0.010

根据回归结果，得出拟合度曲线如图4-23所示。

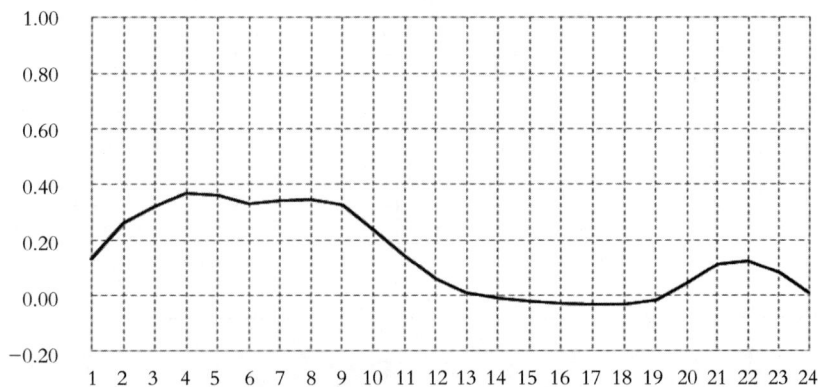

图4-23　长短期利差对未来IP增长率的预测能力 $\bar{R}^2$（无控制变量）

从表4-20可以看出，在IP的单变量预测方程中，在1%的置信水平下，长短期利差对未来1~10个季度IP增长具有统计上显著的预测能力。同GDP单变量预测方程一样，IP单变量方程的整体拟合度也不高，最高值出现在未来第4季度，$\bar{R}^2$ 为36.9%。

（3）加入控制变量情况下长期利差对未来GDP增长率的预测能力分析
使用的回归方程为：

$$\frac{400}{k}\ln(\frac{GDP_{t+k}}{GDP_t}) = \alpha + \beta \times S_t + \gamma_1 \times IB\text{-}7D + \gamma_2 \times 400\ln(\frac{GDP_t}{GDP_{t-1}}) + \varepsilon_t \qquad (4.3)$$

得到的回归结果见表4-21。

表 4-21 长短期利差对未来 GDP 增长率的预测能力（有控制变量）

k	b估计值	b 标准误	b P值	g₁估计值	g₁ 标准误	g₁ P值	g₂估计值	g₂ 标准误	g₂ P值	$\bar{R}^2$
1	6.544	5.053	0.204	0.459	1.871	0.808	0.456	0.149	0.004	0.217
2	3.370	4.320	0.441	−1.255	1.584	0.434	0.264	0.126	0.045	0.215
3	0.794	3.554	0.825	−2.834	1.342	0.043	0.198	0.106	0.071	0.338
4	−0.398	3.010	0.896	−3.399	1.120	0.005	0.146	0.093	0.124	0.442
5	−2.134	2.437	0.388	−3.987	0.895	0.000	0.108	0.074	0.154	0.573
6	−2.991	2.115	0.168	−4.161	0.779	0.000	0.066	0.065	0.317	0.627
7	−2.511	1.913	0.200	−3.850	0.709	0.000	0.029	0.059	0.628	0.647
8	−0.885	1.855	0.637	−3.180	0.705	0.000	−0.002	0.061	0.979	0.611
9	0.570	1.718	0.743	−2.400	0.658	0.001	−0.026	0.059	0.661	0.588
10	1.722	1.736	0.331	−1.674	0.696	0.024	−0.016	0.061	0.796	0.457
11	2.869	1.819	0.128	−0.600	0.801	0.461	−0.015	0.062	0.817	0.266
12	3.703	1.763	0.047	0.409	0.820	0.622	0.011	0.060	0.859	0.142
13	4.187	1.604	0.016	1.074	0.753	0.168	0.024	0.055	0.659	0.149
14	4.202	1.473	0.010	1.233	0.692	0.089	0.039	0.050	0.442	0.182
15	3.933	1.375	0.010	1.178	0.646	0.083	0.048	0.047	0.316	0.192
16	2.561	1.390	0.081	0.529	0.662	0.434	0.064	0.047	0.193	0.070
17	1.519	1.278	0.250	−0.194	0.619	0.757	0.088	0.044	0.058	0.129
18	0.929	1.203	0.451	−0.767	0.598	0.217	0.090	0.041	0.045	0.229
19	1.003	0.883	0.273	−1.563	0.468	0.004	0.124	0.032	0.001	0.610
20	1.171	0.835	0.181	−1.788	0.455	0.001	0.072	0.036	0.067	0.687

根据回归结果，得出拟合度曲线如图 4-24 所示。

从表 4-21 可以看出，在加入控制变量后，长短期利差中包含除货币政策以外的其他与未来经济增长有关的信息。在 GDP 的预测方程中，在 10%的置信水平下，S_t 的系数在预测期为 12~16 季度时是统计显著的，而 IB-7D 的系数则在预测期为 3~10 季度、14~15 季度和 19~20 季度时是统计显著的，$400\ln(\frac{GDP_t}{GDP_{t-1}})$ 的系数在预测期为 1~3 季度和 19~20 季度时是统计显著的。总体来看，GDP 的预测方程总体上不再显著。

（4）有控制变量情况下长期利差对未来 IP 增长率的预测能力分析

使用的回归方程为：

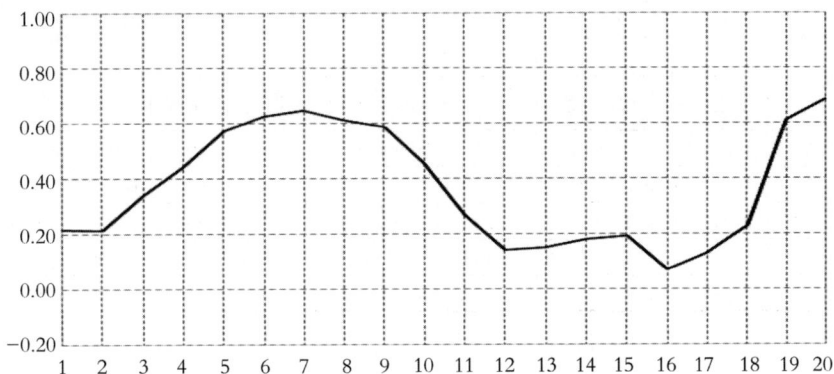

图 4-24　长短期利差对未来 GDP 增长率的预测能力 $\bar{R}^2$（有控制变量）

$$\frac{400}{k}\ln(\frac{IP_{t+k}}{IP_t}) = \alpha + \beta \times S_t + \gamma_1 \times IB - 7D + \gamma_2 \times 400\ln(\frac{IP_t}{IP_{t-1}}) + \varepsilon_t \qquad (4.4)$$

得到的回归结果见表 4-22。

表 4-22　长短期利差对未来 IP 增长率的预测能力（有控制变量）

| k | b | | | g_1 | | | g_2 | | | $\bar{R}^2$ |
	b估计值	标准误	P值	g_1估计值	标准误	P值	g_2估计值	标准误	P值	
1	9.817	6.115	0.118	−0.002	2.281	0.999	0.525	0.128	0.000	0.407
2	10.277	5.594	0.075	−1.085	2.059	0.602	0.291	0.116	0.017	0.390
3	7.465	4.613	0.115	−2.914	1.751	0.106	0.177	0.097	0.078	0.483
4	4.954	3.794	0.201	−3.772	1.427	0.013	0.101	0.080	0.219	0.568
5	1.489	3.009	0.624	−4.772	1.118	0.000	0.073	0.063	0.257	0.671
6	−0.493	2.409	0.839	−5.179	0.898	0.000	0.084	0.051	0.113	0.748
7	0.518	2.313	0.824	−4.513	0.868	0.000	0.058	0.050	0.261	0.733
8	2.403	2.372	0.320	−3.570	0.916	0.001	0.024	0.053	0.649	0.677
9	3.742	2.293	0.115	−2.655	0.897	0.007	−0.007	0.053	0.898	0.634
10	4.339	2.397	0.082	−1.872	0.985	0.069	−0.015	0.056	0.796	0.495
11	5.550	2.516	0.037	−0.381	1.138	0.741	−0.016	0.058	0.786	0.315
12	6.635	2.407	0.011	1.187	1.151	0.313	0.001	0.055	0.982	0.218
13	7.162	2.140	0.003	2.138	1.030	0.050	0.026	0.049	0.607	0.256
14	7.079	1.995	0.002	2.428	0.960	0.019	0.028	0.046	0.552	0.289
15	6.316	1.890	0.003	2.173	0.910	0.027	0.032	0.044	0.471	0.268
16	4.068	1.984	0.054	1.115	0.968	0.263	0.038	0.046	0.411	0.079
17	2.244	1.836	0.237	−0.031	0.913	0.973	0.062	0.043	0.166	0.066
18	1.307	1.510	0.399	−1.021	0.776	0.206	0.093	0.036	0.020	0.303
19	1.391	1.045	0.202	−2.040	0.572	0.003	0.122	0.026	0.000	0.693

续表

k	b			g_1			g_2			$\bar{R}^2$
	b估计值	标准误	P值	g_1估计值	标准误	P值	g_2估计值	标准误	P值	
20	1.961	0.951	0.057	−2.325	0.529	0.001	0.086	0.029	0.010	0.783
21	2.392	0.901	0.019	−2.317	0.498	0.000	0.049	0.056	0.402	0.818
22	2.385	0.800	0.011	−2.210	0.440	0.000	−0.014	0.061	0.824	0.853
23	2.702	0.750	0.004	−2.093	0.424	0.000	0.014	0.057	0.809	0.852
24	3.135	0.855	0.004	−1.808	0.458	0.002	0.017	0.062	0.784	0.806

根据回归结果，得出拟合度曲线如图 4-25 所示。

图 4-25　长短期利差对未来 IP 增长率的预测能力 $\bar{R}^2$（有控制变量）

从表 4-22 可以看出，在加入控制变量后，在 IP 的预测方程中，在 10% 的置信水平下，S_t 的系数在预测期为 2 季度、13~16 季度和 20~24 季度时是统计显著的，而 IB-7D 的系数则在预测期为 4~10 季度和 19~24 季度时是统计显著的，$400\ln(\frac{IP_t}{IP_{t-1}})$ 的系数在预测期为 1~3 季度和 18~20 季度时是统计显著的。总体来看，第二产业工业增加值 IP 的预测方程在预测期为第 20 季度时是统计显著的，并且拟合程度大幅提高，$\bar{R}^2$ 达到 78.3%。

综上所述，本书认为长短期利差对我国宏观经济具有明显的先行作用。我国国债市场上的 10 年期国债收益率水平与 3 年期国债收益率水平的长短期利差对未来经济增长具有统计上显著的预测能力，用其对宏观经济未来变动方向作定性预测，效果较好，用于定量预测时，预测精度也相当可观。

第 5 章　我国国债衍生市场运行质量

国债衍生市场是国债现货市场的派生市场,具体包括国债期货市场、国债回购市场、国债期权市场等,具有资金融通、套期保值、投机避险和价格发现的功能。本章在介绍国债衍生产品种类及功能的基础上,对发达国家在国债期货市场、国债回购市场建设中取得的成功经验进行归纳总结,回顾我国国债期货交易、国债回购交易及其他衍生交易的演进历程,分析市场发展现状与存在的问题,对我国国债衍生市场运行质量进行定性描述,然后通过检验国债回购利率对金融市场其他相关利率是否有引导作用以及国债期货在套期保值和风险防范方面的表现,对我国国债流通市场运行质量进行测度。

5.1　国债衍生产品种类

5.1.1　国债期货

从类别上看,期货交易可分为商品期货与金融期货,金融期货又可分为货币期货、利率期货、股指期货和黄金期货,而国债期货就属于利率期货的一种。近年来,利率期货得到了迅速发展,交易品种已达上百种，国债期货则是目前各国金融市场上最主要的利率期货交易品种。

1.国债期货交易的含义与特点

国债期货最早起源于商品期货交易。1976年，芝加哥商品交易所开办了90天美国短期国债的期货交易，次年又推出了美国长期国债的期货交易。经过多年的发展，在许多国家的金融市场上国债期货都具有重要地位。

国债期货交易是指国债交易双方在债券成交后，同意按照成交合同规定的数量和价格，在将来的某一特定日期进行清算和交割的交易。期货交易只能在证券交易所内进行，一般不采用场外交易。

国债期货交易具有以下特点：（1）成交与结算的时间不一致。这是期货交易与现货交易最为本质的区别。（2）以对冲方式进行平仓。期货合约到期后大多不进行债券的实物交割，而是在合约到期前，通过买方卖出一份相同数量的期货或现货合约、卖方买入一份相同数量的期货或现货合约的对冲方式进行平仓。（3）买卖的是标准化合约。为促进市场竞争和加强管理，交易所对期货合约的合同金额、交易地点、交易时间、最低价格波动幅度等一系列指标都进行了标准化设计。在美国、日本等金融市场发达国家，甚至合约中国债的发行条件都"人为设计"成标准化，即以并不存在的"虚拟债券"作为标的物进行期货交易。（4）保证金具有杠杆作用。为保证期货合约能够如期履行，交易所规定了保证金制度并实行隔夜补充机制，即当期货价格上涨时卖方必须补充保证金，买方可以减少保证金；反之，则买方必须补充保证金，卖方可以减少保证金。保证金制度使交易双方只需垫付很少的资金就可以进行十几倍甚至上百倍的债券交易，从而使债券投资的风险和收益也同比例放大，具备了"以小博大"的杠杆作用。

2.国债期货的功能

与其他商品期货市场一样，国债期货具有四项基本功能：（1）套期保值功能。国债期货风险较大，套期保值就是交易者在现货市场和期货市场同时就同种商品作数量相同、买卖方向相反的交易，最大限度地减少价格波动带来的不利后果。其主要有两种方式：买入套期保值和卖出套期保值。（2）投机功能。国债期货市场投机是指通过买入（或卖出）国债期货合约，然后待价位合适对冲平仓获取利润的行为。国债期货比较适于投机。首先，期货合约的买卖盈亏全在于对标的国债价格变动的预期，投机者从标的国债价格的上涨或下跌中获利或遭受损失；其次，保证金"以小博大"的特点放大了标的国债的价格波动。投机活动在对金融市场的不稳定起到推波助澜作用的同时，也可活跃市场，增强其流动性，投机者在承担风险的同时客观上为其他人转移和避免风险提供了机会。（3）套利功能。其包括期货市场不同品种间的套利与国债现货市场和期货市场的套利。前者是指同时卖出和买进两张不同种类的期货合约，从两个不同的期货合约彼此间的价格差异套取利润；后者是指同时在现货市场和期货市场上买进或卖出，从国债现货和期货间的价格差异套取利润。套利在国债期货市场上的作用主要有两个：一是为交易者提供对冲的机会；二是帮助扭曲的市场价格回到正常水平。（4）价格发现功能。由于国债期货市场上有套期保值者、套利者以及投机者的参与，买卖双方的成交价格是以公开喊价、讨价还价的竞争形式形成的，是当前市场供求力量平衡的价格，综合反映了众多投资者对当期及以后某一时间国债价格的观点，具有重要的价格发现作用，为不同的经济主体提供有益的信息，如可以作为确定国债交易价格的重要依据，也可以作为未来新发行国债票面利率的参考依据。

5.1.2 国债回购

国债回购交易也是国债衍生市场一种重要的形式，它向投资者提供了一种新的融资、融券方式，提高了国债市场的流动性，并为货币政策的执行提供了有力的支持。

1.国债回购交易的含义和特点

国债回购交易是指债券持有人在卖出一笔债券的同时，承诺于未来某一时间以事先约定的价格购回该笔债券的交易。与其相反，资金持有者在买入一笔债券的同时，又承诺在一定时期后再将其卖出的交易，即为逆回购。正回购与逆回购只是一笔回购交易的两个方面，前者对债券卖方而言，后者对债券买方而言。按照交易方式分类，回购可以分为质押式回购和买断式回购。质押式回购是指在回购期内被质押国债处于冻结状态，不能流通和再次融资的回购方式。若到期后资金融入方无法按期购回质押国债，则资金融出方可出售质押债券获得补偿。买断式回购是指回购首期与到期均按买断关系进行结算的回购方式。逆回购方在质押期内对质押债券有多种处置方式：一是出售抵押的债券，在回购到期前再购回，完成交割；二是用抵押的债券再进行正回购融资，期末反向操作完成交割；三是继续持有债券。

回购的主要特点有：（1）结合了债券交易和债券融资。在回购交易中，债券所有权发生了转移，因此其本质上属于债券的一种交易方式；但与此同时，债券持有者通过一卖一买获得了一定时期的资金使用权。（2）结合了即期交易和远期交易。一个完整的回购交易包括初始即期交易和回购期满时反向交易，因而回购交易是一种以即期交易为基础、带有远期交易性质的交易方式。（3）回购期限较短。根据回购期限的不同，国债回购可分为隔日回购和定期回购，前者的期限为 1 天，后者的期限为 2 天以上。一般来说，回购期限都限定在 7 个营业日内，最长也不超过 15 个营业日。（4）回购利率反映了市场利率。两次债券买卖价格的差额与远期交易额的比值被称为回购利率，它既是初始债券持有者的融资成本，也是初始资金持有者的投资收益。正是因为回购有融资的性质，因而回购利率反映了市场利率水平。

2. 国债回购交易的作用

一是为债券持有者提供了便利的低成本融资场所。国债持有者如急需资金但又不愿意出售所持国债，则可以利用回购市场，既能筹到低成本资金，又可不出售国债，获得国债投资的收益。此外，一级自营商承销国债后，也可利用所持国债通过回购市场融通资金向财政部缴款。

二是为短期资金提供了安全的投资场所。基于国债的高信誉、回购市场的高收益以及回购的短期限，短期性盈余资金愿意到国债回购市场进行投资。如商业银行就利用国债回购市场的融资投资功能为管理资金头寸提供便利。

三是为中央银行执行货币政策提供了便利。回购两次交易的价格差反映了短期资金的实际供求情况。中央银行可以通过公开市场操作直接参与回购，从而对资金的供求进行调节。在面临通胀压力时，央行可通过正回购减少货币供应量，达到紧缩银根、抑制通胀的目的。

四是能促进国债的发行和流通。国债回购市场在一定程度上解决了国债的变现问题，满足了国债持有者临时性资金的需要，且期限灵活，有利于国债持有者合理配置国债期限结构，市场流动性得以进一步增强，这样会使国债的发行和流通更为顺利。

5.1.3　国债期权

国债期权作为一种衍生交易工具，与国债回购相比，运作比较复杂；与国债期货比较，它又有一些独特之处。

1. 国债期权交易的含义

期权又称选择权，是指一种可以在未来某时间或某一时刻之前，按预先约定的价格买进或者卖出一定数量某种特定商品的权利。国债期权交易是指国债交易双方为减少投资风险，以在约定时间、按约定价格买卖一定数量国债的权利为交易对象的交易方式。国债期权按照买卖期权的主体分为买方期权和卖方期权；按照期权的内容分为看涨期权和看跌期权；按照期权行使的时间分为美式期权和欧式期权；按照交易条件是否统一分为标准化期权和场外交易期权。

2. 国债期权与国债期货的比较

国债期货与国债期权都是衍生性的国债交易工具，都是以国债作为标的物进行买卖活动的交易形式。两者的发展相互促进，标准化的合约、共同的交易规则，使得两者中任何一种交易方式的发展都可以带动或促进另一种交易方式的发展。但两者又有明显的差异，不同之处具体说明见表5-1。

表 5-1　　　　　　　　　　　国债期货与国债期权的比较

项目	国债期货	国债期权
权利与义务关系	交易双方的权利与义务是对等的	买方只有权利没有义务，卖方只有义务没有权利
盈亏情况	盈亏对称，盈利和亏损都可能很大	期权购买者的亏损只限于支付的期权费，盈利却可能很大；期权出售者的盈利仅限于收取的期权费，亏损可能很大
保证金支付方式	交易双方都要支付保证金并且随期货价格的变化而变化	只有期权出售者需要缴存保证金，期权购买者无须缴存
市场报价	标的物国债本身价格，即实际交割价格	期权费，交割价格由标准化合约预先规定好
现金流转	成交时支付一定期权费，之后除到期履约外，双方将不发生任何现金流转	成交时不发生现金收付关系，之后由于实行逐日结算制度，双方将因价格的变动而发生现金流转
标的物	国债现货	国债现货或国债期货合约

资料来源：张海星. 公共债务 [M]. 2 版. 大连：东北财经大学出版社，2011.

5.1.4　其他衍生产品

除国债期货、国债回购和国债期权以外，国债衍生市场还包括国债远期交易和债券借贷交易。

国债远期交易。它是指交易双方约定在未来某一日期，以约定价格和数量买卖标的债券的行为。国债远期的主要功能是进行套期保值，市场参与者可通过远期合约提前锁定未来买卖债券的价格，规避债券价格波动带来的风险。投资者也可根据自身对未来市场的判断，签订债券远期交易合同，从而实现其投资策略，具有一定做空机制。对于整个市场而言，国债远期是一种进行债券资产风险管理的有效工具，市场参与者可以通过债券远期有效规避利率变动风险，从而提升债券市场的稳定性，与此同时也可以提高债券市场的流动性，完善价格发现。此外，债券远期所反映出的投资者对于未来利率变动的期望，也可以为央行等机构制定货币政策、调控宏观经济结构提供重要的参考信息。

债券借贷交易。它是指债券融入方以其他债券为质押，从债券融出方借入标的债券，同时约定在未来某一日期归还所借标的债券，债券融出方返还相应质押债券的债券融通行为。债券借贷之所以在国际债券市场中得到广泛的使用，主要原因有：（1）对债券融出方手中闲置的债券进行买卖交易，可提高债券的周转速度，增强市场的流动性。（2）债券融入方借入债券后可以先卖出，到期时从市场上再以较低的价格买入同质债券归还给债券融出方，提供了做空机制。（3）便于满足交易中对临时头寸的需求和结算的需求。做市商通常会对所做市券种保持高比较的头寸，防止头寸不足、做市失败，引入债券借贷业务后，做市商对做市券种的临时需求可以通过"借券"来满足。（4）债券持有人（债券借贷的融出方）既可获得债券的利息收入或者债券买卖的资本利差，也可通过债券借贷获得借贷费用，从而获得额外的收益。

5.2 国债衍生市场运行的国际经验与借鉴

5.2.1 国债期货市场的国际比较

1. 美国国债期货市场

美国是国债期货的发源地，也是国债期货市场发展最成功、最成熟的国家。芝加哥期货交易所（CBOT）和芝加哥商业交易所（CME）集中了美国约 98% 的国债期货交易，长期利率期货主要集中在 CBOT，CME 则致力于短期利率期货交易。从交易量来看，由于中长期国债期货对利率波动的敏感性较大，因此其交易量远大于短期国债期货。目前，共有 2 年期、5 年期、10 年期、30 年期及模拟 10 年期、模拟 30 年期等 6 个品种的国债期货在 CBOT 交易。2011 年，CBOT 国债期货交易量约占全美期货成交量的 25%，占 CBOT 成交量的 75%，其中最重要的 10 年期国债期货占美国国债期货交易总量的 50%以上。

美国国债期货市场有一套完善的运行制度，概括起来有四点：一是把国债期货纳入期货法规范的领域，做到国债现货与国债期货的严格分业管理；二是现货交易与期货交易的两个市场、两个系统、两类从业人员相对独立；三是国债期货交易的立法体系、监管体系建设与国债期货市场发展同步，相互制约，相互促进；四是商品期货交易委员会、国家期货协会、CBOT 调查稽核局所形成的三管齐下的严密国债期货监管体系。美国国债期货运行制度主要有以下几个方面：

（1）交易制度

在表 5-2 中分别列出了短期、中期和长期国债期货合约的主要条款。此外，国债期货合约相对于其他期货合约品种有一特别之处，即国债期货空头具备一系列空头选择权，包括选择交割日期、从一篮子可交割券中选择最适合自身的现券进行交割等，具体包括转换期权、时机期权、百搭牌期权和月末期权。

表 5-2　　　　美国短期、中期、长期国债期货合约基本情况

合约种类	IMM90 天国债期货	CBOT10 年国债期货	CBOT 长期债券国债期货
交易单位	面值 100 万美元的短期国债	面值 10 万美元的中期国债	面值 10 万美元的美国财政部长期债券
最小变动价位	0.01%	1% 的 1/32	1% 的 1/32
最小变动值	25 美元	31.25 美元	31.25 美元
每日交易限价	1 500 美元	3 000 美元	3 000 美元
合约月份	3 月、6 月、9 月、12 月		
交易时间	芝加哥时间 7：20—14：00，到期合约最后交易日于 10：15 收盘	芝加哥时间周一至周五 7：20—14：00	芝加哥时间周一至周五 8：00—14：00，晚上交易时间为中央标准时间下午 5：00—8：00 或中央夏令时的周日至周四下午 6：00—9：30
最后交易日	交割日前一天	从交割月份最后营业日往回数第 7 个营业日	交割月份倒数第 7 个营业日
交割日	交割月份中 1 年期国债尚余 13 周期限的第 1 天	—	交割月份的最后一个营业日

资料来源：张晓菊. 中国国债期货的运行制度研究 [D]. 上海：同济大学经济与管理学院，2007.

（2）清算交割制度

交易清算程序大致可分为以下流程：选择代理交易的经纪人—开立一个保证金账户—授权经纪人代为买卖国债期货—委托经纪人代理期货交易—交易所每天计算持仓盈亏：如账面亏损，客户补充差额；如有盈利，经纪人补交盈利给客户—客户平仓、结算实际盈亏。

交割时间通常为契约月份，即最后交易日（一份合约可以由反向操作进行平仓的最后日期）所在的月份。美国规定了两种交割时间：一种是最后交易日前交割；另一种是最后交易日结算后方可交割。

（3）风险控制制度

为确保合约如期正常履行，商品交易所制定了若干风险控制制度：一是保证金制度，一般为合约成交总额的 5%～10%。CBOT 对套期保值者要求的保证金低，对投机商要求的保证金则较高，并有严格的头寸限制。二是违法行为制裁制度，交易所对会员违法行为有权采取停止交易、罚款、取消会员资格或向刑事法庭起诉等措施。三是价格限制制度，包括对合约每日价格最大波动范围的限制，称为最大波动值，以及对每次报价最小变动金额的限制，称为最小波动值。四是交易头寸报告制度，当交易者持有的合约数量达到或超过最多可持有规定数量时，必须逐日向交易所报告。

（4）美国国债期货交易管理体系

美国国债期货管理属于政府监管、行业协调组织管理和期货交易所自我监管的三级管理模式。

在政府监管层面，设立全国期货市场的最高权力机构——联邦期货交易委员会。其职能有：管理、监督和指导各交易所以及期货交易行业组织；负责制定期货交易法规；负责监督投资者的全部交易；负责交易机构的注册、审核和批准；对违反期货交易法律、法规的机构和个人进行行政处罚或追究民事、刑事责任。

在行业协调组织管理层面，主要由"联合体"或"协会"以"行业自治、协调和自我管理"的方式进行。其职能有：向投资者宣传国家的政策法规；向国家监管机关提供市场运行和交易情况；强化会员的职业道德，规范会员的市场行为；定期审查会员资格；审计、监督专业人员的资金账户和法律法规的执行情况；对期货交易中的纠纷进行仲裁等。

在期货交易所自我监管层面，其管理职责主要有：审查会员资格，督促会员履行义务；监督场内的交易；制定交易所的规章制度；对违规会员进行行政处罚及刑事申诉，通过仲裁方式协调解决交易纠纷；监督法规的实际执行情况。

2. 英国国债期货市场

长期金边（Long-Gilt）债券期货是英国国债期货市场主要交易品种，并主要集中在伦敦国际金融期货交易所进行。英国国债期货运行制度主要有：

（1）名义价值和票面利率。名义价值主要根据市场的规模来确定。合约在最初设计时名义价值定为 5 万英镑/手，后改为 10 万英镑/手，便于计算并确保参与交易的个人和机构有足够的能力进行交易。票面利率则与收益率紧密相关，交易所会随着市场收益率的变化适当调整票面利率，但调整是十分慎重的，之前一定要充分听取客户的意见，要在修改日的 9 个月前通知客户，修改票面利率一般在当日收盘后宣布。

（2）最小变动价位。它的设计主要参考现货市场的流动性，同时兼顾不同投资者利益的均衡。一般来说，套保者希望价格波动不要太大，因此需要较小的最小变动价位；投机者则希望价格大幅波动以便在短期内获得较大的收益，因此需要较大的最小变动价位。

（3）交割日。Long-Gilt 合约选择的是在交割月内任何一天均可交割的美式交割，为那些能参与国债期货交易，但没有能力参与国债现货交易的投资者提供更多的选择。

（4）交割方式。长期国债期货选择实物交割是为规避套期套利，现金交割易被操纵从而导致价格偏离。通常套保者愿意实物交割，投机者则更愿意现金交割。

与美国、日本等国的结算由期货交易所自己设有的结算部门完成的不同，英国国债期货结算公司与期货交易所相互独立，如伦敦结算所同时为伦敦的三家期货交易所进行期货结算，相对于由交易所独自承担风险而言，独立的结算所进一步加强了对风险的控制。

3. 德国国债期货市场

1990 年，国债期货在德国期货交易所（DTB）上市。1998 年，DTB 与瑞士期权与金融期货交易所（SOFFEX）合并成立了欧洲期货交易所（EUREX）。1999 年，EUREX 完全控制了德国国债期货市场。EUREX 的德国国债期货合约已成为欧洲资本市场收益率曲线的基准，被广泛用于对冲欧洲各国债券和某些国际组织债券的利率风险。EUREX 的国债期货产品有 2 年至 30 年的品种，主要期货合约条款见表 5-3。

表 5-3　　　　　　　　　　**德国国债期货合约条款**

合约种类	Euro-Schatz 期货	Euro-Bobl 期货	Euro-Bund 期货
合约标的	德国联邦政府或其代理机构 Treuhandanstalt 发行的剩余期限为 1.75 到 2.25 年，票面利率为 6% 的名义短期债务工具	德国联邦政府发行的剩余期限为 4.5 到 5.5 年，票面利率为 6% 的名义中期债务工具	德国联邦政府发行的剩余期限为 8.5 到 10.5 年，票面利率为 6% 的名义长期债务工具
交易单位	面值 100 000 欧元		
可交割等级	交割时剩余期限为 1.75 到 2.25 年的德国联邦政府短期债券、中期债券、长期债券，以及交易所交易的 Treuhandanstalt 债券。可交割债券的发行量不得低于 20 亿欧元	交割时剩余期限为 4.5 到 5.5 年的德国联邦政府长期债券和中期债券。可交割债券的发行量不得低于 20 亿欧元	交割时剩余期限为 8.5 到 10.5 年的德国联邦政府长期债券。可交割债券的发行量不得低于 20 亿欧元
合约月份	3 月、6 月、9 月、12 月循环中的前三个连续月份		
报价方式	报价按面值 100 欧元，保留两位小数		
最小价格变动	0.01（10 欧元/手）		
交易时间	欧洲中部时间(CET)上午 8:00 到下午 7:00		
最后交易日	相应交割月份的交割日之前的第 2 个交易日。现货月合约在该日 CET 时间下午 12: 30 停止交易		
最后交割日	相应交割月份的第 10 个自然日，如果该日为交易所的交易日；否则为该日后的第 1 个交易日		
涨跌停板	无		
持仓限额	无		

资料来源：鲍建平，杨建明. 英、德国债期货市场考察报告［R］. 世界银行项目国债期货课题组，2006.

在清算与结算制度方面，国债现货、国债期货及期权、国债回购都通过 EUREX Clearing AG 系统进行清算，并都与中央对手方进行清算和结算。一般大宗交易会先轧差，有余额时再做实物交割。

5.2.2 国债回购市场的国际比较

1. 美国国债回购市场

1923 年，美联储开始政府债券的回购交易。20 世纪 90 年代初期，全球回购交易高速增长，美国回购市场的交易量占到全球市场的一半以上。规模庞大的国债现券市场奠定了美国国债回购市场的基础。美国回购市场中主要采用电子化交易，辅以电话委托交易。回购标的物为美国短期、中期以及长期标准国债。国债回购交易的结算主要针对同日的价格变动，隔夜回购占据了大部分交易份额。美联储在国债回购市场上的常态化交易分为两类：一类是联储出于管理短期流动性或发出改变利率信号等政策目的而进行的国债回购交易，称为系统回购；另一类是联储为了其客户（包括在联储存有资金的外国中央银行和超国家实体）进行的国债回购，称为客户回购。

2. 法国国债回购市场

做市商制度在法国国债回购市场得到广泛应用，其国债回购交易的时间一般较短，以隔夜回购为主。法国国债回购市场的重要特点是：市场上总是存在一个由各种隔夜利率加权平均得到的浮动利率（TMP）作为市场的基准利率。国债回购交易通常是基于相对于 TMP 的价差进行的，且期限一般固定，只能在国债回购交易结束时才能最终确定回购利率。但近几年，由于国债回购利率的不确定性，使得 TMP 利率的重要性有所下降，大有被以固定利率为基础进行的国债回购交易所取代的态势，做市商会为到期日从 2 天到 3 个月不同的固定利率国债回购交易提供双向价格。法国中央银行每周定期开展一到两次国债回购交易，期限为一周左右，其国债回购利率是法国中央银行货币政策最重要的信号。

3. 德国国债回购市场

德意志银行于 1973 年引入国债回购并成为货币政策管理的工具，

国债回购利率现已成为德国中央银行的第三种官方利率。虽然德国国债在欧洲债券市场具有重要的基准地位，但伦敦却是德国国债回购交易的主要市场。其原因包括：一方面，伦敦是欧洲的金融中心，金融服务支持功能强大；另一方面，德国中央银行存款准备金要求较高，约为 2%且没有利息，对于从事国债回购交易的银行，尽管抵押品实际上已经转移给交易的对方，但仍然需要执行这样的要求，因此德国国债回购利率水平较高。目前，德国中央银行通过国债回购来满足商业银行的流动性需要，并为短期货币市场设定基准利率。与其他国家不同，德国国债回购市场不是以一级交易商为主，而是鼓励只要符合最低法定存款准备金要求的金融机构均可进入国债回购市场进行交易，使得货币政策的实施更加得心应手。

4. 英国国债回购市场

英国于 1994 年正式颁布具体措施旨在促进国债回购发展，但参与者只限定为金边债券做市商。直到 1996 年 2 月，才全面开放国债回购市场。英国金边债券回购基本有两种方式：一种称为"一般抵押"回购，即在资金的借贷过程中，以金边债券作为抵押品；另一种称为"特殊"回购，当市场某些参与者对某种特别的金边债券有需求缺口时，这种特别金边债券的持有人便可以通过回购的方式将这种金边债券转让给需要者，但会加上一定的收益。"特殊"回购利率反映国债出借和回购市场中这种特殊国债的相对短缺，而一种国债低于或高于"一般抵押"回购利率的基点，表示特殊国债的持有人可通过交叉使用"特殊"和"一般抵押"的回购业务获得盈利。可见，"特殊"回购可通过价格机制来调节借贷国债的需求以改善金边国债市场的总体效率，是国债回购市场的一个有机的组成部分。英格兰银行每两周进行一次国债回购市场交易，其主要目的是对货币市场流动性进行管理。

5.2.3　对我国国债衍生市场建设的启示

一是国债衍生市场及其工具是实现投资避险、价格发现、套利保值的重要手段。无论国债期货、期权，还是国债远期、国债回购等其他品种，国债衍生市场上的交易工具从功能上来看，或是有套期保值、规避风险的功能，或是有投机套利、融通资金的作用，或是有价格发现、作为货币政策操作工具的益处。这些对于中央银行、国债各级市场投资者、中介机构来说，具有非常重要的现实意义。

二是国债衍生市场与现货市场（包括发行市场和流通市场）相互促进。国债发行市场化、拍卖招标和利率市场化，为国债二级市场提供了规模、流动性和效率基础；完善的做市商制度、严密的交易规则和健全的法规监管体系，促使现货市场价格更加公正、公平地体现出市场收益率的合理变化，从而保证国债衍生市场的价格更能高质量反映出对未来市场利率和筹资成本的预期，降低套期保值的风险。因此，国债衍生市场的发展得益于现货市场的成熟与发达，又反过来促进现货市场的发展，两个市场相互促进、共同发展。

三是市场化的交易方式有利于国债衍生市场发展。国债衍生市场本身就是国债市场化水平达到一定程度时，为满足不同参与者的需求而发展起来的。发达国家的衍生交易方式比较丰富和灵活，为不同的交易者提供了可供选择的余地，也为中央银行调节货币供给量提供了灵活多变的实施手段和模式组合。

四是有效的风险控制措施有利于防范市场风险。国债衍生产品具有"杠杆效应"、做空机制，因此风险控制与防范是重中之重。从上述国家的实践来看，通过建立标准化的合约、科学的托管结算系统、保证金制度、报告制度、惩戒制度等风险控制机制，为违规行为设置了"防火墙"，最大程度地保证了市场的有序运行，保障了市场参与者的合法权益。

5.3　我国国债衍生市场运行基本情况

5.3.1　国债期货交易

1.国债期货交易试点

上海证券交易所于 1992 年 10 月首次推出国债期货交易试点，共设计 12 个品种的期货合约，但几乎无人问津。1993 年 10 月，上交所正式推出比较规范的国债期货合约，国债期货成交量开始激增。先后有13个证券交易所、商品交易所和证券交易中心开办了国债期货交易，形成了上海、深圳、武汉三足鼎立的格局。

但由于国债现货市场规模狭小，流通性严重不足，利率市场化远未实现，加上各交易所分割市场，盲目竞争，投资者投机意识过强，交易制度不规范，存在联手交易等违规行为，市场潜伏着一定危机。早在1994年就已经出现一些干扰正常交易的事件，如1994年10月的"314"国债期货合约无故被数家机构联手做多逼空，虽上交所最终平息了事件，却给整个国债期货市场留下了隐患。1995年2月又发生了"327"逼仓事件。"327"合约期限因与标的债券几乎是同期兑付，所以保值贴补率对合约的市场价格起到了决定性作用。虽然当时市场有保值贴补率将会提高的传闻，但万国证券持有相反看法，大力做空。2月23日，传言得到证实，"327"合约市场价格飞涨，一直与万国联手做空的辽国发突然倒戈，改做多头。若真到期交割，万国证券将承担60亿元的损失，于是万国证券违规进行透支交易，在当日交易时间结束前的8分钟内抛出面值达2 112亿元的卖单，使当日开仓的多头全线爆仓，导致整个市场一片混乱。24日，上海国债期市停市，上交所实施了涨跌停板制度并加强持仓量限额管理及期货资金使用管理等措施，并开始对"327"国债期货事件进行调查。"327"事件之后，国债期货投机冲动依旧高涨，5月10日，上交所又爆发了"319"逼空事件。1995年5月17日，中国证监会宣布暂停国债期货交易试点。

国债期货交易试点暂停后，理论界将国债期货试点失败的原因归结为当时发展国债期货市场条件尚不具备、运行制度不完备、市场定位不准、政府监管不力、立法滞后等多个方面。中国国债期货市场试点失败的教训是惨痛的，但是国债期货市场在中国证券市场发展过程中的作用却不容忽视。

2.国债期货交易重新启动

没有期货的国债市场是不健全的。近年来，期货市场不断规范和发展，国债市场体系进一步完善，机构投资者日益壮大，期货法律法规体系初步形成，这些都为国债期货市场重启奠定了良好的基础。与此同时，我国利率市场化改革加速推进，亟须市场化手段防范利率风险，市场对国债期货这样的避险工具有着迫切的需求。经证监会批准，沪深300 股指期货合约自 2010 年 4 月 16 日正式上市交易。作为与国债期货同属于金融期货的股指期货的正式上市交易，也为国债期货重启积累宝贵经验。2012 年 2 月 13 日，中国金融期货交易所 5 年期国债仿真交易重启。2012 年 4 月，仿真交易扩大到期货公司、证券公司、商业银行、专业投资者和个人投资者。截至 2013 年 3 月末，国债仿真期货交易共运行 276 个交易日，按单边统计，累计成交量约 1 185 万手，日均成交量约 4.3 万手，累计成交额约 10.82 万亿元，日均持仓量约 8 万手。2013 年 7 月 5 日，证监会新闻发言人宣布，国债期货已经获得国务院批准，并于 9 月 6 日正式上市交易。此次上市交易的仍是 5 年期国债期货，具体合约内容见表 5-4。

表 5-4　　　　　　　　中金所 5 年期国债期货合约

合约标的	面值为100万元人民币，票面利率为3%的名义中期国债
可交割国债	合约到期月首日剩余期限为 4—7 年的记账式附息国债
报价方式	百元净价报价
最小变动价位	0.002元
合约月份	最近的三个季月（3 月、6 月、9 月、12 月中的最近三个月循环）
交易时间	9：15—11：30，13：00—15：15
最后交易日交易时间	9：15—11：30
每日价格最大波动限制	上一交易日结算价的±2%
最低交易保证金	合约价值的2%
最后交易日	合约到期月份的第2个星期五
最后交割日	最后交易日后的第3个交易日
交割方式	实物交割
交易代码	TF
上市交易所	中国金融期货交易所

资料来源：中国金融期货交易所网站。

自 5 年期国债期货正式上市交易以来，市场运行主要呈现以下特点：一是市场交易活跃。截至 2014 年 3 月 31 日，按单边计算，国债期货累计成交 446 235 手，累计成交额 4 148 亿元，持仓量 4 885 手，日均成交 3 330 手，日均持仓 4 217 手，主力合约成交量和持仓量占比分别为 93% 和 84%，成交持仓比为 1.19 倍。活跃程度明显高于美国 30 年期国债期货上市初期日均成交 100 手、日均持仓 900 手的情况。二是期现货价格联动性良好。截至 2013 年 12 月 31 日，主力合约收盘基差[①]位于 0.02 ~ 0.42 元，平均收盘基差为 0.16 元，与美国国债期货市场水平基本相当。三是以机构投资者为主。截至 2013 年末，共有 14 040 个客户通过 148 家会员参与交易，法人客户成交和持仓比例已经达到 14.65% 和 38.64%。四是主力合约成功切换。2013 年 11 月 27 日，TF1403 合约持仓量首次超过 TF1312 合约，11 月 28 日，TF1304 合约成交量首次超过 TF1312 合约；2014 年 2 月 20 日，TF1406 合约持仓量首次超过 TF1403 合约，2 月 24 日，TF1306 合约成交量首次超过 TF1403 合约。主力合约的平稳切换，显示了较高的市场成熟度。

5.3.2 国债回购交易

1. 国债回购市场的建立和分立

中国国债回购交易始于 1991 年，先后在北京、武汉、上海、天津等城市兴起，并且日益活跃。1993 年 12 月、1994 年 10 月沪深证券交易所分别正式推出国债回购交易，国债回购业务成为中国证券交易的重要工具之一。从 1994 年开始，国债回购交易迅速膨胀。1994 年、1995 年国债回购交易总量分别超过 3 000 亿元、4 000 亿元。但由于中国货币市场和资本市场尚未发育成熟，市场主体尚未形成自我约束机制，短期行为普遍，风险意识薄弱，国债回购交易存在诸多问题，如比较严重的买空卖空和投机行为、混乱的交易场所和交易主体、不规范的交易行为、回购期限过长导致债务拖欠严重、利率越炒越高等。这些乱象冲击

---

① 基差：是指某一特定商品在某一特定时间和地点的现货价格与该商品期货市场的期货价格之差，即基差=现货价格−期货价格。

了正常的金融秩序，造成了比较严重的后果。1995 年 8 月以后，有关部门采取措施治理整顿包括国债回购在内的证券回购业务和证券回购市场，使得证券回购的金融风险得到逐步化解，维护了金融秩序。此后，国债回购业务主要集中在上海证券交易所。1997 年，中国人民银行规定商业银行证券回购业务只能在银行间市场中进行，从此形成了交易所和银行间两个相互平行的回购市场。

2. 交易所国债回购交易

1993 年 12 月，上交所开办了以国债现券折算标准券为交易标的的质押式国债回购业务，采用的是分券种的债券回购制度，成为证券公司重要的融资渠道之一。1994 年 9 月，上交所取消此种做法，设立不分券种、统一按面值计算持券量的国债回购合同。2001 年，证券机构因股市低迷，开始利用回购制度漏洞，挪用客户债券并通过国债回购进行融资，在侵犯了客户权利的同时也形成了较大的市场风险，以至于在 2003—2005 年间发生了影响广泛的国债回购危机。国债回购中的违规行为频发引发风险，说明国债回购制度设计存在一定的漏洞。对此，证监会提出按照"稳妥有序、分步实施、新老划断"的原则制订新的国债回购制度改革方案。为从根源上防范挪用、串用风险，方案建立了质押库以及按账户申报交易等制度，切断券商挪券通道；为从技术上对挪用行为予以限制，采用了交易系统对回购交易申报进行前端检查的办法；为形成对挪券行为强有力的外部监督和制约，推出了投资者债券查询系统，进一步加强了对投资者的保护。上海证券交易所于 2006 年推出新型质押式回购交易规范，并全面取代旧式回购交易。概括起来，交易所债券回购具有以下几个特点：一是采用标准券制度；二是实行撮合交易机制；三是中证登担任中央对手方，按席位进行净额清算和结算。此外，2004 年 11 月，交易所推出买断式国债回购，但由于制度设计不合理，仅在 2004—2005 年间有较少成交量，2006 年至今基本无交易。

3. 银行间国债回购交易

银行间国债回购包括质押式回购和买断式回购两类。

　　第一，质押式回购。1997 年，在银行间债券市场刚推出债券回购时就采用了质押的方式。其主要特点有：首先，银行间债券回购合同的标的券是现实的具体券种；其次，交易方式是一对一询价，逐笔订立交易合同，交易双方互相知道交易对手；再次，需要签订债券回购主协议，明确回购交易双方权利和义务。银行间债券市场的回购制度避免了回购合同存续期的挪券和清算风险，得到了快速发展。质押式回购已经成为市场参与机构最多、期限最为丰富、交易量最大的交易工具之一。

　　第二，买断式回购。银行间市场的买断式回购是于 2004 年 5 月推出的。鉴于买断式回购风险比质押式回购更大，中国人民银行作出了一些限制性规定：一是要求买断式回购最长期限不得超过 91 天，到期交易净价在回购期间的新增应计利息应大于首期交易净价。二是为避免逆回购方过度融券，规定一家市场参与者单只券种的待返售债券余额应小于该只债券流通量的 20%，一家市场参与者待返售债券总余额应小于其在中央结算公司托管的自营债券总量的 200%。总体来看，买断式回购的推出可以充分利用现券资源，提高市场流动性；同时具有一定的融券功能，给市场参与者提供了实际的做空手段，这对促进债券市场流动性，促进市场价格发现功能，具有重要意义。

　　4.国债回购市场的发展

　　从国债回购量来看，我国国债回购市场得到了快速发展。银行间国债回购市场质押式回购量从 1999 年的 1 382 亿元迅速增长到 2014 年的 797 326 亿元，是 1997 年的 577 倍；买断式回购量从 2004 年的 331 亿元增长到 2014 的 17 415 亿元，是 2004 年的 52.6 倍。交易所新质押式国债交易量从 2006 年的 6 394 亿元增长到 2013 年的 511 110 亿元，是 2006 年的 80 倍。从图 5-1 可以看出，2007 年以来，银行间质押式国债回购总体增长比较平稳，而交易所新质押式国债交易增长迅速，两者占比从 2007 年的 0.89∶0.11 变为 2013 年的 0.53∶0.47，两个市场的发展更加趋于均衡。

（亿元）

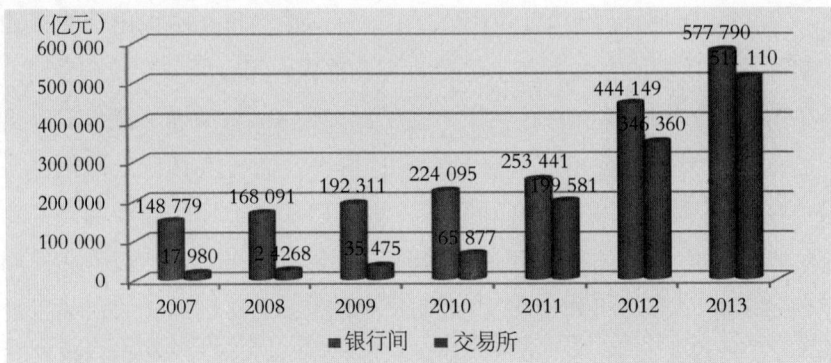

图 5-1　2007—2013 年银行间市场和上交所质押式国债回购量对比

资料来源：根据上海证券交易所、中国债券信息网数据整理而得。

　　通过回购交易量与现券交易量对比情况可以看出（如图 5-2 所示），2007 年以来，银行间质押式回购交易量远大于现券交易量，最大差距近 14 倍，最小差距也在 3 倍左右。

（亿元）

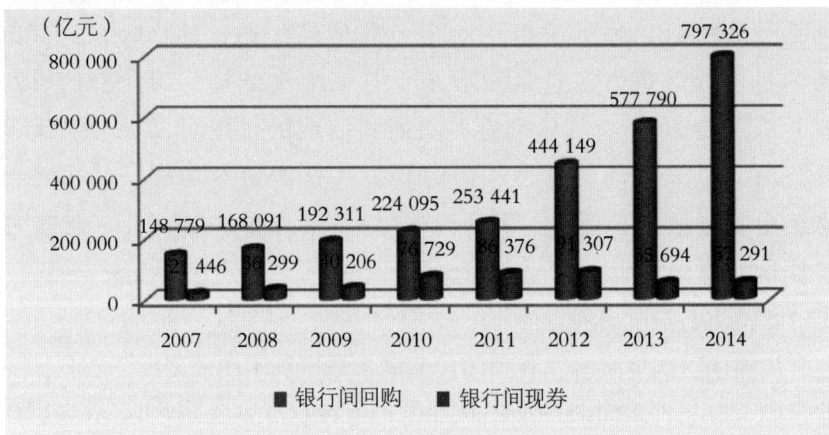

图 5-2　银行间市场国债回购与现券交易量对比

资料来源：根据中国债券信息网数据整理而得。

　　随着我国国债回购市场的快速发展，回购市场的融资功能和价格发现功能日益突出，为资源配置、利率市场化改革提供了良好的市场环境。一方面，包括国债回购在内的债券回购市场成为金融机构调节短期流动头寸的主要场所，通过回购交易，金融机构得以最大限度地保持资产的流动性、收益性和安全性的统一，实现资产结构多元化和合理配置；对于各类非金融机构，可以在回购市场对自己的短期资金作相对有效的安排。目前，我国债券回购市场参与者非常广泛，机构类型也日益丰富，农信社、证券公司、保险公司、财务公司、信托公司、各类企业及证券投资基金、企业年金等都是回购市场的重要参与者。另一方面，回购市场的发展加快了利率市场化进程，促进了货币市场价格发现和衍生产品的创新。当前，债券回购利率已经成为我国市场化程度最高的利率之一，债券回购利率为发行市场债券价格的确定和流通市场交易报价提供了基准，此外债券回购利率也成为许多金融衍生品如人民币利率互换、远期利率协议等的参考利率基准，促进了衍生产品市场的发展。

5.3.3　其他衍生交易

相对于过百万亿元的国债回购交易，其他衍生业务就显得交投严重不足。以国债远期交易为例，2002年以来，利息始终处于下降通道，债券发行利率屡创新低，二级市场短期炒作行为盛行，交易方式单一，缺乏利率风险管理工具，一些市场成员特别是持有大量国债的商业银行出于调整债券结构、调节收益和税收、安排交割时间以及规避利率风险等方面的考虑，迫切希望早日引进能够规避风险的衍生交易工具。2005年6月，债券远期交易在银行间债券市场正式推出，成为我国首个场外人民币衍生产品。债券远期交易自推出以来，运行平稳，稳步发展，并呈现出以下几个特点：一是市场参与者多样化。远期交易的市场参与者应为进入银行间债券市场的已建立健全内部管理制度和风险防范机制，且对远期交易风险进行有效监控与管理的各类型机构投资者。二是标的债券券种丰富。其主要集中在国债、中央银行票据、金融债、企业债与短期融资券。三是成交券种结构不断变化。首笔债券远期交易的成交券种就是剩余期限为4.86年的国债，在交易初期，成交券种主要集中在国债和短期融资券上，但随着现券交易品种的增加，国债和短融券的远期交易规模与市场占比逐年下降，政策债、企业债、中期票据的远期交易与市场占比则逐年提升。2009年，国债远期交易量约为183亿元，占比仅为2.8%；2010年，国债远期交易量增至253亿元，占比为8%；

2011 年，国债远期交易量仅为 57 亿元，占比为 6%；2012 年、2013 年国债远期交易几乎没有发生。四是期限结构以短期为主。债券远期交易期限最短为 2 天，最长为 365 天，交易成员可在此区间自由选择交易期限，不得展期。从交易情况来看，短期的交易品种在市场上最为活跃，7 天和 14 天两个品种占绝对主导地位，平均占比高于 85%，3 月期至 1 年期的债券远期产品只有零星交易。

早在 2006 年 11 月 20 日，银行间市场就已经正式推出债券借贷业务，但出于对市场流动性不充分、借贷到期后不确定是否能从市场中再买回债券的担心，其交易规模严重偏小。2009—2012 年，包括国债在内的业务结算量年均不超过 5 亿元，参与机构寥寥几家，其中的两年仅有 2 笔交易。2013 年，这一业务结算量开始有所发展，达到 1 303.5 亿元，交易次数 608 笔，参与机构 11 家。2014 年，债券借贷业务总结算量达 7 924.6 亿元，交易次数达 4 960 笔，参与机构达 25 家。债券借贷的爆发式增长主要受政策因素影响，中国人民银行公告〔2013〕第 8 号规定，凡是在同业拆借中心交易系统上已达成的交易一律不允许撤销和变更，线下交易随后也被取消，导致市场债券的需求量大幅上升。此外，2013 年下半年，债券市场出现罕见的巨幅调整，收益率波动剧烈，债券尤其是国债的交易空间由此进一步打开，机构做空动力增强，债券的借券需求也有所上升。

5.3.4　我国国债衍生市场存在的问题

我国国债衍生市场还处在初级发展阶段，自回购业务开展以来，国债衍生市场至今也不过 20 几年。相比于国外成熟的国债市场，存在明显的差距。

1. 我国国债回购市场存在的问题

目前，我国国债回购业务仍以质押式交易为主。作为一种封闭性质押制度，在到期之前，融出资金方仅拥有质押债券的质权而无处置权，使得等额债券处于冻结状态而不能流通，这就意味着质押式回购市场活跃的同时将占用大量的现券资源，使得可供交易的现券存量进一步减少，在一定程度上影响了现券交易。

质押品无法快速处理。目前，我国的债券回购中质押债券快速处置机制尚未建立。如在质押式回购中，若正回购方（出质方）到期违约，质押债券将继续保持质押冻结状态，正回购方不能收回质押债券，逆回购方（质权人）只能在提供对方违约证明或违约方主动配合的情况下，才能共同向后台托管结算公司发送解押等操作指令，前者需要经过较长的司法程序，后者面临相当大的不确定性，严重影响了逆回购方的风险管理能力。

2. 我国国债期货市场存在的问题

目前，我国国债期货市场的机构参与者主要是证券公司、证券投资基金和期货公司，而持有国债绝对比重、面临巨大利率风险的商业银行尚未入市，不利于国债期货功能的有效发挥。现阶段，国债期货只有 5 年期一个品种，尚未形成长期、中期、短期期限结构合理的产品体系，使得在市场功能充分发挥、收益率曲线构建方面的作用都会大打折扣。与国际交易所相比，我国国债期货交易所在交易机制灵活性方面还存在明显差距，仅能满足市场最基本的交易需求。

3. 我国国债衍生市场存在的问题

除了上述国债回购市场和国债期货市场存在的问题，从我国国债衍生市场整体来看，仍然存在以下问题：（1）市场结构单一，部分流动性不足。在我国国债衍生市场中，国债回购交易一家独大，不仅远远超越国债现券交易，更是占到国债衍生市场总交易量的99%以上，国债期货交易量占比不足 1%，国债远期等交易量占比更小。市场流动性不足，难以发挥衍生工具作用，投资者无法运用现有金融工具管理资产和风险。衍生市场功能缺失导致价格发现机制难以实现，不利于完善我国国债收益率曲线。（2）交易品种有待丰富。我国目前已开展的国债衍生交易品种主要有国债回购、国债期货、国债远期、债券借贷，其中国债期货仅上市交易 1 年，且只推出 5 年期一个交易品种。相比于成熟市场，我国还缺乏一些更先进的金融工具，如国债期货期权、三方回购等，在国债期货期限方面还缺乏短期和长期的交易品种。这些衍生工具和交易品种将有助于提供更为丰富的风险管理工具，对完善债券市场交易环境，提升市场流动性，完善我国国债收益率曲线有着至关重要的意义。
（3）衍生功能不强。以国债远期交易为例，目前按照相关规定，债券远期到期应实际交割资金和债券，且标的债券应当为已在银行间市场进行现券交易的券种。在实际交易中，市场成员较少基于对债券价格的预期利用债券远期套利，更多的是将债券远期交易与现券交易组合形成买断式回购交易，或是利用债券远期交易达到债券代持目的，因此衍生功能不强。

5.4　我国国债衍生市场运行质量实证分析

鉴于国债回购交易与国债期货交易是目前我国国债衍生市场的主要品种。因此，本书在构建国债衍生市场运行质量指标体系时，设置了两个衡量指标：一是检验国债回购利率是否对金融市场其他相关利率具有引导作用；二是检验国债期货在套期保值、价格发现方面的功能发挥程度。本节将对此内容依次展开。

5.4.1　国债回购利率相关性实证检验

债券回购是目前交易量最大的资金融通业务之一，特别是国债回购，以国债为担保品具有价格相对稳定、信用等级高等特点，为中央银行公开市场操作、商业银行进行资产管理和流动性管理以及资金供需双方融通资金提供了便利。因此，国债回购利率与金融市场中的其他主要利率之间必然存在相互关联。

1. 计量方法与数据说明

为了考察这种相互关联，本书采用 Granger 因果关系检验方法，分别检验银行间国债市场回购利率、上交所国债市场回购利率对金融市场其他主要利率的影响。金融市场其他主要利率分为以下三类：一是反映货币市场短期流动性的银行间同业市场利率，以同业拆借利率和上海银行间市场同业拆借利率（SHIBOR）为代表；二是反映投资者市场平均投资收益水平，以人民币理财产品预期收益率为代表；三是反映企业借款成本，以 AAA 级固定利率企业债券到期收益率为代表。

根据数据的可获得性，本书对银行间国债市场回购利率、上交所国债市场回购利率对金融市场其他主要利率的影响分别进行检验，所选取的数据略有不同。

在检验银行间国债市场回购利率对金融市场其他主要利率的影响时，本书选取了三组不同期限、不同种类的数据。第一组中，选取了银行间市场 7 天质押式国债回购利率（R7D）、银行间市场 7 天同业拆借利率（IB7D）和 1 周 SHIBOR 利率（SHIBOR1W），检验数据频度为日，样本区间为 2007 年 1 月 4 日至 2013 年 12 月 31 日；第二组中，选取了银行间市场 3 个月质押式国债回购利率（R3M）、3 个月人民币理财产品预期收益率（LC3M）、银行间市场 3 个月 AAA 级固定利率企业债券到期收益率（QYZ3M），检验数据频度为周，样本区间为 2006 年 6 月 2 日至 2013 年 12 月 27 日，因 R3M、QYZ3M 原始数据频度为日，通过变频处理将数据频度调整为周，与 LC3M 数据频度相匹配；第三组中，选取了银行间市场 3 个月质押式国债回购利率（R3M）、3 月期央行票据发行利率（CN3M），检验数据频度为月，样本区间为 2002 年 8 月至 2013 年 12 月，因 R3M 原始数据频度为日，通过变频处理将数据频度调整为月，与 CN3M 数据频度相匹配。

在检验交易所国债市场回购利率对金融市场其他主要利率的影响时，本书只选取了一组数据，即上交所 91 天质押式国债回购利率（SHR91D）、3 个月人民币理财产品预期收益率（LC3M）、上交所 3 个月 AAA 级固定利率企业债券到期收益率（SHQYZ3M），检验数据频度为周，样本区间为 2012 年 2 月 24 日至 2013 年 12 月 27 日，变频处理方法同银行间市场。

2.实证检验与结果分析

本节所用序列主要为利率指标序列，通过 ADF 单位根检验（见表 5-5）。部分序列拒绝了有单位根的原假设，显示为平稳序列；部分序列不平稳，但其差分序列是平稳的。

表 5-5　　国债回购利率及其他主要市场利率单位根检验结果

序列名称	样本数	样本频度	检验类型	ADF检验值	P值	是否平稳
R7D	1 749		（C，T，1）	−8.4557	0.000	平稳
IB7D	1 749	日	（C，T，1）	−8.7059	0.000	平稳
SHIBOR1W	1 749		（C，T，1）	−8.5055	0.000	平稳
R3M（周）	330		（C，T，0）	−3.1918	0.088	不平稳
DR3M（周）	329		（C，0，0）	−13.3476	0.000	平稳
LC3M	342		（C，T，2）	−1.9144	0.645	不平稳
DLC3M	342	周	（C，0，1）	−23.7590	0.000	平稳
QYZ3M	378		（C，T，4）	−0.8973	0.954	不平稳
DQYZ3M	378		（C，0，3）	−9.5204	0.000	平稳
R3M（月）	126		（C，T，0）	−2.385955	0.3850	不平稳
DR3M（月）	125		（C，0，0）	−10.71628	0.0000	平稳
CN3M	102	月	（C，T，0）	−2.520568	0.3178	不平稳
DCN3M	101		（C，0，0）	−5.478931	0.0000	平稳
SHR91D	94		（C，T，0）	−2.4256	0.364	不平稳
DSHR91D	91		（C，0，2）	−11.2562	0.000	平稳
SHLC3M	94		（C，T，0）	−0.198196	0.9923	不平稳
DSHLC3M	93	周	（C，0，0）	−8.539196	0.000	平稳
SHQYZ3M	92		（C，T，2）	−1.450491	0.8392	不平稳
DSHQYZ3M	92		（C，0，1）	−7.892468	0.0000	平稳

注：1. 显著性水平为 5%。

2.（C，T，n）分别表示在进行 ADF 检验时，是否包含截距项（C）和时间趋势项（T）以及滞后阶数（n），其中滞后阶数是根据 SIC 准则选取确定的。

对于原序列平稳，本书直接进行 Granger 因果关系检验；对于原序列非平稳，使用其差分序列进行 Granger 因果关系检验（见表 5-6）。

表 5-6　　　　　国债回购利率对其他主要市场利率的影响

（基于 Granger 因果检验）

市场	原假设	数据频度	样本取值	P值	检验结果*
银行间市场	R7D 不是 IB7D 的格兰杰原因	日	2007-01-04 至 2013-12-31	2.E-44	拒绝原假设
	IB7D 不是 R7D 的格兰杰原因			0.1550	接受原假设
	R7D 不是 SHIBOR1W 的格兰杰原因			6.E-14	拒绝原假设
	SHIBOR1W 不是 R7D 的格兰杰原因			0.0070	拒绝原假设
	DR3M 不是 DQYZ3M 的格兰杰原因	周	2006-06-02 至 2013-12-27	0.0704	接受原假设
	DQYZ3M 不是 DR3M 的格兰杰原因			0.0003	拒绝原假设
	DR3M 不是 DLC3M 的格兰杰原因			0.0005	拒绝原假设
	DLC3M 不是 DR3M 的格兰杰原因			0.2715	接受原假设
	DR3M 不是 DCN3M 的格兰杰原因	月	2002-08 至 2013-12	0.2683	接受原假设
	DCN3M 不是 DR3M 的格兰杰原因			0.0090	拒绝原假设
交易所市场	DSHR91D 不是 DSHQYZ3M 的格兰杰原因	周	2012-02-24 至 2013-12-27	0.5715	接受原假设
	DSHQYZ3M 不是 DSHR91D 的格兰杰原因			3.E-08	拒绝原假设
	DSHR91D 不是 DSHLC3M 的格兰杰原因			0.0010	拒绝原假设
	DSHLC3M 不是 DSHR91D 的格兰杰原因			0.0695	接受原假设

注：*表示置信水平为 5%。

表 5-6 检验结果显示：

在银行间国债市场上，第一，"R7D 不是 IB7D 的格兰杰原因"的原假设被拒绝，而"IB7D 不是 R7D 的格兰杰原因"的原假设被接受，因此可以说 R7D 是 IB7D 的格兰杰原因，即国债回购利率单向影响同业拆借利率。

第二，在 R7D 与 SHIBOR1W 的因果检验中，两个原假设都被拒绝，说明在短期内，回购利率与 SHIBOR 利率互为因果，两者相互影响。为了进一步检验该结论，本书又对 1 天回购利率和 SHIBOR 隔夜利率进行了因果检验，同样两个原假设均被拒绝。当初中国人民银行推出 SHIBOR 利率并将其作为基准利率加以积极培育，但就本书检验情况来看，SHIBOR 利率虽然对国债回购利率有一定引导作用，但也受到国债回购利率的影响，因此 SHIBOR 利率距离真正意义上的基准利率还有一定的差距。

第三，"DQYZ3M 不是 DR3M 的格兰杰原因"的原假设被拒绝，说明 3 个月 AAA 级固定利率企业债券到期收益率变动对 3 月期国债回购利率变动有影响，而"DR3M 不是 DQYZ3M 的格兰杰原因"的原假设被接受，说明回购利率变化对企业债券到期收益率变化没有影响，因此可以说 AAA 级固定利率企业债券到期收益率变动对 3 月期国债回购利率变动具有单项引导作用。究其原因，近年来企业逐步从过度依赖间接融资向积极寻求直接融资转变，银行间市场在发挥配置金融资源方面的基础性作用得到进一步的发挥，企业债券市场迅猛发展，2011 年各类企业债券发行 2.26 万亿元，已经超过了当年 1.54 万亿元的国债发行规模。从流动性来看，3 月期国债回购相对于企业债券，在交易量上和流动性上明显偏低，无法对企业债券到期收益率施加影响。

第四，从 DR3M 与 DLC3M 的检验结果来看，"DR3M 不是 DLC3M 的格兰杰原因"的原假设被拒绝，而"DLC3M 不是 DR3M 的格兰杰原因"的原假设被接受，可见 3 月期国债回购利率的变动是 3 个月人民币理财产品预期收益率变动的 Granger 因。从实践来看，目前人民币理财产品所募集的资金中有相当一部分是投资于债券市场，国债回购也是其重要投资品种，理财产品的发行主体必须要将包括国债回购利率等投资产品的收益情况进行综合考虑，因此国债回购利率的高低必将影响到理财产品的预期收益率。

第五，在 DCN3M 与 DR3M 的因果检验中，拒绝了"DCN3M 不是 DR3M 的格兰杰原因"的原假设，而接受了"DR3M 不是 DCN3M 的格兰杰原因"的原假设，说明来自央票发行利率变化的冲击对国债回购利率的变动是有影响的，可见中央银行货币政策操作本身会影响市场主体的预期，从而传导到国债回购市场。

在交易所国债市场上，本书得出了与银行间国债市场相类似的结论，即上交所 3 个月 AAA 级固定利率企业债券到期收益率变动是上交所 91 天质押式国债回购利率变动的 Granger 因，而上交所 91 天质押式国债回购利率变动仍是 3 个月人民币理财产品预期收益率变化的 Granger 因。在交易所国债市场中，3 个月 AAA 级固定利率企业债券到期收益率变化可以单向影响 91 天质押式国债回购利率的变动，而 91 天质押式国债回购利率变动会单向引导 3 个月人民币理财产品预期收益率水平的变化。

基于国债回购利率与金融市场其他相关利率的关联性视角，国债回购利率既受 SHIBOR 利率、企业债券到期收益率和央票发行利率的影响，同时也对 SHIBOR 利率、人民币理财产品预期收益率产生影响，且在银行间市场和交易所市场有相同的表现。总体来看，国债回购利率与金融市场其他主要利率的关联性较强。

5.4.2　国债期货功能实证检验

本书针对国债期货正式上市交易以来市场运行的主要特点，基于国债期货交易的实盘数据，通过计量分析方法，检验和分析了国债期货交易对国债现货市场的影响，以揭示我国国债期货市场的功能发挥程度。研究表明：国债期货市场的运行提供了基础性的交易产品和交易机制，初步显示了其价格发现和风险规避（套期保值）的核心功能，提高了债券市场的信息效率和定价效率；对现货市场（主要是交易所市场）收益率波动产生一定的影响，但期货与现货市场的协同效应尚未充分显示。

1.国债期货价格发现功能的实证检验

（1）数据说明与变量界定

分析国债期货市场对现货市场的价格发现功能，主要是观测期货市场价格能够对现货市场价格产生影响作用。体现在数据上，应观察国债期货合约价格是否领先现货价格，领先时间越长，其价格发现功能越强。

　　本书选取了国债期货 2013 年 9 月 6 日正式上市交易以来至 2014 年 3 月 31 日的主力合约收盘价格作为反映期货价格的主要指标，主力合约是根据各成交合约中月度成交量最大的合约品种来确定的。其中，2013 年 9 月 6 日至 2013 年 11 月 29 日，主力合约为 TF1312；2013 年 12 月 2 日至 2014 年 2 月 28 日，主力合约为 TF1403；2014 年 3 月 3 日至 2014 年 3 月 31 日，主力合约为 TF1406。

　　选取中债银行间国债净价（3—5 年）指数和（5—7 年）指数、中债交易所国债净价（3—5 年）指数和（5—7 年）指数作为反映现货价格的主要指标。剔除未能匹配的数据，共获得有效样本数据 134 条（数据全部来自 Wind 资讯客户端）。价格发现功能分析的变量及指标见表 5-7。

表 5-7　　　　　　　　　**价格发现功能分析的主要变量**

变量符号	界定含义
ZLHY	主力合约收盘价格。其中，2013 年 9 月 6 日至 2013 年 11 月 29 日，主力合约为 TF1312；2013 年 12 月 2 日至 2014 年 2 月 28 日，主力合约为 TF1403；2014 年 3 月 3 日至 2014 年 3 月 31 日，主力合约为 TF1406
YHJ_35	中债银行间国债净价（3—5 年）指数。样本期为 2013 年 9 月 6 日至 2014 年 3 月 31 日，共 134 条
YHJ_57	中债银行间国债净价（5—7 年）指数。样本期和条数同上
JYS_35	中债交易所国债净价（3—5 年）指数。样本期和条数同上
JYS_57	中债交易所国债净价（5—7 年）指数。样本期和条数同上

　　（2）单位根检验

　　Granger 因果关系检验要求数据应为平稳序列[①]。本书首先对序列进行平稳性检验（ADF 单位根检验），检验结果见表 5-8。

---

　　① 如果各序列平稳，即可直接应用 Granger 因果关系检验；如果不平稳，考察原始序列的差分序列是否平稳，若平稳可以应用 Granger 检验，但此时序列的经济意义已经有所改变。差分序列表示价格的变化情况，研究国债期货市场价格变化对现货市场价格变化是否有引导作用，同样可以说明价格发现功能是否存在。

表 5-8 序列 ADF 检验结果

序列名称	检验类型	ADF 检验值	P值	是否平稳
YHJ_35	(C, T, 2)	−1.300	0.884	不平稳
DYHJ_35	(C, 0, 1)	−5.455	0.000	平稳
YHJ_57	(C, T, 0)	−0.908	0.951	不平稳
DYHJ_57	(C, 0, 1)	−5.783	0.000	平稳
JYS_35	(C, T, 1)	−0.783	0.964	不平稳
DJYS_35	(C, 0, 0)	−15.146	0.000	平稳
JYS_57	(C, T, 0)	−1.151	0.915	不平稳
DJYS_57	(C, 0, 0)	−10.635	0.000	平稳
ZLHY	(C, T, 0)	−1.347	0.871	不平稳
DZLHY	(C, 0, 0)	−11.203	0.000	平稳

注：1. 表中 DZLHY、DYHJ_35、DYHJ_57、DJYS_35、DJYS_57 分别代表原序列的一阶差分序列。

2. (C, T, n) 分别表示在进行 ADF 检验时，是否包含截距项（C）和时间趋势项（T）以及滞后阶数（n），其中滞后阶数是根据 SIC 准则选取确定的。

3. 对于原始序列 JYS_35、JYS_57、YHJ_35、YHJ_57 和 ZLHY，分别使用了无截距项、含截距项和趋势项三种模式进行检验，得到同样的结论，表中列出含截距项和趋势项的结果。

ADF 检验表明，国债期现货序列在 1% 的显著性水平下均无法拒绝存在单位根的原假设，说明各序列都是不平稳序列。经过一阶差分的处理后，各序列都拒绝了原假设，呈现出平稳序列的特征，可以判定各序列都是一阶单整 I（1）的。

（3）Granger 因果关系检验

原序列不平稳，不具备进行 Granger 因果关系检验的条件，对五个序列的一阶差分序列（分别用 DZLHY、DYHJ_35、DYHJ_57、DJYS_35、DJYS_57 表示）进行 Granger 因果关系检验，以期发现期货价格的变动对现货价格的变动的影响，具体检验结果见表 5-9。

表 5-9 　　　　　　　　Granger 因果关系检验结果

原假设	F统计量	P值	是否接受原假设
DYHJ_35 不是 DZLHY 的格兰杰原因	6.896	0.001	拒绝
DZLHY 不是 DYHJ_35 的格兰杰原因	6.551	0.002	拒绝
DYHJ_57 不是 DZLHY 的格兰杰原因	4.322	0.015	拒绝
DZLHY 不是 DYHJ_57 的格兰杰原因	8.386	0.004	拒绝
DJYS_35 不是 DZLHY 的格兰杰原因	2.290	0.105	接受
DZLHY 不是 DJYS_35 的格兰杰原因	11.355	0.000	拒绝
DJYS_57 不是 DZLHY 的格兰杰原因	1.433	0.242	接受
DZLHY 不是 DJYS_57 的格兰杰原因	8.933	0.000	拒绝

注：1. 滞后期数为 2 期。

2. 以 5% 的显著性水平为标准，判断是否拒绝原假设。

检验结果显示，在 5% 的显著性水平下，在银行间市场上，DZLHY 与 DYHJ_35、DYHJ_57 呈现双向的格兰杰因果关系。在交易所市场上，期现货的相互影响关系有所不同，在 5% 的显著性水平下，DZLHY 与 DJYS_35、DJYS_57 存在单向的 Granger 因果关系，即期货价格变化是现货价格变化的格兰杰原因，而现货价格变化不是期货价格变化的格兰杰原因。这表明在国债期货交易运行的初期，主力合约的价格变化对现货市场具有一定的引导效应。

（4）VAR 模型估计及稳定性检验

国债期货合约价格与现货价格的 Granger 因果关系检验，说明国债期货市场与现货市场价格存在交互影响。进一步使用 VAR 模型考察两市场价格对冲击的影响模式。如果期货市场价格发现功能有效，在脉冲响应和方差分解中，期货市场的波动对现货市场价格的影响应当是正向的，而影响力度的大小则可以通过方差分解中的贡献度来评估。

为进一步分析期现货价格的联动关系，本书通过建立向量自回归模型（VAR 模型），使用脉冲响应和方差分解模拟期现货价格变化的交互影响。本书分别选取 YHJ_57 和 JYS_57 的一阶差分序列与 ZLHY 的一阶差分序列，考察银行间市场和交易所市场期现货价格的影响模式。为此，建立两个 VAR 模型，模型 1 包括 DYHJ_57 与 DZLHY 两个变量，模拟银行间市场价格变动与主力合约价格变动的交互关系；模型 2 包括 DJYS_57 与 DZLHY 两个变量，模拟交易所市场价格变动与主力合约价格变动的交互关系。VAR 模型的设定见表 5-10。

表 5-10 　　　　　　　　　　　　VAR 模型的设定

模型	目的	包含变量	变量含义
VAR1	考察银行间市场价格变动与主力合约价格变动的交互关系	DYHJ_57	中债银行间国债净价（5—7 年）指数的一阶差分，反映银行间国债市场价格变动情况
		DZLHY	主力合约收盘价格的一阶差分，反映国债期货市场价格变动情况
VAR2	考察交易所市场价格变动与主力合约价格变动的交互关系	DJYS_57	中债交易所国债净价（5—7 年）指数的一阶差分，反映银行间国债市场价格变动情况
		DZLHY	主力合约收盘价格的一阶差分，反映国债期货市场价格变动情况

首先，确定 VAR 模型的最优滞后阶数，本书选择 5 期为最大滞后期数，计算结果见表 5-11、表 5-12。

表 5-11   **模型 VAR1 最优滞后阶数的确定**

滞后期	LogL	LR	FPE	AIC	SC	HQ
0	92.064	NA	0.001	−1.441	−1.396	−1.423
1	101.987	19.369	0.001	−1.536	−1.400	−1.481
2	117.273	29.350*	0.001*	−1.7164*	−1.490*	−1.625*
3	119.946	5.047	0.001	−1.695	−1.378	−1.566
4	120.494	1.016	0.001	−1.640	−1.233	−1.474
5	121.802	2.387	0.001	−1.597	−1.099	−1.395

注：*表示该列信息准则下，该行对应第1列中的滞后期数是最优的。

表 5-11 显示，根据 AIC、SC 等准则判断，模型 VAR1 的最优滞后期数为 2 期。

表 5-12   **模型 VAR2 最优滞后阶数的确定**

滞后期	LogL	LR	FPE	AIC	SC	HQ
0	69.170	NA	0.001	−1.075	−1.029	−1.056
1	79.816	20.780	0.001	−1.181	−1.045*	−1.126
2	86.244	12.341*	0.001*	−1.220*	−0.994	−1.128*
3	87.833	3.001	0.001	−1.181	−0.865	−1.053
4	90.047	4.110	0.001	−1.153	−0.745	−0.987
5	90.937	1.623	0.001	−1.103	−0.605	−0.901

注：*表示该列信息准则下，该行对应第1列中的滞后期数是最优的。

表 5-12 显示，模型 VAR2 与模型 VAR1 不同，LR、FPE、AIC 与 HQ 准则判定的最优阶数为滞后 2 期，而 SC 准则下判定最优滞后期为 1 期。本书按照多数准则的判定结论，设定模型 VAR2 的滞后期数为 2 期。

对两个模型进行稳定性检验，通过考察特征根是否大于 1 来判断模型是否平稳。从图 5-3、图 5-4 可以看出，所有特征根模的倒数都在单位圆内，模型满足稳定性条件，可以用于进一步的分析和模拟。

Inverse Roots of AR Characteristic Polynomial

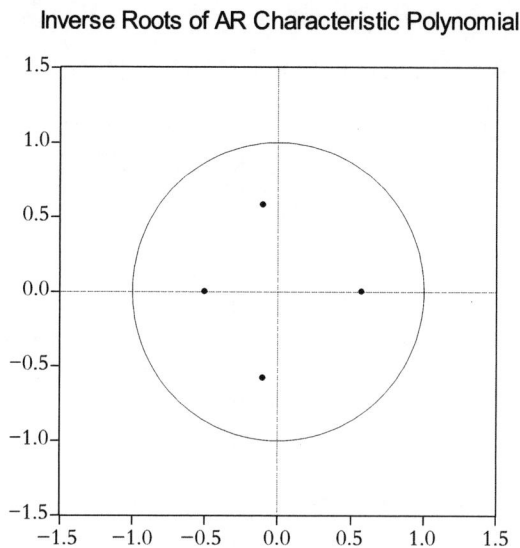

图 5-3　模型 VAR1 稳定性检验

Inverse Roots of AR Characteristic Polynomial

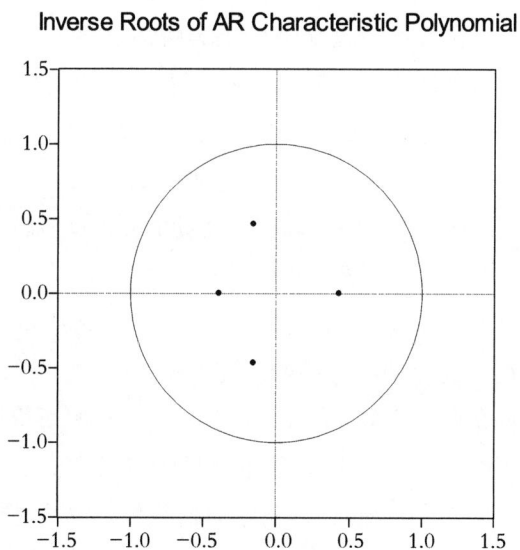

图 5-4　模型 VAR2 稳定性检验

（5）脉冲响应函数分析

脉冲响应函数是分析冲击对系统影响的有效方法，观察现货市场价格变动与期货市场价格变动之间的相互影响过程。如果国债期货市场的价格发现功能存在，体现在脉冲响应函数上，应表现为现货市场价格波动对期货市场的冲击应有相同方向的反应。为保证扰动项之间是正交的，使用 Cholesky 分解来计算脉冲响应函数。图 5-5 列出了以 VAR1 模型为基础计算的银行间市场价格波动对主力合约价格波动冲击的反应（左图），以及主力合约价格波动对银行间市场价格冲击的反应（右图），横轴为反应的滞后期数（单位为交易日），纵轴为反应的大小。

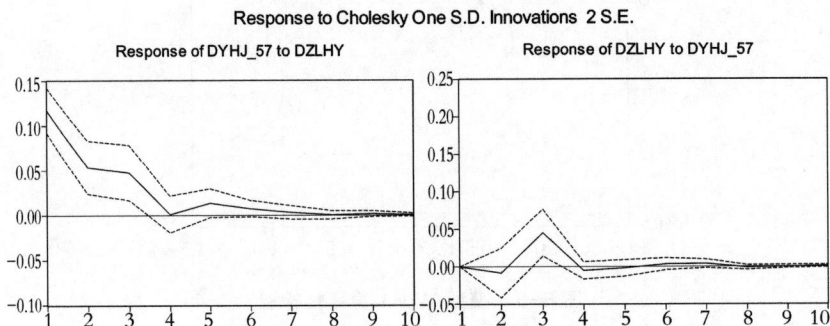

图 5-5　模型 VAR1 的脉冲响应函数图

从脉冲响应函数图中可以看出，在图 5-5 的左图中，银行间市场价格波动对期货市场价格波动冲击的反应（虚线）是正向的，在第 1 期即达到高峰，随后减弱，逐渐趋近于 0。相比较而言，在图 5-5 的右图中，期货市场的价格波动对银行间市场波动的冲击反应较慢，在第 3 期达到高峰，随后迅速减弱，逐渐趋向于 0。

对于 VAR2 模型，采用同样的方法，分析交易所市场价格波动与期货市场价格波动的脉冲响应函数。与 VAR1 模型一样，如果期货市场对现货市场的价格引导作用存在，应当体现为交易所价格波动对期货价格冲击存在正向反应。图 5-6 显示交易所市场价格波动对主力合约价格波动冲击的反应（左图），以及主力合约价格波动对交易所市场价格冲击的反应（右图），横轴为反应的滞后期数（单位为交易日），纵轴为反应的大小。

Response to Cholesky One S.D. Innovations 2 S.E.

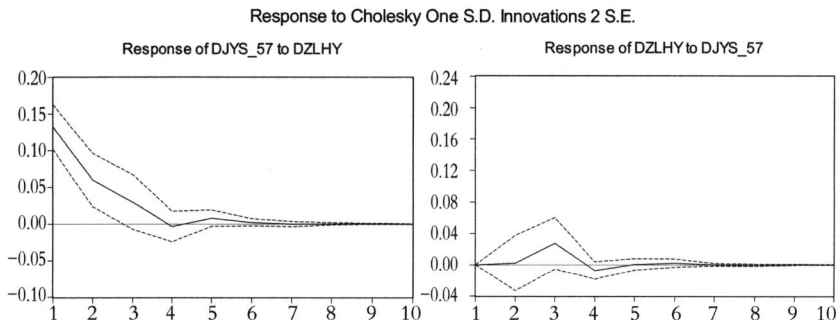

图 5-6　模型 VAR2 的脉冲响应函数图

从脉冲响应函数图中可以看出，在图 5-6 的左图中，交易所市场价格波动对期货市场价格波动冲击的反应（虚线）是正向的，反应同样出现在第 1 期，随后减弱，逐渐趋近于 0。与 VAR1 模型类似，在图 5-6 的右图中，期货市场的价格波动对现货市场的冲击反应相对滞后，在第 3 期出现正向反应，随后迅速减弱，逐渐趋向于 0。

VAR1 模型和 VAR2 模型的脉冲响应函数得出了相似的结果，即主力合约价格变动对现货市场价格变动，包括银行间市场和交易所市场，都有正向的影响作用，而现货对期货的影响相对较弱，这与格兰杰因果关系检验的基本结论也是一致的。

（6）方差分解分析

通过分析脉冲响应函数，得出期货市场价格波动对现货市场价格波动是存在正向影响的，进一步需要明确的是，这种影响的价格变动的贡献有多大。因此，进一步使用方差分解的方法，分析结构冲击引起的各变量变化的贡献度，评估不同冲击的重要性。表 5-13、表 5-14 列出了模型 VAR1 和 VAR2 的方差分解结果。

表 5-13　　　　　　　　　　**模型 VAR1 方差分解**

分解 周期	银行间市场价格波动方差分解			主力合约价格波动方差分解		
	标准误差	现货 贡献率	期货 贡献率	标准误差	现货 贡献率	期货 贡献率
1	0.165	49.934	50.066	0.202	0.000	100.000
2	0.175	46.159	53.841	0.202	0.184	99.816
3	0.183	43.624	56.376	0.207	4.916	95.084

分解周期	银行间市场价格波动方差分解			主力合约价格波动方差分解		
	标准误差	现货贡献率	期货贡献率	标准误差	现货贡献率	期货贡献率
4	0.183	43.734	56.266	0.208	4.949	95.051
5	0.184	43.593	56.407	0.209	4.920	95.080
6	0.184	43.530	56.470	0.209	4.943	95.057
7	0.184	43.526	56.474	0.209	4.973	95.027
8	0.184	43.529	56.471	0.209	4.976	95.024
9	0.184	43.525	56.475	0.209	4.976	95.024
10	0.184	43.524	56.476	0.209	4.977	95.023

表 5-14　　　　　　　　　　　模型 VAR2 方差分解

分解周期	交易所市场价格波动方差分解			主力合约价格波动方差分解		
	标准误差	现货贡献率	期货贡献率	标准误差	现货贡献率	期货贡献率
1	0.197	54.958	45.042	0.206	0.000	100.000
2	0.210	52.194	47.806	0.206	0.011	99.989
3	0.213	51.515	48.485	0.208	1.723	98.277
4	0.213	51.549	48.451	0.209	1.840	98.160
5	0.213	51.475	48.525	0.209	1.839	98.161
6	0.213	51.471	48.529	0.209	1.848	98.152
7	0.213	51.473	48.527	0.209	1.848	98.152
8	0.213	51.473	48.527	0.209	1.849	98.151
9	0.213	51.472	48.528	0.209	1.849	98.151
10	0.213	51.472	48.528	0.209	1.849	98.151

表 5-13 显示，期货市场价格冲击（主力合约）对银行间市场价格波动的贡献率较大，在第 1 期就达到了 50%，随后继续上升，最终保持在 56.5%，而现货市场价格冲击对期货市场价格波动的贡献率始终没有超过 5%。表 5-14 显示同样的规律，期货市场价格冲击对交易所市场价格波动的贡献率接近 50%，而现货市场价格冲击对期货市场价格波动的贡献率不足 2%。

实证结论：Granger 因果关系检验表明，主力合约的价格变动对银行间国债净价（5—7 年）指数以及交易所国债净价（5—7 年）指数有一定的引导作用。通过建立两个 VAR 模型，进一步分析期现货价格的联动关系。脉冲响应函数显示由主力合约价格变动反映的期货市场价格的波动冲击，对银行间市场价格波动与交易所市场价格波动的影响较大；反之，现货市场冲击对期货市场的影响相对较小。方差分解支持这一结论，估计出期货市场价格波动对现货市场价格波动的贡献率达到50%，现货市场价格波动对期货市场价格波动的贡献率却不到 5%。实证分析表明，国债期货的价格发现功能已经初步显现出来。

2. 国债期货风险规避功能实证检验

在揭示了国债期货价格对现货价格在一定程度上具有发现作用后，再来考察国债期货合约风险规避功能的发挥情况。沿用上述数据，根据公式（2.19），可以计算国债期货合约风险规避效果。

以中债银行间国债净价（5—7 年）指数和中债交易所市场国债净价（5—7 年）指数差分序列为因变量，主力合约价格差分序列为自变量，做 OLS 回归，得出的回归系数即为套期保值比率，模型估计结果见表 5-15。

表 5-15　　　　　　　　套期保值比率的 OLS 估计

变量（检验统计量）	银行间市场	交易所市场
C	−0.004	−0.007
	（0.715）	（0.603）
DZLHY	0.583^{***}	0.641^{***}
	（0.000）	（0.000）
样本数	133	133
$\bar{R}^2$	0.434	0.392
F 值	102.371^{***}	86.090^{***}
	（0.000）	（0.000）
DW 统计量	2.000	2.350

注：1. *、**、*** 分别表示在 10%、5%、1% 的显著性水平下显著。

2.（ ）中为估计参数和统计量的 P 值。

3. 第 2 列为以银行间市场国债净价（5—7 年）指数差分序列（DYHJ_57）为因变量的模型估计结果；第 3 列为以交易所市场国债净价（5—7 年）指数差分序列（DJYS_57）为因变量的模型估计结果。

OLS 回归为考察套期保值比率提供了参考值，从回归结果可以看出，对于银行间市场和交易所市场，套期保值比率均为 0.6 左右，低于传统 1∶1 套保模式（见表 5-16）。以此为基础，利用公式（2.28）可以进一步计算套期保值效果，其中使用中债银行间和交易所国债净价（5—7 年）指数反映现货价格水平，以主力合约收盘价格反映期货价格水平。

表 5-16 　　　　　　　　　国债期货合约的套期保值效果

市场类型	保值方式	套期保值比率	现货市场方差	套期保值头寸方差	套期保值有效性
银行间市场	传统 1∶1 套保	1.000	1.361	0.095	0.930
	OLS 静态套保	0.583		0.387	0.715
交易所市场	传统 1∶1 套保	1.000	1.396	0.087	0.938
	OLS 静态套保	0.641		0.333	0.761

注：1. 现货市场方差根据样本期银行间市场国债净价（5—7 年）指数和交易所市场国债净价（5—7 年）指数计算得出。

2. 套期保值头寸方差根据主力合约数据结合套期保值比率计算，计算公式为（2.28）分式中分子部分。

表 5-16 显示，在传统 1∶1 套保方式下，银行间市场套保有效性指标值为 0.930，略低于交易所市场的 0.938，说明交易所市场套期保值效果优于银行间市场；在 OLS 静态套保方式下，套期保值比率要低于传统套保方式，套期保值有效性整体上要低于传统套保方式，在银行间市场和交易所市场表现出类似的趋势，分别为 0.715 和 0.761，即交易所市场高于银行间市场。

实证结论：不论使用传统 1∶1 套保模式，还是 OLS 套保模式，套期保值头寸方差都明显低于现货市场方差，说明国债期货在一定程度上发挥了规避利率风险的功能。按照 OLS 套保模式的计算，国债期货规避了现货市场约 70%以上的风险。

3.国债期货对现货市场波动性影响的实证检验

如何评价债券市场的发展，尤其是如何衡量债券现货市场成熟度，波动性是重要指标之一。本书将通过分析国债期货推出对现货市场波动性的影响，进而反映出国债期货功能发挥的程度。

（1）数据来源、处理与变量界定

选取交易所和银行间国债市场为研究对象，采用国债期货正式上市交易前、后中债公布的中债银行间国债净价（5—7 年）指数（YHJ_57）和中债交易所国债净价（5—7 年）指数（JYS_57）进行分析，样本时间为 2013 年 2 月 1 日至 2014 年 3 月 31 日。在净价指数的基础上计算日收益率，计算公式为 $r_t = 100 \times \ln(p_t/p_{t-1})$，其中 r_t 表示 t 日国债指数收益率，p_t 表示第 t 日国债收盘指数，p_{t-1} 表示第（t−1）日国债收盘指数。同时引入虚拟变量 D，在样本时间内的 2013 年 2 月 1 日至 2013 年 9 月 5 日（国债期货未推出前），D 取值为 0；2013 年 9 月 6 日至 2014 年 3 月 31 日（国债期货推出后），D 取值为 1。分析的主要变量见表 5–17。

表 5–17　　　　　　　　　波动性影响分析的主要变量

变量符号	界定含义
YHJ_57	中债银行间国债净价（5—7 年）指数。样本时间为 2013 年 2 月 1 日至 2014 年 3 月 31 日
JYS_57	中债交易所国债净价（5—7 年）指数。样本期同上
YHJSYL	中债银行间国债净价（5—7 年）指数日收益率。根据中债银行间国债净价（5—7 年）指数计算，共 287 条
JYSSYL	中债交易所国债净价（5—7 年）指数日收益率。样本量同上
D	虚拟变量。2013 年 2 月 1 日至 2013 年 9 月 5 日（国债期货未推出前），D 取值为 0；2013 年 9 月 6 日至 2014 年 3 月 31 日（国债期货推出后），D 取值为 1

（2）描述性统计

首先，考察银行间和交易所日收益率的基本特征。表 5–18 列出了日收益率的主要统计量。图 5–7 显示了银行间市场和交易所市场日收益率的直方图，并配以正态分布曲线。图 5–8 显示了银行间市场和交易所市场日收益率的时序图。通过这些指标和图表，可以对日收益率的数据特性得出初步判断。

表 5-18   日收益率的描述性分析统计量

变量	样本数	均值	最大值	最小值	标准差	偏度	峰度	JB检验统计量
YHJSYL	287	−0.015	0.607	−0.806	0.150	−0.362	7.705	271.016***
JYSSYL	287	−0.017	0.616	−0.895	0.172	−0.530	6.496	159.593***

注：JB 检验原假设为变量符合正态分布，***表示在1%的显著性水平下拒绝原假设。

从表 5-18 列出的描述性统计量可以看出，两个序列的偏度都为负值，呈现左偏形态，峰度值较高（正态分布峰度值为 3），JB 检验拒绝了正态性假设，数据分布不符合正态性特征。

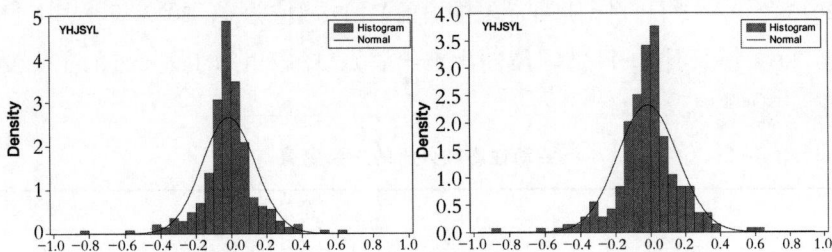

图 5-7　银行间市场和交易所市场日收益率直方图

从图 5-7 显示的日收益率直方图可以看出，无论是在银行间市场（左图）还是在交易所市场（右图），日收益率都显示出"尖峰厚尾"的特征，这一形态在各类金融市场时间序列中较为常见。

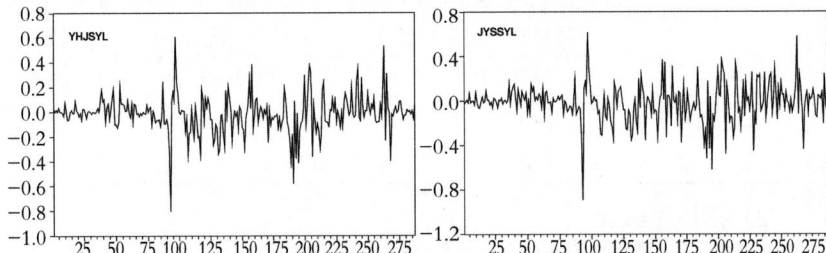

图 5-8　银行间市场和交易所市场日收益率时序图

图 5-8 显示了样本期内银行间市场和交易所市场国债日收益率的波动趋势，横轴为样本期数，以 2013 年 2 月 1 日为第 1 期，共 287 个交易日数据，纵轴为日收益率值。可以看出，在初期日收益率的波动幅

度较小，100 期以后波动幅度加大，形态明显有所差别。同时，可以观测到波动性的聚集现象，即出现较大幅度的波动后，未来往往会连续出现大幅度的波动；出现较小幅度的波动后，未来一段时间的波动也会较小。GARCH 模型为分析此类时间序列提供了一个较好的工具。

（3）GARCH 模型的建立

为建立适合的 GARCH 模型，首先要建立均值方程，并检验是否存在 ARCH 效应，如果存在 ARCH 效应，则需要确定 GARCH 模型的结构，最后进行估计和检验。

建立均值方程。观察 YHJSYL 和 JYSSYL 两序列的自相关和偏自相关函数，发现图形显示同步截尾的形态，即两序列的自相关函数和偏自相关函数都在 1 阶以后迅速收敛，无法从图形上直接判断其数据生成过程的 AR 项和 MA 项的阶数，于是使用不同的 ARMA（p，q）形式对数据进行拟合，根据 AIC 值和 SC 值找出最优模型（见表 5-19）。

表 5-19 　　　　　　　　　**ARMA 模型最佳形式识别**

模型形式	银行间（YHJSYL）		交易所（JYSSYL）	
	AIC 准则	SC 准则	AIC 准则	SC 准则
ARMA（1,1）	−1.016	−0.978	−0.693	−0.655
ARMA（1,0）	−1.010	−0.984*	−0.695	−0.669*
ARMA（0,1）	−0.998	−0.972	−0.694	−0.669
ARMA（1,2）	−1.020*	−0.982	−0.695*	−0.657
ARMA（2,1）	−1.018	−0.979	−0.693	−0.654

注：*表示该列信息准则下，该行对应第 1 列中的模型形式是最优的。

表 5-19 显示了对两序列的 5 种不同形式的模型假定下，模型拟合的 AIC 值和 SC 值，以此判断最佳的模型形式。可以看出，AIC 准则认为 ARMA（1，2）最优，而 SC 准则认为 ARMA（1，0）最优。在两种准则不一致的情况下，本着尽量简化模型形式的原则，选择参数较少、结构更加简洁的模型，即 ARMA（1，0）作为均值方程的形式。

检验残差中是否具有 ARCH 效应。分别作滞后阶数为 1~10 阶的 ARCH-LM 检验（见表 5-20）。

表 5-20 　　　交易所与银行间国债收益率序列 LM 检验结果

银行间收益率序列				交易所收益率序列			
滞后阶数	卡方统计量	自由度	P值	滞后阶数	卡方统计量	自由度	P值
1	10.432***	1	0.001	1	3.359*	1	0.067
2	15.397***	2	0.001	2	5.389*	2	0.068
3	15.281***	3	0.002	3	5.444	3	0.142
4	34.094***	4	0.000	4	20.526***	4	0.000
5	34.082***	5	0.000	5	20.697***	5	0.001
6	34.234***	6	0.000	6	20.556***	6	0.002
7	35.405***	7	0.000	7	21.112***	7	0.004
8	37.130***	8	0.000	8	21.512***	8	0.006
9	36.995***	9	0.000	9	21.665**	9	0.010
10	37.971***	10	0.000	10	21.522**	10	0.018

注：1. 假设 H0：没有 ARCH 效应；H1：存在 P 阶 ARCH 效应。

2. *、**、***分别表示在 10%、5%、1%的显著性水平下显著。

表 5-20 显示，无论是银行间市场还是交易所市场，卡方统计量在较高的阶数水平上仍然显著，拒绝了没有 ARCH 效应的原假设，表明收益率的残差序列存在高阶 ARCH 效应，有必要再建立 GARCH 模型。

为考察国债期货推出后现货市场波动性特征是否有差异，在残差方程中加入了虚拟变量 D，模型形式如下：

$$\sigma_t^2 = \alpha_0 + \sum_{i=1}^{p} \alpha_i \varepsilon_{t-i}^2 + \sum_{j=1}^{q} \beta_j \sigma_{t-k}^2 + \gamma D \tag{5.1}$$

为识别出最优的 GARCH（p，q）模型，在 0~2 范围内对于不同的 p 和 q 进行了尝试，考察式中的 α_i 和 β_j 是否大于 0，检验残差中是否有残余的 ARCH 效应，并按照 AIC 准则比较估计效果，最终确定 GARCH（1，1）模型。模型估计结果见表 5-21。

表 5-21　交易所与银行间国债日收益率序列 GARCH 估计结果

	变量（检验统计量）	银行间市场	交易所市场
		估计系数（P值）	估计系数（P值）
均值方程	C	0.003	0.001
		(0.588)	(0.931)
	AR(1)	0.187***	0.100
		(0.009)	(0.218)
方差方程	C	0.000***	0.001***
		(0.001)	(0.001)
	RESID(−1)^2	0.431***	0.294***
		(0.000)	(0.000)
	GARCH(−1)	0.636***	0.683***
		(0.000)	(0.000)
	D	0.001**	0.004***
		(0.023)	(0.002)
检验统计量	DW 统计量	1.910	1.891
	Q（5）	5.694	5.254
		(0.223)	(0.262)
	Q（10）	20.806	10.459
		(0.140)	(0.315)
	ARCH−LM（5）	1.018	1.784
		(0.406)	(0.116)
	ARCH−LM（10）	0.908	1.021
		(0.526)	(0.426)

注：1. **、*** 分别表示在 5%、1% 的显著性水平下显著。

2. 变量 RESID（−1）^2、GARCH（−1）、D 的系数分别对应（2.14）式中的参数 α_1、β_1 和 γ，即 ARCH 项、GARCH 项和虚拟变量。

表 5-21 显示，不论是银行间市场还是交易所市场，方差方程的 ARCH 项和 GARCH 项都很显著，且都大于 0。DW 统计量接近 2，存在一阶自相关可能性极小。Q 统计量和 ARCH−LM 检验结果说明，ARCH 效应已经被消除。银行间市场的 ARCH 项和 GARCH 项系数和大于 1，不满足方差收敛的条件，表明在银行间市场上，在外界因素的

冲击和过去波动的影响下，价格波动会一直持续下去。在交易所市场上，虽然满足模型收敛条件，但系数和仍然非常接近于 1，说明波动同样具有持久性。相比较而言，银行间市场的 ARCH 项系数更大一些，说明银行间市场价格波动对新信息的反应更大一些。两个市场中，虚拟变量的系数都是显著的，说明国债期货的推出增大了现货市场的价格波动。相比较而言，交易所市场的虚拟变量 D 系数更大一些，说明交易所市场受到的影响更大。

实证结论：银行间国债市场和交易所国债市场日收益率具有"尖峰厚尾"的特征，样本期内的数据呈现出波动性聚集的现象。使用加入虚拟变量的 GARCH 模型分析两个市场的日收益率，发现国债期货的推出增大了现货市场的波动性，且交易所市场受到的影响更大。两个市场的波动性具有持久性，银行间市场价格波动对新信息更加敏感。

第6章　我国国债市场管理质量

本书将国债市场管理划分为法律法规、市场监管和托管结算三个子体系。本书对包含三个子体系在内的国债市场管理架构进行一般性分析后，对国债市场管理国际经验及借鉴进行了概括，对照国际经验，详细阐述了我国国债市场管理的现状，分别对我国法律法规体系、市场监管体系、托管结算体系的建立与发展、所取得的成效和存在的问题进行了论述与分析，以期对我国国债市场管理质量作出定性分析结论。

6.1　国债市场管理架构

6.1.1　法律法规体系

市场经济的发展，必须紧密与法律联系在一起，并依赖于法律制度、法律体系的建立和完善。国债市场在我国证券市场中发挥着基础性作用，是社会主义市场体系的有机组成部分，必然需要法律制度来保障其健康、有序、规范发展。我国30余年来国债市场演变与国债市场基本制度变迁所带来的经验教训，进一步验证了国债市场如果不受到法律框架的约束，或不遵循市场经济的法治规则办事，只能导致盲目发展和错误决策，对经济发展造成的损害巨大。当前，我国国债市场仍然存在诸多问题，特别是国债市场中存在的国债发行体制、国债交易市场分割等深层次问题，以现有法律制度框架难以解决，需要进一步朝着市场化和规范化方向实施改革，不断增强国债市场的公平公正和高效透明，最终达到提高国债市场运行质量的目的。完善国债市场制度建设必须提高国债市场的法制化水平，以完善的国债市场法律法规体系为保障，大胆进行制度创新，进一步推动国债市场发展。

通常来说，国债市场的法律法规体系大致分为法律、行政法规和部门规章三个层次。既有国债市场普遍适用的法律法规，也有适用于某一特定国债市场的法律法规；既有所有市场参与者普遍使用的法律法规，也有针对某一类市场参与者的法律法规。其主要内容包含国债发行、交易、结算等环节，以及明确监管机构和构建市场监管框架等方面。

6.1.2 市场监管体系

法律法规体系通常是抽象而非具体的，存在没有界定特定行为、仅列举少数行为而使得对行为的限定很宽泛，或虽明确了应予制止的行为但不能涵盖所有的问题。也就是说，法律设计是不可能达到最优的。因此，为弥补法律的不完备，引入监管机构以主动方式执法改进法律实施效果就显得十分必要。国债市场运行涉及众多利益主体，客观上要求有严密的法律体系作为保障。但鉴于法律内在不完备所导致的阻吓失灵，为保证国债市场的规范运行，市场监管就成为一种必然选择。

国债市场监管主要包括监管主体、监管目标、监管对象和监管手段等基本元素。

（1）监管主体。因各国市场发展程度和政治、经济体制的差异，国债市场的监管主体呈现多元化，既有国家强制性机构，也有自律性组织。但通常在市场起步阶段，主要依靠的是交易所等自律组织的自我约束、自我管理。随着证券市场向成熟市场的发展，经济危机和金融风险促使政府越来越多地介入市场，行使管理职能，与自律监管相互配合，成为市场监管的两大主力。

（2）监管目标。国际证监会组织认为市场监管的目标是保护投资者、信息公开透明、降低系统风险。综合各类市场，可将市场监管目标概括为两个层级：第一层级是现实目标，即遵循"公开、公平与公正"原则，克服各种市场缺陷（防止市场失灵），保护市场参与者特别是中小投资者的合法利益，保证市场的正常运行和功能的有效发挥；第二层级是最终目标，即提升证券市场运行质量，并以此提高资源配置效率，促进整个国民经济的稳定和发展。

（3）监管对象。涵盖所有参与市场运行的主体。根据市场参与主体性质区分，可分为法人和自然人主体；根据市场主体地位与角色区分，可分为上市对象（即筹资者）、交易对象（即投资者）、中介对象、自我管理对象等四类；根据监管活动覆盖面区分，可分为证券活动监管、金融机构监管、信息披露监管、外国参与者监管。

（4）监管手段。一般包括经济手段、法律手段和行政手段。本书着重强调行政手段，是指采用制定政策制度、实施监督检查、追究责任并处置等方式对证券市场进行直接强制行政干预和管理，并广泛存在于任何国家证券市场的监管之中。在证券市场发展的初级阶段，受社会经济政治等条件制约，经济手段效率低、法律手段不健全，须行政手段的积极补充。但随着市场的成熟与完善，应逐步减少行政手段干预。

6.1.3　托管结算体系

托管结算体系是金融业特别是证券业的重要基础设施。这一体系的健全与完善既是证券业务存在和发展的前提，又对整个金融市场起到保障安全运行和防范风险的独特作用。证券托管结算体系是一个涵盖相关法律法规、监管体制、机构设置、职能安排、风险管理制度甚至延伸至技术系统和业务流程等在内的综合性概念。证券托管与结算主要有以下三大功能：

（1）证券登记。它是指证券登记机构对证券行为状态和证券权利状态进行确认并记载的法律行为，带有一定的强制性、行政性。证券登记所体现的物权确定含义贯穿于证券发行、交易和清偿的各个阶段。如证券发行时要进行所有权初始登记；证券发生交易结算时要进行所有权变更登记；证券清偿时要进行所有权注销登记和债券债务关系解除登记。

证券办理质押时要进行质押权设立登记；质押变更时要进行质押权变更登记；解除质押时要进行质押权撤销登记。

（2）证券托管。它是指证券持有人通过协议确定，将其证券资产委托他人管理，是一种经济合同的建立和履行过程。其主要职能是为委托人进行证券权利管理、实物券保管与证券权益监护、证券权利登记、实物券存取等服务。随着证券市场的发展，提供托管服务的机构衍生出的托管业务包括开户、查询、挂失、冻结、质押、过户、代理分红派息以及信息咨询等，逐步成为监管机构进行市场一线动态监测的助手。

（3）证券结算。它是指证券交易完成后有关各方履行相应权利和义务的过程，包括交易确认、清算、过户等任务。通常，按对交易笔数进行处理，可分为全额（逐笔）结算和净额结算；按结算时间，可分为实时结算和定时结算；按结算时券款是否挂钩，可分为纯券过户、见券付款、见款付券、券款对付；按结算主体，可分为自我结算和结算代理。其中，券款对付（DVP）是指卖方的证券转移和买方的付款同时发生。为保证托管结算的安全性，促进净额结算，出现了中央对手方（CCP），即清算公司作为中央对手方，在交易结束后代替原来买卖双方付款交货的合同，买卖双方都只与 CCP 有相同的合同。

上述功能是进行证券交易的前提，也是建立证券市场的基础。同时，托管结算体系包括债券登记、托管、交易和结算等多个业务环节，连接着投资者、发行人、中介机构、商业银行、监管部门等证券市场各主要参与者，呈现出一种多层次、多主体、多性质的经济、法律和行政关系的格局。多层次是指一个国家托管结算体系由很多层次构成：一是中央托管层，即中央托管结算机构与分托管结算机构；二是二级托管层，即二级托管结算机构与结算参与人；三是三级托管结算机构与直接投资者。多主体是指证券市场的构成要素中主体多，而且托管结算体系中各类主体由于市场分层分类，其相互之间的关系也不相同。多性质是指市场主体之间的关系有一般的经济关系，还有法律关系和行政关系，即使在同一层次的主体之间，也有着不同性质的关系。

托管结算体系是市场发展、风险防范以及安全与高效运行的根本保障和最终防线。证券市场风险较高并相对集中，在众多风险中，托管结算风险尤其受到监管当局和投资者的关注。托管结算环节直接涉及证券和资金，涉及所有权的转移，也是交易目的达成的最终环节，而且几乎所有的风险都最终在这一环节显现，是发生金融风险的主要通道，一旦出现失败，很可能导致多米诺骨牌效应，引发系统性风险。国内外由托管结算体系所引发的风险事件教训深刻。因此，如何借鉴全球证券托管结算机构的先进经验，从长远有效、治根治本且切合中国实际的角度，找到一条科学的路径是管理当局和结算机构面临的一个迫切问题，也是保障证券市场参与者资产安全、防范和控制市场风险、提高市场运行质量、促进市场持续稳定发展的必然要求。

6.2 国债市场管理的国际经验与借鉴

6.2.1 国债市场法律法规体系的国际比较

1. 美国国债市场法律体系

美国国债市场法律体系包括其证券法体系及专门的国债法制度，由联邦政府制定的证券基本法、美国国会颁布的配套法规和法案、各州的地方性证券法规、自律组织的相关规定等四个层次组成。其中，起基础性和决定性作用的主要有：1933 年的《证券法》，主要调整证券发行问题，其核心是信息公开，法定的监管机构是联邦贸易委员会；1934 年的《证券交易法》，设立了专门的联邦证券主管机构——证券与交易委员会（SEC），取代联邦贸易委员会行使监管全国证券市场的职权；1975 年的《证券法修正案》，构成了各类证券发行和交易共同适用的法律制度。同时，美国的分业经营制度、禁止证券欺诈原则以及公司上市注册制度构成了严密的证券监管规则。

同时，美国主要针对国债市场部分问题制定了专门的公债法律制度，作为对《证券交易法》的补充。1986 年的《政府债券法》，首次将美国国债市场交易行为纳入联邦法律规范，并授权财政部制定市场规则；对参与国债回购的机构提出满足最低资本金要求、财务问责标准、客户资产保管安排等一系列相应规定；要求财政部和证监会制定规章细则，规范定期汇报制度和回购业务安排。1993 年出台的《政府债券补充法案》，永久固化了财政部制定规则的权力；扩展了财政部"大额头寸报告"权力至任何持有或控制即将发行或近期已经发行的国债投资者；规范了销售行为。

2. 英国国债市场法律体系

英国国债市场专门的立法较少，更多的是遵守证券市场法，主要包括《防止欺诈（投资）法》《反欺诈法》《公平交易法》《金融服务法》。2000 年 6 月的《金融服务与市场法案》，进一步统一了自律规则和现有规定，明确了金融服务局的监管权力与法律地位，通过归并个人投资管理局、投资管理监管机构、建房互助委员会、互助会委员会、互助会登记处以及证券与期货管理局等监管机构的权力和职责，金融服务局成为英国金融服务业唯一的立法者，在其认为必要时有权采取其认为合适的措施介入金融业任何领域。

3. 日本国债市场法律制度

日本国债市场的相关法律体系也相当完善。1947 年制定的《财政法》，主要体现了日本财政制度的平衡财政思想，它与《特例公债法》和《国债整理基金特别会计法》组成日本国债发行的基本法。1948 年的《证券交易法》是日本证券业的根本大法，它将证券业务集中于证券公司和交易所，确立了分业管理的原则；建立了证券发行交易的公开制度；规定了公开收购的限制条件；设立了证券公司与交易所及其经营范围的特许审批制度，并赋予大藏省集中监管证券市场和证券业的权利。

6.2.2　证券市场监管主要模式的国际比较

1. 政府主导型监管模式

在此模式下，政府在市场管理中发挥主导作用，通过设立专门的全国性证券监管机构，制定和实施专门的证券市场管理法规，统一管理全国证券市场。美国是这种模式的典型代表。美国早期各州政府通过"蓝天法"（Blue Sky Laws）对本州范围内自发形成的证券市场进行监管，但对跨州的证券交易行为"蓝天法"难以实施有效监管，无法给予投资者全面积极的保护。美国证券业监管法规因受 1929 年大危机影响，加快了由州单独立法向联邦政府统一立法的转变。美国国会通过 1933 年的《证券法》、1934 年的《证券交易法》，加上 1935 年的《公共事业持股公司法》、1940 年的《投资公司法》和 1970 年的《证券投资者保护法》等多部重要法律，构成了一个结构严密、体系完整的证券监管法律体系。美国证券交易委员会（SEC）是根据 1934 年的《证券交易法》设立的，直接隶属于国会，依法全面监管全国的证券发行、证券交易、券商、投资公司等，是一个独立、具有准司法权、集立法执法和监察为一体的证券管理机构。SEC 实行高度统一的集权管理，把全国分为 9 个区，每个区设分委员会，负责执行和落实管理政策和管理措施。此外，美国还存在证券交易所、证券商协会等自律监管机构，在 SEC 的监管下，依法制定规则、标准，对其会员进行管理。

2. 市场自律型监管模式

在此模式下，除必要的国家立法外，政府较少干预证券市场，一般不设专门的证券监管机构，主要由证券业自律组织对证券市场实施监管。此监管模式以英国为代表。20 世纪 80 年代之前，英国证券市场没有专门的政府监管机构，以伦敦证券交易所为代表的市场自律组织承担着证券市场监管的主要职责。1986 年的《金融服务法》，设立了证券投资委员会。1997 年 10 月，该委员会改制为英国金融服务监管局（FSA），成为英国金融市场统一的监管机构。2000 年颁布的《金融服务与市场法》，合并了证券和期货局、投资管理监管组织、个人投资局等机构职责，建立了以 FSA 为核心的单一监管者体制。英国的自律型监管模式分为两个层次：第一层次是证券交易所的监管；第二层次由证券交易所协会、收购与合并问题专门小组和证券业理事会共同负责，并与其他政府机构相互配合的监管。英国的自我监管机构与政府主管部门相对独立，但又在一定程度上互相配合和补充。

3. 中间型监管模式

在此模式下，既强调政府监管，又强调自律管理。此监管模式以德国为典型代表。起初，德国证券市场没有专门的证券监管机构和全国统一的证券法。德国的"全能银行"制度造成了银行业和证券业的混业经营，《银行业务法》规定只有"全能型"银行才可以与公众进行证券业务，因此证券业务是由中央银行管理，并通过银行监管局实施监督。1961 年的《联邦德国银行法》，授权建立联邦银行监督管理局，隶属于国家财政部，负责监管从事包括证券投资业务在内的金融机构，并借助德意志联邦银行在各州的机构进行监管。

在自律监管方面，1968 年的《证券交易所法》规定证券上市、信息披露、二级市场交易等都由交易所负责监管。虽然一些管制规定是由联邦政府制定的，但其组织、管理和监督则一般在州一级水平上进行，以法兰克福交易所为首的 8 家证券交易所都受到当地政府的控制。为适应欧盟一体化进程，德国 1994 年颁布了《第二部金融市场促进法》，设立联邦证券监管局，并赋予联邦在州界域内的执法权。2002 年，银行、保险和证券三大联邦监管机构合并成立德国联邦金融监管局。

可见，德国证券监管机构和监管体系呈三级监管架构。第一个层面是联邦政府，联邦政府设联邦金融监管局，对整个市场进行监管，履行国家监管职能。第二个层面是州政府，州政府设交易所监管机关（与联邦金融监管局之间不存在隶属关系），对交易所实施法律监督，监管辖区内的交易、结算和其他证券活动。第三个层面是交易所，交易所设交易监控部门，负责管理证券发行、上市和交易等具体业务，履行对证券交易的一线监管职能。三级监管机构的职权范围彼此有别，同时又相互合作。

6.2.3 证券市场托管结算体系的国际比较

1. 统一托管、集中结算的组织结构

建立分工合理、职责明确、运转安全、机制灵活的托管结算体系是一国证券市场建设的首要任务。从发达的市场经济国家来看，交易前台多元化主要满足市场交易达成的流动性需求，作为后台的托管结算体系集中化、一体化则主要满足市场交易阶段的安全性、效率性需求，两者共同服务于市场运行质量和市场整体竞争力。随着无纸化技术在托管结算系统中的广泛应用，系统的组织架构进一步紧凑，更趋于集中，交易后处理的组织和流程不断优化。汇总多国的托管结算机构的基本情况，其组织架构表现为以下三个显著特点：

（1）统一托管。基于相对健全的市场信用基础，以及提高为不同市场间投资者服务的效率等原因，发达的市场经济国家从原先的分散托管逐步走向集中托管，而且分工明确，责任清晰，形成了目前无论是场内交易与场外交易，还是竞价交易与撮合交易，每个国家一般都只设立一家中央托管结算机构，下面有若干托管人的格局。

（2）集中清算结算。由于股票、债券特性不同，各国证券市场发展阶段不同，主要交易场所不同，初期的股票、债券的清算与结算分别由不同的机构负责。如美国国债交易，交易所国债由全美证券托管公司（DTC）总托管，在交易所交易，由全美证券清算公司（NSCC）办理清算；而美国国债场外交易，都是通过美联储的 Fedwire 系统办理托管，主要由政府证券清算公司（GSCC）办理清算。但随着全美证券托管结算公司（DTCC）的成立，实现了内部管理的统一，各个清算公司外部公司化，内部按照事业部运行，托管、清算、结算公司的子系统成为 DTCC 综合业务系统。在欧盟，市场分割给欧盟跨境证券交易带来了不必要的高额成本，导致欧洲资本市场在竞争中处于劣势。为此，2006 年 7 月，欧洲央行理事会（ECB Governing Council）发起建立了泛欧证券结算平台 T2S，其目的是建立核心、中立、无国界、多币种的证券结算技术平台，提供所有证券的统一、运用中央银行货币、商业化的 DVP 结算服务。预计该系统于 2016 年开始全面运行。

（3）托管清算结算一体化。从全球来看，绝大多数国家和地区的证券登记托管、清算结算业务由一家机构全部承担。从亚太地区证券中央托管机构组织（ACG）的 23 个成员来看，有 20 个国家是托管结算一体化的格局。从债券市场来看，由于其场外市场、大宗交易、机构投资者等特殊属性，托管结算机构都是债券交易处理后的核心，托管、清算、结算一体化的组织模式是效率最高、成本最低的。欧美发达债券市场大部分债券交易没有清算所参与，而是由托管结算机构直接完成清算与结算，欧清系统占据了欧洲债券市场结算量的绝大部分，90%以上的债券结算是由欧清以全额结算方式直接进行的，没有经过清算所环节。德国交易所集团收购明讯后于 2000 年才开始充当债券净额结算中央对手方，在明讯处理的债券交易结算中，80%以上也不经过任何清算所，而是由明讯直接采用全额 DVP 结算。伦敦清算所（LCH）从 1999 年开始债券清算业务，充当中央对手方，到 2008 年业务份额仅为 0.16%。

2. 公司制与股份制为主的组织制度

虽然托管结算机构是服务市场且不以盈利为目的的中介机构，但因会员制存在产权不清、委托代理关系不明、对出资人缺乏有效激励、限制非会员投资者进入以及会员利益冲突等先天缺陷，所以托管结算机构多采用公司制。

公司制托管结算机构的资本形态主要有三种：一是客户成员等有关单位控股，如全美证券托管清算公司、欧清银行、加拿大证券托管公司、日本证券托管中心、韩国证券托管公司；二是交易所等机构全资持有，如明讯银行是德国证券交易所集团的全资子公司，瑞士国际证券结算公司由瑞士金融服务全资持有；三是与交易所同为其他公司的子公司，如悉尼期货交易所清算公司、澳大利亚清算公司与悉尼期货交易所、新西兰期货与期权交易所同为悉尼期货交易所有限公司的子公司，香港中央结算有限公司与香港联合交易所、香港期货交易所同为香港交易及结算所有限公司的子公司。

无论组织制度如何，托管结算机构都建立了一套包括股东大会、董事会、监事会在内的完善的法人治理结构。通常，董事会又分设战略与决策委员会、运营委员会、技术委员会、财务委员会、法律委员会、审计委员会、薪酬提名委员会、风险控制委员会等专门委员会。即使实行会员制的托管结算机构（如伦敦清算所）也建立了类似公司制的法人治理结构。同时，许多托管结算机构还具有自律管理的职能，发挥一线监测作用，其中美国的全美证券托管清算公司具有的自律管理职能较强。

3. 经营范围广、服务功能多的业务职能

在发达证券市场中，证券托管结算机构经营的证券品种主要包括权益类证券、债务类证券、货币市场工具及证券衍生产品等几类。如全美证券托管清算公司托管的有价证券主要有 12 类，包括在交易所挂牌的普通股及特别股、公司债券、地方政府债券、国库券及联邦政府债券、认购（售）权证、存托凭证、基金、定期存单、国债债券、商业本票及其他货币市场工具、部分加拿大普通股、资产证券化商品权利证书。

托管结算机构的核心功能是托管、清算和结算。其中，托管包括发行、登记、本息偿付、转投资、预扣税处理、融券等；结算包括证券清算、结算，资金清算、结算和资产估价等。此外，提供信息服务也是托管结算机构的重要业务。

随着托管结算服务范围的扩大、托管券种的增加，交易结算以及托管机构也在整合中。一是逐渐向托管结算合一的方向发展。如1997年，结算与托管合一的市场约占全球的19%，到2003年，所占比例高达70%以上。二是交易与结算分开，结算向集中统一方向发展。如1999年，全球76%的市场采用交易与结算分开方式，随着2000年英国伦敦证交所将结算作业交由伦敦清算所处理，2003年日本将原属交易所的结算作业统一交由新的结算机构进行，使得采用交易与结算分开方式的市场占比进一步提高。三是一个托管结算机构服务多个市场。从现有资料来看，约80%国家的托管机构使用同一系统服务债券、股票市场，如美国的全美证券结算公司同时服务于纽约、纳斯达克、美国、芝加哥、波士顿、辛辛那提、太平洋、黄城等8家证券交易所和ECN等场外交易场所。美国证券托管体系如图6-1所示。

4.形式多样、市场差异的结算制度

在结算模式上，一般在债券交易、场外市场、大宗交易等单笔成交量大、成交次数少的市场多采用逐笔全额结算模式，如欧清、明讯、中国债市等；而在绝大多数股票交易所或者单笔交易量小、交易频繁的市场一般采用净额结算模式。汇总全球主要市场结算制度，主要有以下几个特点：

一是基础证券的结算制度以DVP结算为主。DVP结算可以分为全额和净额两个不同方式。由于净额主要是为做市商和频繁交易者提供方便，因此在股票市场上应用比较广泛。而债券市场是固定收益市场，因而以全额实时DVP结算方式为主。如欧清的债券结算量占据市场主要份额，但其中央对手方净额结算方式占比不超过1%，其余99%由欧清组织完成实时全额结算，不通过清算所。德国市场90%的债券交易在场外进行，其中80%左右不通过清算所，由明讯（法兰克福）直接用DVP的方式实施全额结算。

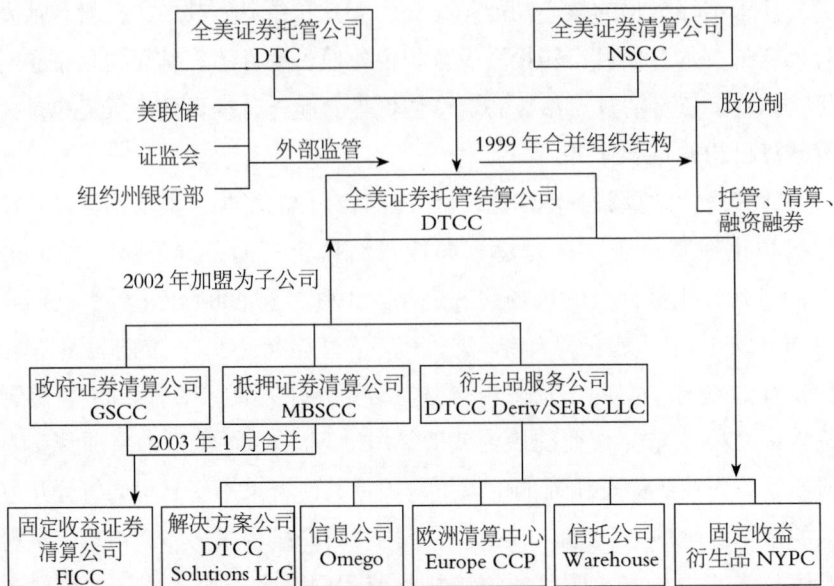

图 6-1　美国证券托管结算体系

资料来源：梅世云.国际证券托管结算体系研究［M］.北京：中国金融出版社，2013.

二是场内衍生品的结算以中央对手方净额结算为主。中央对手方清算模式主要有三种类型：单独设立清算所，即由清算所担任中央对手方，在欧洲比较多，如伦敦清算所1999年率先为场外债券的回购交易提供中央对手方清算，但因环节多、效率低，至今此业务也未成为其核心业务；单一公司结算一体化，即由托管结算机构直接担任中央对手方，开展净额清算业务，在亚洲、美洲、澳洲以及新兴市场国家非常普遍；集团内下属清算公司或子公司，如瑞士的 SIS Group 通过设立子公司 Sega Inter Settle 和 X-Clear 分别提供托管结算和中央对手方服务。日本证券托管中心下设全资清算子公司 JDCC，负责股票场外市场的 DVP 结算，采用证券全额、资金净额模式。

三是建立多种保障结算成功率的机制。国际上，许多托管结算机构均建立了全券种、多种结算方式并存的结算系统。如加拿大、明讯在结算方式上同时采取了实时逐笔全额结算和净额结算方式，由客户根据需要在结算指令中选择。Monte Titoli 的 EXPRESS Ⅱ 系统灵活结合了净额和全额两种结算方式，交易所交易首先通过交收日夜间净额结算处理，夜间净额结算失败的交易则进入日间净额结算处理，日间净额结算仍旧失败的交易，则进入全额结算。

6.2.4 对我国国债市场管理的启示

一是高度重视国债市场立法。发达国家无论是用证券法体系来调整国债市场，还是专门对国债及国债市场进行立法，都体现了统一性、全面性和良好的适应性。综合来看，各国法律法规体系主要关注以下问题：（1）国债市场应循序渐进发展，在发展中应注重基础性的监管和制度框架。（2）应将满足政府借款的需要、提供公开市场操作工具、构建无风险的基准利率、推进资本市场的发展作为国债市场发展的落脚点。（3）发展中长期的国债市场从而稳定公共部门融资渠道，丰富私营部门金融投资工具。（4）提升市场运行质量，同时避免市场分割。

二是证券市场监管主体多元化。如何选择监管模式和监管主体，须综合考虑本国的政治、经济、历史等各个方面以及证券市场发展阶段。政府主导型监管模式的优点是监管法律权威性高、监管者地位超脱、监管作用发挥有效，但也存在监管成本高、应对不及时、与自律机构难协调等弊端；而市场自律型监管模式虽然更贴近市场、更具有灵活性、反应更迅速，但也存在对投资者保护不足、公正原则表现不充分、监管手段偏软、市场间协调难等问题。随着证券市场的发展，原先依靠政府监管的证券市场正日渐重视发挥自律组织的作用；而实行自律型管理的国家，也纷纷仿效政府主导型管理的成功做法。传统的监管模式正逐步向着更为灵活有效的市场自律与政府主导相结合的方向发展，这对构建有效的我国证券市场监管架构具有重要的启示意义。

三是中央统一登记、集中托管结算制度大势所趋。分散的托管机制，不但分散了投资者的资产，也分割了市场，尽管这种情况会给投资者带来套利机会，但由于转托管与分散的资产很难在短时间内形成应有的整体交易力量，也就可能贻误市场机会，难以获得规模收益。反观统一的中央托管系统，电子簿记与发行提高了效率性和安全性，便于证券的无纸化；较好地适应了登记、托管、清算与结算内在的、天然的联系，使得组织机构、业务系统衔接更加紧密，减少了组织、管理成本，提高了系统运行效率；同时，中央托管机构的业务优势也为中央对手方的风险控制提供了必要依托。因此，我国中央托管结算机构要在支持证券市场发展和创新、监测和控制风险、保障市场运行安全、提高金融市场运行质量等方面发挥重要作用，必须借鉴国际经验，把握并顺应市场发展的客观规律，进一步完善和健全我国证券中央托管结算体系。

6.3 我国国债市场管理的现状

6.3.1 我国国债市场的法律法规体系

我国已经建成由交易所国债市场、银行间国债市场和国债柜台市场等三个子市场组成的债券市场总体格局。与之相应，国债市场的法制建设也逐步完善，初步形成了国债市场法律法规体系。

1. 法律层面

目前，规范我国国债市场的法律法规主要包括《证券法》《公司法》《中国人民银行法》《担保法》《物权法》等。2005 年修订的《证券法》，对中国债券的发行、交易以及各类服务机构和监督管理等作了详细规定，充分勾勒出交易所国债市场的整体架构和运行脉络。但对于经过 10 余年发展成为国债市场主体的银行间国债市场，《证券法》的有关规定对该市场的适用性到底有多大，受该法的有效保护程度有多大都是值得商榷的。

《证券法》相关章节对证券登记结算机构的性质、设立条件、券款对付交收、结算风险基金设立与管理等作了专门规定。但对在证券无纸化、网络化的现代市场形态下，登记托管结算机构电子簿记录的效力如何、登记托管行为的界定、托管客户资产的隔离和保护、结算最终性认定、中央对手方担保、中央结算公司的法律地位等一些基础性问题，仍缺乏明确的法律释义，使得登记结算机构缺少可靠的法律依据，蕴含较大的法律风险。

2.行政法规层面

在现有法规中，1992 年国务院颁布的《国库券条例》是规范国债的主要行政法规，但因适用范围仅限于国库券、未对国债流通使用等作出规定、没有规范有关发行的审批程序等原因，已远不能满足当前和今后国债市场发展的需要。

3.部门规章层面

我国国债市场的主管部门涉及中国人民银行、财政部、证监会、银监会等多个部门，各债券管理部门发布了众多部门规章及规范性文件、业务规则等规范操作性文件以及自律性协议或业务协议。主要有《国债托管管理暂行办法》《国债跨市场转托管业务管理办法》《商业银行柜台记账式国债交易管理办法》《关于试行国债净价交易有关事宜的通知》《储蓄国债（电子式）管理办法（试行）》《凭证式国债质押贷款办法》《全国银行间债券市场债券交易管理办法》《银行间债券市场债券登记托管结算管理办法》《证券登记结算管理办法》等。

6.3.2 我国国债市场的监管体系

目前，我国债券市场多部门监管体制是在特定历史条件下形成的，有其存在的客观原因，对促进债券市场发展、维护债券市场稳定发挥了重要作用，但同时也存在一些问题。客观地分析这一体制形成的原因、作用、问题和改进的方向，对于建立科学合理的债券市场监管体制，促进债券市场更好更快地发展，有着十分重要的意义。

1.国债市场监管的发展历程

20 世纪 80 年代，中国债券市场处于起步阶段，在国务院部署下债券市场监管从无到有。在这一时期，国家体改委、中国人民银行、财政部以及国库券交易试点城市的政府都从不同侧面进行一定管理，而沪、深两地地方政府则对上海和深圳交易所进行监管。1992 年 10 月，证券委和证监会成立，标志着中央政府开始介入证券市场。1997 年 8 月，国务院将沪、深交易所正式划归证监会监管，交易所的管理权全部收归中央。1998 年，证券委与证监会合并组成新的证监会，并作为全国证券市场的统一监管机构。1998 年 12 月，《证券法》颁布，从法律上明确了证监会统一监督管理证券市场的职责。1997 年，全国银行间债券市场成立，在中国人民银行发布的《关于开办银行间国债现券交易的通知》中规定，自 1997 年 6 月 16 日起，全国银行间同业拆借中心开办国债现券交易业务，交易成员必须经过中国人民银行的批准，中国人民银行自然而然成为其监督管理部门。2003 年颁布的《中国人民银行法》亦明确，中国人民银行履行监督管理银行间债券市场和商业银行柜台市场的职能。

2. 行政监管体系

综上可以看出，目前我国债券市场的监管机制是一个由多部门分散进行监管的体制，我国债券市场管理部门主要是人民银行和证监会，其中前者负责监管银行间债券市场和商业银行柜台市场，后者负责监管交易所市场，其他监管部门还包括财政部、银监会、保监会以及自律监管机构等。

人民银行作为银行间债券市场的主管部门，一是负责对金融债和国际金融开发机构债券的发行监管，授权中国银行间市场交易商协会对企业短期融资券和中期票据等非金融企业债券融资工具进行注册管理，并与证监会一起，监管证券公司短期融资券的发行，强化信息披露和信用评级要求。二是建立健全市场法规制度，建立银行间债券市场做市商制度、结算代理人制度、货币经纪制度等，出台若干交易办法、管理规定，规范了银行间债券流通市场，也活跃了市场交易。三是加强市场基础设施建设，组织中国外汇交易中心和中债登交易系统、中央债券簿记系统、人民银行债券发行系统、公开市场业务系统等开发与改造，推动中债登簿记系统与人民银行大额支付系统连接，实现了 DVP 结算，极大降低了操作风险，提高了市场运行质量。四是市场日常管理，包括参与者准入管理、做市商、结算代理人、货币经纪公司、商业银行柜台交易商的准入和退出管理，并负责对市场参与者的债券交易、托管结算违规行为进行处罚。五是对市场中介机构的监管，指导外汇交易中心和中债登向市场提供交易、结算服务，指导交易商协会做好市场自律管理工作，授权中介机构监测市场异常交易情况，授权中介机构启动相应的应急处理机制。

证监会主要负责对交易所债券市场进行监督管理。一是在一级市场监管方面，主要负责公司债券的发行管理，对证券公司短期融资券，与人民银行联合监管。二是在二级市场管理方面，制定证券交易监管方面的规章、规则，组织指导沪深证券交易所、中证登等中介机构制定债券交易、上市和托管结算细则，并对参与者在交易所的债券交易进行日常监测和管理。三是开展市场基础性建设，提高交易所债券市场交易效率。四是债券自营业务资格审批，加强对证券类机构的风险监管，督促证券公司防范风险。五是对证券交易活动中的违法违规、损害客户利益或证券市场秩序的行为进行调查，对调查核实的违法行为进行行政处罚，涉嫌犯罪的提交司法机关。

此外，财政部主要进行国债的发行管理工作，很少涉及债券二级市场的监管。银监会、保监会主要体现在对从事债券交易的银行类金融机构和保险类金融机构资格的审批以及内控机制和风险管理能力的监管。

3. 自律监管体系

随着行政监管体系的建立，我国自律监管机制也逐渐成熟。目前，我国债券市场自律监管机构除沪、深证券交易所外，主要有：

中国银行间市场交易商协会。2007年批准成立由中国人民银行主管的银行间债券、拆借、票据、外汇和黄金市场共同的自律组织。其主要职能包括制定行业自律规则、业务规范和职业道德规范；教育和督促会员贯彻执行国家有关法律、法规和协会制定的准则、规范和规则；监督、检查会员的执业行为，对违反章程及自律规则的会员给予纪律处分。

国债协会。1991年8月成立的国家债券业自律性管理组织。其业务范围包括实施国家债券业自律管理，组织监督会员执行国家有关法律、法规和政策；组织债券、金融等相关理论研究，向政府主管部门提供政策建议；搜集、整理、发布国内外债券行业信息；组织从业人员国内外业务培训；配合政府主管部门做好国债发行、交易、兑付和国债承销团的管理工作等。

此外，1996年改组成立的中央国债登记结算有限责任公司和2001年合并建立的中国证券登记结算有限责任公司分别承担银行间债券市场和交易所市场国债以及国内其他债券的统一登记、托管和结算职能。具体情况将在下一节中着重进行介绍。

6.3.3 我国国债市场的托管结算体系

1. 债券市场登记托管制度

与国际债券市场发展历程相类似，我国债券市场的登记托管制度也经历了从实物券托管到无纸化托管，从相对分散、较为混乱的托管体系到较为集中、统一规范的托管体系的演变过程。

在 20 世纪 90 年代以前，债券发行主要是实物形式且不能流通，实物债券基本上由投资者自行分散保管。90 年代末，国债、金融债以及企业债开始流通，证券交易所以及各地证券交易中心纷纷成立，产生了服务于特定前台交易业务的证券登记结算机构。此时的登记托管体系总体来说并不规范，为增加本交易所债券托管量而恶性竞争、无法跨市场交易以及开具空头代保管凭证行为泛滥等，产生了一系列问题，最终导致无记名实物券国债柜台转让市场的关闭。1996 年 12 月，财政部与中国人民银行共同成立了中央国债登记结算有限责任公司（中债登），负责建设和运营统一集中的国债托管清算结算系统，国债托管实行全国集中、统一管理的体制。但上海、深圳交易所所属的两个证券登记结算公司仍实质承担了除国债以外的债券托管业务。就算是国债，中债登也只是名义托管人，投资者在交易所交易国债，仍由交易所所属登记托管公司负责具体托管。2001 年，两家证券交易所登记托管公司合并为中国证券登记结算公司（中证登），成为对境内证券交易所提供证券托管结算服务的唯一后台系统。至此，中债登和中证登共同为中国债券市场提供登记和托管服务，中国债券市场也由最初的分散托管逐步演变成相对统一的登记托管体系。总体而言，根据各市场的不同，中债登和中证登各具有不同的登记托管系统，采取了不同的登记托管机制。

（1）银行间债券市场的登记与托管

中债登是银行间债券市场指定的中央债券存管机构，负责对在银行间债券市场发行和流通的国债等券种进行登记和托管。根据投资人的机构性质以及可以从事的业务范围，中债登对债券托管账户实行分类设置和集中管理。

对于普通机构投资者，需要在中央债券簿记系统开立自营账户以记载自身所持有的债券。对于有柜台业务资格的商业银行，一方面同普通投资者开立自营债券托管账户，另一方面作为二级托管人需要在系统以名义持有人身份另行设立代理总账户，记载柜台零售市场上全部投资人托管的债券总量。对于担当了国债等固定收益证券的分托管人的中证登，则以名义持有人身份在该系统分别设立代理总账户，用以记载两个交易所投资人托管的债券总量。

根据是否与中央债券簿记系统直接联网，银行间债券市场成员可分为直接结算成员和间接结算成员。直接结算成员经批准可以代理间接结算成员进行交易结算，结算代理人可以以间接结算成员的名义，代理间接结算成员在中债登开立托管账户，并代理债券结算。被代理的间接结算成员可以通过语音（传真）查询系统获得自己账户的账务活动情况，以监督、制约代理人的代理行为。具体关系可用图6-2表示。

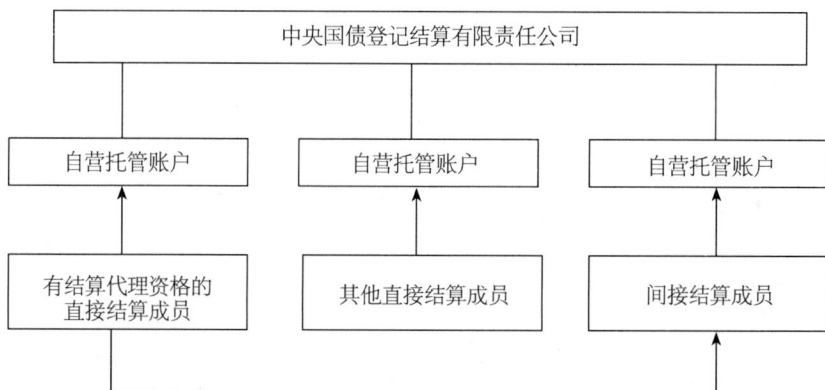

图6-2 各类结算成员在中债登开立托管账户的关系图

此外，银行间债券市场的债权登记包括债券要素登记和债权债务登记两部分。在托管过程中，中债登直接对投资者账户的安全性、准确性和真实性负责。

（2）交易所债券市场的登记与托管

交易所债券市场根据券种的不同，实行不同的托管体制。国债由中证登在中债登开立名义托管账户，投资者在中证登开立托管账户；其他债券的登记与托管职责由中证登单独负责。

交易所市场实行"中央登记、二级托管"制度，即市场中所有的证券在中证登登记并记录所有权的转移过程；投资者参与证券市场必须通过有资格的证券公司，并将资产事实上托管在证券公司，代理交易结算。

交易所将证券托管分为托管和存管两个环节。投资者委托证券公司托管其持有的债券，证券公司应将自有证券和所托管的客户证券交由中证登存管。中证登为证券公司设立客户证券总账和自有证券总账。投资者在进行债券交易前，必须与其选定的证券公司签订债券托管协议，或者在潜在委托买卖协议中明确双方债券的权利和义务。中证登设立电子化债券存管系统，统一管理债券的存管业务，其中规定拟持有或买卖上交所上市国债的投资者，办理的指定交易一经确认，其与指定证券公司的托管关系即建立。

（3）商业银行柜台市场的登记与托管

柜台交易的债券实行二级托管，中债登是一级托管人，柜台交易承办银行承担二级托管职责。承办银行网点为投资人在交易系统中开立债券二级托管账户，办理债券发售、交易、质押、冻结、非交易过户、转托管、兑付等业务。中债登为承办银行开立债券自营账户和代理总户，分账记载承办银行自有债券和其托管客户拥有的债券。

（4）银行间债券市场与交易所债券市场之间的债券转托管

债券转托管是指统一债券托管客户将持有债券在不同托管机构间进行的托管转移。目前，在银行间债券市场与交易所债券市场转托管的债券仅限于国债和企业债。其中，国债可以双向转托管，企业债仅能从银行间市场转托管到交易所市场。办理转托管应具备一定条件：一是转托管的债券应是能在所转入交易场所交易的债券；二是投资者应在拟转入交易场所的托管机构设有与转出交易场所的托管机构户名完全一致的债券账户。转托管基本运行框架如图6-3所示。

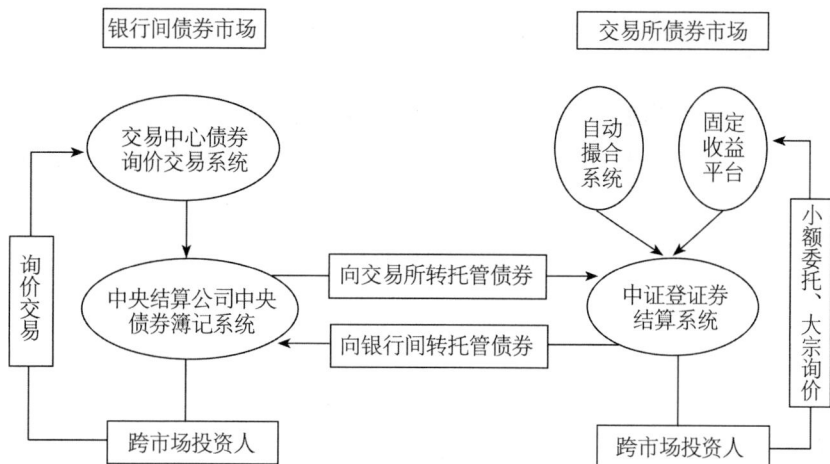

图 6-3　中债登与中证登之间债券转托管运行机制

（5）银行柜台市场内部的债券转托管

商业银行柜台市场的债券转托管分为内部转托管和外部转托管两类。内部转托管是指在同一承办银行的两个二级托管账户之间的转托管；外部转托管是指在两个不同承办银行开立的二级托管账户之间及一、二级托管账户之间的转托管。

2. 债券市场清算结算机制

（1）银行间债券市场的清算结算

银行间市场债券清算与结算业务由中债登负责，目前采用的是实时逐笔全额结算，清算与结算过程区分不明显。

实时逐笔全额结算。在每个营业日日间，中债登的中央债券簿记系统根据结算指令的先后顺序依此进行实时结算处理，结算双方一一对应，只要结算双方的券款符合结算指令条件，便即时办理债券交割。

券款对付（DVP）结算方式。银行间债券市场为市场主体提供了四种结算方式，其中 DVP 是主要方式。2004 年，中国人民银行大额支付系统与中央结算公司债券综合业务系统实现联合运行，中央结算公司成为支付系统的特许参与者，在此基础上实现了银行机构间的债券交易 DVP 结算及债券付息兑付的 DVP 结算。2008 年 8 月，中国人民银行全面开通了非银行机构 DVP 结算业务，实现了银行间债券市场全体参与者全额、逐笔、实时的 DVP 结算方式。

各类交易的债券结算。现券买卖和债券远期均属于一次买断或卖断行为，只需要进行一次结算，在结算中实现券和款的相互交换。买断式回购、质押式回购以及债券借贷需要进行首期和到期两次结算，两次结算买卖的方向是相反的。买断式回购与债券借贷的两次结算都要发生债券过户；质押式回购期间，融资方所提供的质押债券并不实际过户，中债登将其冻结在融资方账户，待到期结算时，再予以解冻。

债券结算代理制度。这是银行间债券市场特有的制度安排，主要解决中小机构投资者与中债登系统联网成本较高问题，中小投资者可以选择债券结算代理人委托办理债券结算，但债券账户仍是中小投资者自身的，结算代理人可以收取一定的代理费。

（2）交易所债券市场的清算结算

交易所债券清算结算制度是与交易所交易机制相对应的。主要具有以下几个典型特点：一是二级结算制度。中证登与结算参与人进行清算交收，结算参与人与其名下的客户进行清算交收，中证登与客户之间没有直接的结算关系。二是中央担保交收制度。中证登作为各结算参与人的共同交收对手方，承接了各参与人之间证券和资金的交收权利义务关系，各结算参与人之间的多重证券和资金交收关系，集中转化为各自对中证登的单一交收关系，各结算参与人双方无交收关系。三是净额结算制度。各结算参与人包括债券质押式回购交易在内的所有股票、基金、债券最终轧成一个净额与中证登结算，而资金清算支付基本是通过交易所与各结算参与人指定的清算银行实施。四是证券过户在先、资金交收在后。交易结束后，中证登根据成交情况通过系统进行债券交割，在 T+1 日相应的资金交收才能完成，在 T 日过户的证券也可以卖出。对于固定收益证券综合电子平台，中证登提供了两种清算模式：对于交易商间的交易，中证登作为中央担保并根据交易所成交结果与交易商进行净额结算；对于交易商与客户的协议交易，则实行纯券交割的结算模式。在债券过户的顺序上，先交易商间交易、后协议交易。

6.3.4 我国国债市场管理存在的问题

1. 我国国债市场法规体系存在的问题

一是立法位阶整体较低。国债关系到一国的财政、金融安全乃至国家安全，因而国债的发行、使用、偿还、监督等事项理应纳入法治的范围内，这既是财政法治原则的内在要求，也是最能体现宪政国家理念的应有之举。但在我国，国债市场法律体系尚未形成，专门规范国债市场的主要是部门规章以及规范性文件这些层面的法规。不可否认，它们在推动市场快速发展和相关制度创新方面发挥了巨大作用，但随着市场的进一步发展，许多问题无法用这个层面的法规解决。

二是立法较为分散，无法充分满足国债的"特殊性"要求。改革开放以来，随着市场经济的发展进程，我国的经济立法才逐步展开，经济领域的立法具有"成熟一个、制定一个"的特点。国债立法也就不可避免的"随行就市"，缺乏全面性和系统性在所难免。再者，我国现有法律、行政法规、部门规章、操作规范性文件之间的涵盖范围宽窄不一，法规间协调和衔接不足，容易使执法部门无所适从，不能有效打击市场上的违法违规和过度投机行为，也不能有效保护国债市场参与者的利益。这些问题凸显了我国国债市场发展中法律建设的紧迫性和必要性。

三是仍存在诸多不完善和空白之处。如政府举借债务的目的、原则、发行额、使用和偿还以及发行主体的职权范围缺乏具体明确的法律规定；国债交易市场的交易规则及违反交易规则应承担的法律责任缺乏具体明确的法律规定；国债市场信息公开制度规定不完善；国债交易市场体系及交易方式的有关法律规定不完善等。

四是相关法律制度滞后，对市场创新构成一定障碍。随着市场业务的不断创新，相关业务创新需要明确的法律支持，而相关的法律制度体现出一定的滞后性。当前突出体现在以下方面：银行间国债市场的担保品快速处置问题；在国债实现全面无纸化的背景下，债券登记的效力等问题没有得到明确，无纸化证券的归属和流转方式缺少法律依据等。

2. 我国现行监管体制存在的问题

我国债券市场的这种多部门管理体制的形成有其历史原因，同时也与我国金融分业经营和分业监管的体制有很大的关系。在实践中，债券市场监管不可避免地涉及市场监管部门、机构监管部门之间的分工合作与相互协调。而这种分工与协调能否满足监管需要，一是看分工本身是否科学合理，如果分工本身就不合理，再多的协调也无济于事；二是看协调的机制是否健全有效，否则成本必然很高，效率必受影响。从我国债券市场目前的监管体制来看，在这两个关键问题上都存在不足。

一是监管分工不尽合理。我国现行债券市场监管体制存在机构监管部门（银监会、证监会、保监会）与功能监管部门（中国人民银行、证监会）的分工。机构监管与功能监管的具体目标和监管层级是不同的：机构监管是对金融机构的市场准入、经营业务、市场退出等方面作出限制性规定，对金融机构的内部组织结构、风险管理和控制提出合规性要求，属微观管理范畴；功能监管则是在债券发行、交易过程中对信息披露、交易制度、信用评级等方面进行规范性管理，重点在于防范和控制系统性风险，保护投资人利益，属宏观管理范畴。在分业监管的大背景下，这两种监管的分工以及在债券市场上的交汇，总体上讲是合理的，关键是两类监管部门要明晰监管边界，围绕各自的监管目标进行监管管理，从总体上达到控制系统性风险的目的。但目前我国存在的问题是，两者的边界在某些问题上还不清晰，形成监管交叉或监管空白，而更多的情况则是机构监管部门越位监管本应由功能监管部门监管的金融机构市场行为，加大了监管协调的难度。

二是监管协调机制尚不健全。长期以来，各监管部门之间尚未建立信息共享机制，尚未建立稳定的沟通协调机制，尚未形成合作监管的理念。自 2003 年 12 月修订的《中国人民银行法》中提出"国务院建立金融监督管理协调机制，具体办法由国务院规定"开始，我国花费了 10 年时间积极探索建立监管协调机制。其中，2007 年第三次全国金融工作会议上专题研究完善金融监管协调机制，2008 年国务院建立了"一行三会"金融工作旬会制度并成立了应对国际金融危机小组，2012 年第四次全国金融工作会议以及"十二五"规划再次明确提出要完善金融监管协调机制，直到 2013 年 8 月国务院才正式批复同意建立金融监管协调部际联席会议制度。虽然在"职责和任务"中提及交叉性金融产品、跨市场金融创新的协调等内容，但在"工作规则和要求"中提出"不改变现行金融监管体制，不替代、不削弱有关部门现行责任分工，不替代国务院决策"等内容，因此联席会议制度在实施操作中效果如何仍有待观察。

3. 我国托管结算体系存在的问题

一是转托管效率不高。目前，投资者若要跨市场交易债券，首先要进行债券的转托管。但受制于以下几个原因，无法实现当日转托管，影响了市场运行质量：中证登处理转托管申请需要一定时间；交易所交易系统在交易期间不接受任何转托管指令，无法实现当日转托管；交易所实行日终净额结算体制，如转出证券是当日买入的，可能出现透支导致中证登被迫垫支，因此中证登会限制债券的转出。当两市场价格存在较大差异时，由于投资者在一个市场托管的债券不能立即转到另一个市场进行交易，套利机制不能充分发挥作用，价格发现和市场资源配置功能就不能实现。

二是登记托管体系集中度不够。从国际债券市场发展情况来看，债券市场的登记和托管体系呈现出一体化趋势。国内债券登记托管逐步统一在同一机构，至少同一类债券的登记托管集中在同一机构，即中央债券存管机构。如此可以有效提高市场效率，降低债券在不同托管机构转托管所增加的交易成本，也可有效控制市场交易结算风险。因此，国际30人小组（G30）在2001年发布证券结算的9条意见中，明确提出各国均应实现中央托管。目前，我国不同市场有不同的托管体系、不同的托管清算机构，不仅交易所市场和银行间市场联通不畅，就是两个交易所之间也不能有效联通。这种登记托管机制，不仅分散投资者的资产，事实上也在一定程度上造成了市场的分割。

三是场外市场净额结算尚未完全实现。随着银行间债券市场快速发展，实时、逐笔、全额的结算方式已无法满足部分交易活跃的市场主体的需要，在场外市场引入净额结算机制的需求日益迫切。为此，2009年成立了上海清算所，并于2011年经中国人民银行批复同意正式推出现券交易净额结算，由上海清算所面向银行间债券市场提供中央对手方净额清算服务，对符合条件的现券交易按多边净额方式轧差计算并执行日终收付。主要标的券种包括信用风险缓释凭证、超短融、短融、中小企业区域集优和非公开定向债务融资工具、信贷资产支持证券等固定收益债券等，标志着我国场外市场集中清算机制的正式建立。但在银行间债券市场中占绝对比例的国债、金融债、企业债等券种尚未实现净额结算，在增加市场成员结算成本、限制市场主体交易的同时，也造成巨额在途资金和债券，使市场成员面临较大的结算风险和信用风险。

第7章 提升国债市场运行质量的制度安排与政策建议

历经 30 多年，我国国债市场得到了快速发展，但仍然存在诸多问题。本章针对第 3 章至第 6 章中提出的影响我国国债市场运行质量的问题，分别对国债发行市场、国债流通市场、国债衍生市场和国债市场管理提出改进完善的制度安排与政策建议，切实提高我国国债市场运行质量。

7.1 提高国债发行的市场化水平

本书前文提出我国国债发行市场目前存在机构投资者作用未有效发挥、产品结构有待改善、招标制度和发行机制还需完善等问题；同时，实证分析虽表明发行市场价格招标或利率招标结果与二级市场同期限同品种债券收益率之间具有较强相关性并在长期内存在动态稳定关系，但仍有较大的提升空间。因此，本书认为当前我国国债发行市场建设的着力点应是：通过完善发行机制、制定透明和可预测发行计划、构筑市场定价基础和基准债券、合理配置期限结构等途径，提高国债发行的市场化水平，提升国债发行市场的运行质量。

7.1.1　完善发行机制和发行制度

我国目前国债一级市场较为成熟，实行了跨市场发行、关键期限国债滚动发行、新发国债做市、续发行、预发行、发行计划透明化等措施。但在发行机制和发行制度上，仍有进一步改善的空间。

1. 完善关键期限固定滚动发行机制

作为成熟国债市场的基本制度，定期提前公布债券发行时间表和关键期限固定滚动发行机制有利于提高债券管理透明度、有助于投资者形成稳定的预期和投资决策，降低政府筹资成本。目前，我国基本构建起了提前公布债券发行时间表和关键期限固定滚动发行机制的整体框架，并形成了 1 年、3 年、5 年、7 年和 10 年共 5 个关键期限品种。但从发行规模来看，受投资者风险偏好影响，主要集中在 7 年期以下品种，10 年期及以上期限发行规模较小，极大影响了对中长期债券的定价，也使得关键期限债券的基础定价作用没有得到充分发挥，距离真正意义上的基准债券还有差距。有鉴于此，应进一步扩大几个关键期限债券的发行规模，特别是中长期债券，并根据市场需求变化，续发、转换、回购关键期限品种，使得关键期限品种发行量与存量均衡匹配，进一步提高流动性，降低买卖价差和价格波动性，不断提升关键期限债券组合在债券市场上的影响力。同时，可将国债滚动发行制度范围进一步扩大到 1 年期以下和 10 年期以上的非关键期限品种。

2. 形成相对完善稳定续发性机制

在续发行时间安排上，可以年内短周期续发行为主，一则有利于国债定价的稳定，二则年内短周期续发行规律性、稳定性和可预期性强，具体可以采取"1+2"模式，即以 3 个月为周期，第 1 个月发行新债后，后 2 个月各安排一次续发行。对于发行量不足无法安排"1+2"模式的，可以减少续发行次数，但新发行月份应当间隔为 3、6、9 等 3 的倍数月份，为将来扩展为"1+2"模式留下空间。在续发行期限品种上，对 1 年期国债可考虑不续发；对 3 年、5 年期国债续发行可按"1+1"模式续发；加大对 7 年、10 年期国债续发行强度，可完全按"1+2"模式续发；对超长期国债，20 年、30 年期国债可每半年新发一次，其余为续发行；50 年期国债可均为新发行。在单只国债发行规模上，我国单只国债规模占 GDP 的比重可略低于美国的 0.3%～0.5%标准，建议设定在 0.2%～0.25%左右，也就是 800 亿～1 000 亿元人民币。在到期日安排上，从市场流动性状况和政府还本付息管理的角度来考虑，建议遵循大均匀、小集中的原则，每个月都安排至少一个到期日，在月份之间保持一定的均匀性，季末和年末适度多安排一些，保证在特别时间段内做到适度集中到期。

3. 扩大国债预发行试点

从国际经验来看，国债预发行是在利率市场化进程中完善国债市场化发行制度的重要配套举措。2013 年 10 月 10 日，上交所公告 2013 年记账式附息（20 期）7 年期国债将于 10 月 10 日、11 日、14 日和 15 日在上交所系统开展国债预发行交易，16 日招标发行。这是我国第一只进行预发行交易的债券。但从实际效果来看，亟须扩大预发行试点。一是尽快在银行间国债市场进行试点，作为国债市场的主体，银行间市场拥有众多机构投资者，国债规模庞大，交投活跃，可以更好实现预发行制度的市场价格发现功能，提高国债投标的准确性，降低国债成交风险。二是扩大预发行国债期限品种，优先试点 5 个关键期限的国债品种，再逐步扩大到非关键期限国债品种，推动基准收益率曲线的构建。三是在积累试点经验的基础上，逐步实现国债预发行常态化，为基准国债建立一个流动性较强、具有良好价格发现功能的预发行市场。

4. 建立债券转换机制

债券持有人可以利用债券转换机制将其手中一种交易不活跃的债券以按照市场价计算的固定转换比率转换为另一种流动性更强的基准债券，满足投资者投资组合需求，提高市场流动性。英国等政府债券市场均设立了此类债券发行机制，在政府债券发行规模较小的情况下，通过将一部分已有债券转换为新的债券，实现了补充新发行基准债券的目的。由于我国尚未建立转换机制，补充新发行基准债券基本通过增发来实现，相比债券转换发行，此种方式虽操作简单，但随之而来的是现金的频繁流动，在对国库现金管理造成冲击的同时，对投资者来说因持有大量交易不活跃债券占用资金而不能用于投资获利，削弱了其流动性管理能力，加剧了金融市场的潜在风险。因此，可在逐步完善基准债券和国债收益率曲线建设后，探索设计债券转换机制，为补充新发行基准债券提供一个有效途径。

7.1.2 优化国债金融资产结构

1.丰富国债品种结构

增加可转换债券、社会保障专项债券和通胀指数债券等新品种的发行，促进国债品种的进一步多样化。其中，可转换债券是为配合债券转化机制而发行的国债。社会保障专项债券不同于我国1994—1999年发行的向社会保险基金定向发售的国债，而是体现在资金用途的专项使用上。相关数据显示，2012年之前，我国的养老保险基金还处于收大于支的盈余状态，而到2013年，我国企业职工基本养老保险开始出现支大于收的趋势，剔除财政补贴后"亏空"959亿元，2014年，企业职工基本养老保险基金收支结余约2 371亿元，年末滚存结余28 251亿元，剔除巨额财政补贴和少量利息收入后，收支相抵"亏空"将达1 563亿元。发行社会保障专项债券，即由财政部面向社会公开发行专项债券，所募集资金专项注资社会养老保险基金账户并由其支付利息。一则财政部门掌握着社保基金账户使用收支情况，根据新增劳动力和新增退休人员数量匡算出账户"缺口"，每年通过新发、续发、转换等方式发行国债，所募集资金用来弥补"缺口"；二则社保基金账户除每年新增劳动力补充的社保基金外，还开辟了一条国债募集资金渠道，而这种渠道是相对稳定且成本较低的。通胀指数债券在英国等发达经济体中已取得成功经验，在为投资者提供规避通货膨胀风险的债务工具的同时，降低了国债的发行成本，亦可为政府宏观调控提供有用的信息。从完善国债市场的角度来看，我国可以考虑发行通胀指数债券，在具体设计时应重点考虑通胀指数的选择、调整周期和滞后期的选择、通缩本金保障、税收减免等因素。

2.优化国债期限结构

目前，我国"橄榄型"国债期限结构带来了诸多弊端，亟须政府兼顾自身与投资主体的要求和愿望，在考虑宏观经济条件和清偿能力等因素的基础上，对国债期限结构进行调整。加大短期和长期国债的发行量，进一步改善长期、中期和短期国债的存量比例，合理分配短期和长期国债比重，满足不同层次投资者的需求与偏好，推动国债利率成为市场的基准利率。

3. 调整国债持有者结构

国债持有者结构单一、行为同质是我国国债市场的一大痼疾，占全部投资者总数 4% 的商业银行持有近 70% 的国债，特别是国有商业银行持债比例高达 56.1%，严重影响了二级市场的流动性。迫切需要充分发挥不同国债持有者对国债市场的不同作用和影响。2010 年 8 月，中国人民银行允许境外央行、港澳人民币清算行和跨境贸易人民币结算境外参加行等三类境外机构经批准后可进入银行间债券市场进行试点投资。2013 年 3 月，对于已获得中国证监会批准资格及外汇管理局核批额度的合格境外机构投资者（QFII）可以向中国人民银行申请进入银行间债券市场，在培育多元化投资主体的道路上又迈出可喜的一步。截至 2013 年末，已有 138 家境外机构获准进入银行间债券市场。下一步在有序推进资本项目可兑换的进程中，可以在适当降低境外机构 QFII 资格标准、扩大机构类型、扩大投资范围、放宽开立账户和资金汇出汇入限制等方面制定相应措施，加大引入境外长期资金的力度。在引入境外资金的同时，应继续推动资产管理型集合投资人、养老基金、对冲基金、私募股权基金等更多类型的投资人进入债券市场。进行投资者分层制度设计，坚持面向合格机构投资者的市场发展原则，按照风险识别能力、风险承担能力和风险处置能力的差异，培育分层有效的合格机构投资者群体。进一步完善以做市商为核心、金融机构为主体、其他机构投资者广泛参与的市场结构，建立多层次、高效率的市场投资者体系。

7.1.3 加强一级自营商和国债承销团建设

一是优化一级自营商的结构，增加保险公司、证券公司、基金类金融机构在一级自营商中的比重和承销规模，改善自营商的风险偏好结构，增强交易动机，提升二级市场的流动性。二是通过债券回购机制给予做市商一定的流动性支持，使做市商可以做空债券和回补空头头寸。

三是积极协调各监管部门，争取在债券发行、配售等方面给予一级自营商实实在在的支持，将做市商和承销商资质相挂钩，给一级自营商更大的承销便利。四是坚持重质不重量的原则，严格一级自营商资质考核标准，规定单一投标人的中标额度、净多头头寸、承销规模与做市规模比率等，并将其列入年度考核指标体系。在国债承销团考核机制方面，应改变承销规模权重过大的现状，适当提升投标准确度在综合排名中的权重，提升承销团成员市场定价的能力。五是发展国债投资基金，特别是开放式国债投资基金，作为实力雄厚的机构投资者，国债投资基金既可以一级自营商身份直接参与国债的承购包销和竞争招标，又可以做市商身份参与二级市场，增强市场流动性。

7.1.4　发展国债离岸市场

债券市场对外开放在拓宽外汇资金运用渠道、加快市场建设等方面具有积极作用。在有效防范风险的基础上，统筹考虑扩大人民币境外使用范围、促进国际收支平衡等相关工作，利用好"两个市场，两种资源"，积极稳妥推动对外开放。一方面是推动境外机构参与境内债券市场，在前文已有论述；另一方面是发展国债离岸市场。从国际经验来看，世界主要储备货币都有发达的离岸市场，货币的国际化离不开离岸金融的发展。目前，境外主体对人民币的需求和热情日益高涨，但除我国港、澳地区外，其他国家和地区的人民币清算渠道和回流安排还相对缺乏。因此，建立和发展包括离岸人民币国债市场在内的低风险金融市场，可以向境外主体提供更多的人民币金融产品，有利于促进人民币成为真正意义上的区域储备货币。一是扩大人民币跨境使用，大力推动人民币输出，提升人民币跨境投资比例，在跨境贸易人民币结算业务中，扩大进口结算的人民币使用比例，推动开展跨境个人人民币业务。二是支持我国香港人民币离岸中心建设，鼓励人民币在境外循环使用。三是完善人民币全球清算体系，人民币即时支付系统应逐步连通美元、欧元、日元等主要国际货币以及周边地区货币即时支付系统。四是加强与开展人民币业务地区和国家金融监管部门的合作，对境外开展离岸人民币业务的机构提出一定资质要求和监管安排。

7.2　促进国债流通市场规范有效的发展

7.2.1　构建高效的国债做市商制度

我国的做市商制度虽然取得了一定成效，但仍然存在做市能力和意愿不足、避险机制不健全、制度设计存在缺陷等问题。在有效性实证检验中，本书发现仍有部分债券做市商的双边报价变动水平未对现货市场价格变化起到引导作用，这就是做市商做市效率不高的具体表现。此外，在流动性实证检验中，本书发现我国现货市场整体流动性偏弱，交易所国债市场流动性弱于银行间国债市场，这也从一个侧面反映出我国做市商制度亟待完善，不同市场间做市商做市效率存在差异。当前，应从以下几个方面继续完善做市商制度，发挥做市商功能：一是积极扩大做市商队伍，引导做市商对基准债券做市。相对于目前国债市场而言，现有做市商数量和类型不能完全适应市场发展的需要，可考虑积极扩大符合条件的机构加入到做市商队伍；尝试引入关键期限国债报价和评价机制，完善市场基准收益率曲线，提高市场利用其进行估值的有效性；研究引入做市商请求报价制度，进一步提高交易达成的便利性。二是落实做市商相关权利。特别是对于核心做市商应区别对待，在做空机制、代理中央银行买卖回购债券、额外追加中标权利等方面给予优先考虑。三是完善做市商做市基础设施。研究建立做市交易便利和信息便利，丰富做市交易对冲操作手段，通过成交系统与信息发布系统的实时联接扩大做市商双边报价信息的揭示途径。四是加强做市商内控机制建设。将投资类债券和交易类债券分别设立账户，分别核算；逐步建立量化的评估交易类债券的市场风险指标体系。五是完善监管机制。建立科学的考核招标体系；加强对做市商的监管，明确禁止做市商的限制竞争行为，通过债券报价成交系统和信息发布系统，监督做市商做市业务；通过定期和不定期的报告制度进行监管，发现问题随时解决；加强行业自律，制定有关做市商自律方面的办法与细则，加强对做市商的服务与管理，并拥有适度的处理权限。

7.2.2　大力发展国债市场经纪人

国债市场的经纪人有两方面的作用：一是提供交易中介服务。经纪人通过充当信息中介、确认交易来赚取佣金，其自身不持有任何债券和资金头寸，不承担交易风险，债券交易以及资金、债券交割完全由交易双方进行。二是提供匿名交易服务。在内部市场中，做市商一般都不愿意泄露身份和交易信息而使自己处于不利地位。所以，需要一个像经纪人这样只针对做市商内部市场且能提供匿名交易的中介。从发达国家的实践来看，各国做市商内部市场的绝大部分交易都是通过经纪人匿名完成的，如美国为95%、加拿大为83%、日本为60%、英国为98%。我国现有6家货币经纪公司，由于货币经纪公司只能向境内金融机构提供经纪服务，因此在所签约客户中一半是中资银行类机构，使得经纪商只为交易商服务。然而，这些银行类交易商债券存量集中、交易比重占优，信息优势更为明显，对货币经纪公司的需求有限。此外，国内经纪公司业务范围狭窄，较少涉及国际货币经纪商开展的外汇、货币市场工具、信贷、商品、股票和衍生工具等业务。如此看来，我国经纪公司并不具有任何优势，信息效率功能难以真正发挥。为此，本书建议：一是逐步取消货币经纪公司目标客户的政策限制，不断扩大经纪服务客户群体，使得那些对金融市场熟悉程度和参与度不高、处于相对信息劣势的市场参与者获得高效的经纪服务。二是将经纪服务的重点集中于信息不对称程度较高且复杂的、个性化需求更强的债券衍生品上，才能更好地发挥经纪人的信息生产优势。三是开发适用于银行间市场经纪业务的电子交易平台，实现信息生产的规模化，降低信息收集和整理成本，提高信息归集和生产效率。

7.2.3　健全基准国债收益率曲线

自1999年以来，中债登负责编制中国的债券收益率曲线，经过15年的创新和发展，所编制的国债收益率曲线达到67条，加之万得、彭博等金融服务机构的自主研发，对健全我国国债收益率曲线有着重大意义。从波动性实证检验来看，由于我国国债市场分割等原因，交易所国债市场与银行间国债市场都存在显著的波动聚类性且交易所市场风险大于银行间市场，但杠杆效应不明显，我国现有收益率曲线尚不能反映真实的市场资金供求状况。健全国债收益率曲线不仅是保证中国资本市场长期稳定发展的先决条件，同时从先行性实证检验结果来看，也是进行宏观经济调控不可或缺的有效工具。《中共中央关于全面深化改革若干重大问题的决定》中提出，"完善人民币汇率市场化形成机制，加快推进利率市场化，健全反映市场供求关系的国债收益率曲线"。

健全我国国债收益率曲线是一项系统工程，涉及发行制度、二级市场结构、市场参与者、国债品种以及期限结构等各个方面。借鉴各国债券市场发展的经验，完善国债收益率曲线需要从创新国债发行制度、建设统一的国债市场、完善做市商制度、优化市场参与者结构、实现国债期限结构的合理分布、丰富国债衍生产品、以人民币国债战略推动人民币国际化等方面入手。这些内容在第7章各节均有阐述，在此不再重复。

健全反映市场供求关系的国债收益率曲线还面临着一个重要选择，即中央银行在进行公开市场操作时，应该选择国债还是央行票据作为操作工具。2008年IMF开展的例行调查显示，使用央票和国债作为公开市场操作工具的国家占比几乎相同，发展中国家和新兴市场国家更倾向于同时使用这两种工具。一般而言，选择央票的主要原因：一是国债规模无法满足公开市场操作需要；二是政府部门不愿意超融资需要发行国债，不愿意承担发展债券市场的责任；三是保持货币操作的弹性；四是分离货币管理与政府债务管理职能。而选择国债作为公开市场操作工具有如下益处：一是有助于健全收益率曲线，畅通货币政策传导渠道和机制；二是由政府直接承担国债发行成本，央行无须考虑发行央票的成本问题，而会更加专注于流动性管理及货币调控目标；三是国债同时作为债务管理和流动性管理工具，可以解决政府债务管理与货币操作之间的冲突，促使政府承担推动货币市场发展的责任。综上而言，国债仍是央行流动性管理的首选工具。随着我国国债市场的快速发展，国债完全可以在政府债务管理和央行流动性管理中发挥积极作用。为此，本书建议：央行和财政部门应紧密合作，协调好债务管理和货币政策；引入额外发行机制，由政府在正常的国债拍卖之外发行专项债券，将所得资金置于专门账户，作为央行调控市场的工具；招标对象只限定为商业银行或央行公开市场操作的对手方；提高额外发行国债的透明度，公布额外发行的国债量并将其限制在短期品种，使市场参与者分清哪部分国债用于预算融资或是货币政策操作。

此外，鉴于银行间市场和交易所市场国债收益率日趋一致，为了更好反映中国债券市场现状，可适时考虑将现有的银行间固定利率国债收益率曲线、交易所固定利率国债收益率曲线和中国固定利率国债收益率曲线三条曲线合并为一条曲线，推出"中国国债收益率基准曲线"。

7.3 积极推进国债衍生市场的发展

7.3.1 进一步完善国债回购交易

鉴于目前我国国债回购业务仍以质押式交易为主，占用了大量的现券资源，是造成我国国债现货交易流动性不足的原因之一。此外，通过实证检验国债回购利率与其他主要金融市场利率相关性表明，国债回购利率仍会受到 SHIBOR 利率、企业债券到期收益率和央票发行利率的影响。为此，应进一步推动买断式回购交易方式的开展，使获得现券所有权的资金融出方在回购期间内具有债券的处置权。买断式回购一则可以有效提高现券的流动性；二则具有一定的做空机制，能够帮助国债投资者规避利率风险。

考虑开展三方回购。作为回购的一个创新品种，三方回购一般是在双边回购的基础上，由证券托管结算机构作为第三方，受回购双方委托提供集中、专业的担保品管理服务。国际上，三方回购业务一经推出便发展迅速，以美国为例，2003 年三方回购交易占比不足 7%，而到了2009 年末，占比已达 50%。相比传统回购，三方回购有如下优势：一是解决了金融机构盯市能力不足，后台处理成本过高的问题，增强了金融机构的风险防范能力；二是有效解决了传统双边回购中债券安全占有与使用便利之间的矛盾，可以实现债券的有效隔离和安全占有，保护了融出方利益，又为融入方替换使用担保债券提供了便利，降低了操作成本；三是简化了交易过程，双方在交易谈判中，可以不用谈具体的担保品，只需谈资金的相关要素，从而提高了交易效率。

7.3.2 推动国债期货规范持续发展

本书通过对国债期货价格发现功能、风险规避功能和对国债现货市场波动性影响的实证检验，认为随着国债期货的重启，其在发挥现货市场价格发现作用、提供对冲利率风险手段、提高国债现货市场流动性等方面的功能也在逐步发挥。为了更好发挥国债期货市场职能，本书建议重点做好以下几项工作，进一步推动国债期货规范持续发展。一是深化机构入市工作，推动机构深入参与。目前，国债期货市场机构参与者主要是证券公司、证券投资基金和期货公司，而持有绝对比重国债、面临巨大利率风险的商业银行尚未入市。下一步应在继续深化证券、基金等"老客户"入市基础上，还要重点研究并选择合适时机允许商业银行、保险基金、企业年金、QFII、债券型基金等机构投资者入市，不断丰富、完善市场客户结构；同时，做好政策配套工作，加强入市培训和服务。二是丰富国债期货产品。目前，国债期货只有 5 年期一个品种，在市场功能发挥、收益率曲线构建等方面的作用都会大打折扣。若商业银行、保险基金入市后，对现券规模必将提出更高的要求。因此，可以逐步开发推出关键期限的国债期货品种，逐步丰富国债期货产品体系，为促进基准利率体系形成、推进利率市场化进程、为金融机构管理利率风险创造条件。中金所决定于 2014 年 9 月 19 日上市交易 10 年期和 3 年期国债期货仿真合约，在可以预期的时间内，我国国债期货品种将增加至 3 种。三是以市场多元化需求为导向，在撮合规则、报单指令、交易控制、做市机制、风险防范等方面加强研究创新，建立更为灵活、能够更好满足市场多元化需求的交易机制。四是确保在风险可控的前提下，降低市场运行成本，根据市场情况建立保证金动态调整机制，积极推进组合保证金业务，尽早实施国债充抵保证金业务。

7.3.3　尝试开通国债期权交易

国债期权交易是国债衍生市场的重要组成部分，也是国债期货的配套工具。国债期权交易一方面可以为相应的国债期货头寸提供保护，从机制上抑制期货市场风险的扩大，另一方面有利于吸引更多的投资者参与国债期货，扩大市场规模、活跃市场交易，使得期货市场的功能得到进一步发挥。此外，国债期货期权价格所包含的信息有助于深度分析未来期货市场风险，隐含着的波动率变化预示着期货价格的单边连续上涨或者连续下跌。从国际经验来看，国债期权交易与国债期货交易是相辅相成的，成功的国债期货交易品种都有相应的期权进行交易，国债期权交易的相关规定总是作为国债期货交易规则的一部分出现。既然国债期货市场得以重启，在某种意义上就是认可开展国债期权交易的必要性和合理性。随着我国国债市场的快速发展，建立和发展国债期权交易具有客观必要性，可根据市场发展情况适时推出国债期权交易。

7.3.4　加强场外衍生品市场基础设施建设

一是积极开展国债衍生品的开发工作。除了上述两种市场基础已经非常成熟的衍生产品外，国际上还有很多关于国债的衍生产品，相关主管部门可以认真研究目前国际上已经成型的其他衍生产品，分析其产品特征，在市场中不断完善开展的条件与基础，从而进一步丰富国债衍生品的品种，发挥其应有的作用。二是积极推动依托中央托管结算机构的自动债券借贷。债券借贷是增加国债衍生品市场流动性的重要手段，然而目前我国债券借贷业务的市场参与积极性不高，这既有交易机制不完善的原因，也有质押品不足的原因。从国际经验来看，债券借贷中具有代表性的是中央自动债券借贷机制，即通过中央托管机构安排的融券机制。当前，有必要充分发挥中央债券托管结算机构——中央结算公司的中介作用，为债券借贷业务提供进一步的交易系统和信息披露便利，减少市场成员的交易成本，提高债券借贷业务的效率。三是推广抵押品管理机制。研究完善我国中央清算机构的抵押品动态管理机制，明确"合格抵押品"的范围和抵押率，规范抵押品收缴机制，尤其是盘中收缴机制，实现对抵押品机制的即时盯市和动态估值，应将抵押品管理和保证金管理动态挂钩，要求交易对手及时追加抵押品或追缴保证金。四是建立衍生品市场信息报备机制。充分借鉴国际相关组织发布的通用性的数据标准和要求，从无到有建立成熟的信息报备机制，形成国内完整的衍生品交易信息数据库，提高市场透明度，提升监管效率，更好地防范市场风险。

7.4　维护国债市场公平公正

7.4.1　完善国债市场法律法规

1.适时研究出台《国债法》

目前，我国国债市场法律法规体系存在整体立法阶位较低、立法较为分散、法律制度滞后等问题，亟须在更高的法律阶位上研究出台专门的《国债法》，促进国债市场规范发展、创新发展。《国债法》立法的基本框架应该包含以下四个方面：国债的发行制度、国债的流通制度、国债的服务制度和国债的监管制度。

国债的发行制度规定：国债的发行本质上是一种协议行为。国债发行制度立法应当包括：一是直接影响国债发行成本以及政府筹资和用资计划的发行条件，主要包括发行规模、利率、发行价格和期限等因素，这些在立法中应尽可能作出具体规定；二是发行的方法，从世界国债发行方式的总体演变趋势来看，我国国债的发行方式应该向市场化、公开化和自由化的方向努力，未来公开拍卖的方式将占据重要地位；三是发行的结构，包括国债利率、期限、品种等方面的构成状况，它在某种程度上决定着国债宏观调控职能的实现程度。

国债的流通制度规定：国债的流通主要包括交易和偿还两大关键环节。在国债交易形式方面，对于国债的场内交易，主要适用于《证券法》，而对银行间交易和柜台交易这两种场外交易方式，必须在立法中予以明确和规范。在国债偿还环节，具体可包括国债偿还的可选方式，如一次性偿还或分期偿还等，如果采用分期偿还，还应规定相应的债券人利益保护制度、国债兑付程序制度、国债偿债基金制度等。

国债的服务制度规定：在发行市场上，如果没有一级自营商参与，国债很难顺利发行；在流通市场上，如果没有做市商、经纪商以及托管结算机构参与，债券顺利流通就比较困难。因此，我国国债立法应当规定有效的服务制度，使得国债经营机构和专业服务机构法律制度得以健全，为债券交易的公平、有序进行奠定基础。

国债的监管制度规定：发达国家都把债券作为证券的一个分支，列入证券的统一监管中。金融监管在世界范围内都出现一种因市场竞争而统一监管机构和规则的趋势。统一的监管者通过统一的规则与程序提高了效率，减少了被监管者的执行成本；统一监管有利于人力资源的专业化分工与投入品的集约化利用，能节约设施与管理成本；统一监管也可在研究和信息采集中避免浪费性重复。因此，"建立统一监管机构的法律制度"应当是立法中的重中之重。本书认为，我国国债市场的统一监管的法律制度应该包括以下几点：一是统一的政府监管机构；二是统一的清算结算、登记托管平台；三是多层次的自律机构；四是完备的信息披露机制；五是动态的预警指标体系。

2. 积极完善国债市场相关法律法规

一是积极推动担保品快速处理法律问题的解决。根据债券市场的实际情况和需求，在既不违背法律公平、正义等基本原则，又能有效防范债券市场风险的前提下，引入让与担保机制。考虑到上位法修改周期较长，现阶段可考虑在《物权法》框架下，通过司法解释对担保品快速处理进一步加以明确。

二是明确对中央证券托管机构的法律支持。面对证券无纸化所引发的交易、登记、托管、结算等一系列环节的变革，必须通过新的立法来对无纸化证券（或证券账户记录）的效力进行确认。为保护客户资产，必须将中央证券托管结算机构自身资产与客户资产相隔离，这就需要明确的法律支持，最重要的是使客户托管的证券不会为中央证券托管结算机构债权人的请求权所追及。为保证支付和结算体系的运作安全和效率，结算体系结算过程不应受到破产法影响，即一项交收指令一旦被输入结算体系，就不受其他债权债务的影响，确保完成对结算系统的交收义务。

三是明确对承担净额结算职责的中央对手方的法律支持。我国目前债券净额结算占比正逐步扩大，必须要给予中央对手方以法律支持。一方面，要明确中央对手方的责任和义务，在中央对手方机制下，证券的买方和卖方将权利义务转让给中央对手方，发生了"责任更替"，而"责任更替"就是中央对手方的内在法律机制，因此法律框架中应对"责任更替"进行明确和规范，以明确中央对手方和结算参与人的责任和义务。另一方面，由于中央对手方承担了较大的风险，需要完备的法律对其风险管理和操作提供支持，主要包括保障中央对手方对担保品享有的处置权益、保障中央对手方的净额结算安排、应对结算的最终性提供依据、应对中央对手方为对手方的违约或破产采取的措施提供保障、应给予中央对手方相关特许、应清晰指出中央对手方在进行跨境结算时适用的法律依据。

四是完善会计税收制度建设。加紧对《金融工具确认和计量暂行规定》所执行的混合会计准则与现行金融企业的历史成本会计制度差异的研究，将执行范围推广至所有金融机构，以提高交易信息披露的时效性和准确性。为了维护会计处理的统一，必须对"表外"资产与负债的会计标准、特定目的信托的会计处理、其他证券化相关机构的会计处理作出明确、具体的规定。切实贯彻国债利息收入享受免税待遇政策，不仅对发行时买入并持有到期的国债利息收入免税，对涉及二级市场买卖的国债利息（即持有期内的应计利息）也应免税，并可研究对国债买卖价差减征或不征所得税。

7.4.2 加强市场间的互联互通

打通交易所国债市场和银行间国债市场，形成以场外市场为主、场内市场为辅，两个市场既独立运作，又相互沟通，以此拓展市场的深度和广度，是我国国债市场发展的内在要求和必然趋势。基于前文的理论分析和实证分析，本书提出以下几点政策建议：

1. 推动交易主体的统一

发达国家的实践表明，国债市场主要是机构投资者参与的市场。目前，银行间债券市场几乎囊括了各种类型机构投资者，而交易所债券市场曾是商业银行的禁地。2009 年 1 月开始，14 家上市商业银行虽经核准后可参与交易所债券市场的试点，但仅限于通过交易所固定收益平台从事现券交易，暂不能进行现券撮合交易和回购交易。从短期看，此举有利于防范银行资金违规进入股市；但从长期看，必将影响银行在交易所交易的积极性。因此，应在完善相关制度的基础上，逐步扩大商业银行在证券交易所从事相关债券业务的范围。同时，上市商业银行的市场需求趋同，交易规模有限，而作为国债的重要持有者的其他银行机构仍只能在银行间市场进行交易。因此，建议逐步吸收其他银行机构参与交易所国债交易。

2. 促进交易机制的互通

一方面，丰富跨市场交易债券品种，通过完善跨市场托管国债的期限结构，特别是关键期限国债，使场外市场和交易所市场的债券在种类和期限上都得到优化。另一方面，在交易层面上，通过固定收益平台、集合竞价平台的分设、互通、联动、统一来推进国债交易的互通。本书提供两个方案：方案一，银行间市场和交易所市场分别建设相互独立的固定收益平台和集合竞价平台，然后推进两个系统间的双边互通。方案二，由银行间市场专司固定收益平台，由交易所市场专司集合竞价平台，将互通的重点转移到结算层面。2010 年 10 月，交易所市场已实现国债在固定收益平台和集合竞价平台的双边挂牌交易，从实践情况来看，是基于方案一的思路展开工作的。

3. 逐步建立统一托管结算机制

我国债券市场目前采用的分级托管体系既体现了债券市场分割，也加重了债券市场分割，严重阻碍了投资者在不同市场的自由交易。遵循市场化原则，建立真正统一高效的债券托管系统，是我国债券市场统一互联的基石，也是打通国债分割市场最直接、最有效的方法。

不同市场交易托管结算方式的差异无法有效支持债券在交易所市场和银行间市场间的实时转托管，存在着低效和时滞的问题。因此，要对交易所系统进行技术升级，关键是要使中证登能够实时将交易数据传输给交易所，交易所实时接受，进一步畅通转托管渠道，实现实时转托管，满足投资者套利需求，提高资产配置效率。

转托管只是过渡方案，若要彻底解决国债托管结算效率问题，关键还在于债券托管机构的统一，即建立真正的中央债券存管机构。中债登作为财政部唯一授权主持建立、运营全国债券托管系统的机构，托管了近98%的债券，实现了与大额支付系统联网，可以进行DVP结算，无论从其内部管理制度、业务体系、市场运行监控、境外合作等方面衡量，都有能力集中统一托管全国的债券。因此，建议由中债登集中负责债券托管结算，所有债券投资者都在中债登开立唯一的托管账户，投资者以该唯一账户在各个市场间进行所有债券品种的交易结算。中证登专职于股票的托管结算。

7.4.3 改革债券市场监管体系

我国现存的债券市场多元化监管体制的形成有其历史条件，受我国国情因素影响，在债券市场发展中也曾经发挥了稳定和推进进步的作用。但无论从国际债券市场发展趋势，还是从我国债券市场发展要求来分析，这种多元化监管机构已经不能在公平和效率方面满足监管的目的，也不能适应现阶段的市场需求，亟须对现行监管体制进行改革，构建一个统一、权威、高效的监管体系，建立一整套完整严密、宽严适度的监管制度，有效控制系统性金融风险，创造公平的竞争环境，促进债券市场健康、有序、较快的发展。现阶段，在不改变现有体制的情况下，需要重点协调好以下几个方面：

第一，协调一级市场监管与二级市场监管。一方面，要确保债券发行与交易流通的可持续性，稳定市场各方对债券发行后上市流通的预期，保证债券顺利发行，与初始投资人顺利进行债券交易。另一方面，要重视市场信息集散与揭示的作用，信息不对称、不充分，会严重阻碍债券市场的健康运行和发展。若要建设快速、高效、灵敏、准确的监管体系，市场信息就必须尽可能公开，应进一步完善债券信息和报价系统，培育专业的信息服务商。

第二，协调场内市场监管与场外市场监管。不同的交易方式和交易场所同时存在，可以满足投资人的多样化需要，而适度的竞争也有利于提高市场效率，促进市场发展。要实现两个市场的监管协调，就需要统一协调的制度安排。

第三，协调功能监管与机构监管。本书认为，债券市场监管应以功能监管为主，以机构监管为辅，债券市场运行规则的制定、市场准入和市场日常监管应有明确的市场监管部门负责，避免出现多重监管或监管盲区。同时，我国目前已出现混业经营趋势，金融机构性质和展业范围存在易变性，在此情况下，坚持功能监管与机构监管相协调，有助于市场监管部门及时了解不同金融机构在业务范围限定、职能定位上出现的变化，也有助于机构监管部门把握各类金融机构在金融市场中承担角色的变化，并随之调整有关监管措施。

债券市场监管体制的完善和改革，是在债券市场运行过程中进行的，切不可一蹴而就，可分步实施：

第一步，完善监管协调机制。金融监管协调部际联席会议制度为进一步完善监管协调机制奠定了良好的基础，监管部门之间的协调从原先的临时性、随机性、个案性的安排，转化为现在的制度化、常规化、有实际决策内容的安排，有利于解决带有综合性和全局性的问题。在实际工作中，监管协调机制可进一步细化为信息共享机制、重大问题沟通机制和危机处理协调机制。信息共享机制是提高市场监管效率的有效办法，是保证各个监管部门及时获得信息的制度保障，重点是建立面向各监管部门的信息库，信息库的信息由市场监管部门和机构监管部门共同提供。重大问题沟通机制是联合防范市场风险的重要手段，重点是界定重大问题的范围，明确沟通的程序、方式和时间。如有影响市场稳定的风险事件发生，就需要建立危机处理协调机制，把风险控制在尽可能小的范围内，使危机消灭在萌芽状态。

第二步，建立统一的债券市场监管体系。在债券市场监管协调机制运行步入正规后，应适时考虑建立统一的债券市场监管体系。国际经验告诉我们，建立统一的监管体系是十分必要的，是未来我国债券市场监管体系的发展方向。但要把当前多头监管转为统一监管，难度非常之大，这其中最为关键的是明确界定各部门在债券市场的监管职责和管理分工。总体上来看，理论界对统一债券市场监管中监管机构的选择主要有两种观点，即由人民银行统一监管或由证监会统一监管，不管哪个部门承担这一重任，都各有利弊，都需要职能整合。本书倾向于由人民银行统一监管，理由是人民银行作为金融货币当局，曾对整个金融业和金融市场实施全面监管，就监管能力而言，人民银行完全可以胜任；同时，债券市场与货币政策关系密切，银行间债券市场既是我国债券市场的主体，又是中央银行进行公开市场操作的场所，由人民银行实施监管有利于提升货币政策的弹性和独立性。而反观证监会，由于我国股票市场尚不成熟，证监会监管股市的责任已经很重，如再全面监管债券市场，恐力所不及。

　　同时，实践证明建立市场行业自律组织，形成政府监管与市场自律监管相互配合的管理模式，有利于市场力量的进一步发挥，有利于市场管理的不断完善和市场创新的不断推进，是符合我国债券市场发展实际的一项重要组织创新与制度创新。下一步，要进一步完善中国金融市场新型的自律组织建设，使之成为市场创新的引领者和组织者、相关标准的制定者和推广者、管理方式改革的探索者和实践者、道德观念的倡导者和传播者、国际化的推动者和参与者。一是完善市场发展制度，不断完善以投资者风险自担为前提、充分信息披露为关键、中介机构尽职履责为基础和协会自律规范为保障的注册制，并在此框架下，紧紧围绕数据信息体系、风险预警体系、督查纠正体系和危机处理体系等四大体系建设，以进一步完善市场化约束机制，探索建立长效风险防范机制，从而保证市场长远健康发展。二是完善自律组织发展模式，通过专业性研究报告报送制度、重大课题联合研究等方式，强化与有关监管机构信息共享和业务交流，充分发挥监管机构与市场成员桥梁纽带作用，促进自律组织与市场成员、政府管理当局多方联动。三是建立原则导向的自律管理方式，自律组织要通过制定原则性标准，既能更好覆盖市场各种潜在利益冲突，又能真正实施概要式、对话式的管理互动。四是完善弹性自律管理手段，根据不同产品的风险特征制定不同的自律规则，对承销商等中介机构实行分层管理，通过"量身定做"的柔性手段，提高管理水平。

附录

附录 A：长期利差对未来 GDP 增长率的预测能力（无控制变量）的 STATA12 程序：

```
cap mat drop result1
local kend=20  //设定 k 的期限
mat result1=J（`kend'，7，0）
mat colnames result1=k b se p r2_a b_down b_up
forvalues k=1/`kend' {
        cap drop y
        gen y=（400/`k'）*ln（f`k'.GDP/GDP）
        quietly reg y I10_3
        mat b=e（b）  //b[1，1]为系数1
        mat v=e（V）  //v 为协方差阵
        mat result1[`k'，1]=`k'
        mat result1[`k'，2]=b[1，1]
        mat result1[`k'，3]=sqrt（v[1，1]）
        mat result1[`k'，4]=2*ttail（e（df_r），abs（b[1，1]/
sqrt（v[1，1]）））  //计算 p 值，sqrt（v[1，1]）为标准误
```

```
                mat result1 [`k', 5] =e (r2_a)
            }
mat list result1
```

附录 B：长期利差对 IP 增长率的预测能力（无控制变量）的 STATA12
程序：

```
cap mat drop result1
local kend=24  //设定 k 的期限
mat result1=J (`kend', 7, 0)
mat colnames result1=k b se p r2_a b_down b_up
forvalues k=1/`kend' {
        cap drop y
        gen y= (400/`k' ) *ln (f`k' .IP/IP)
        quietly reg y I10_3
        mat b=e (b)   //b [1, 1] 为系数 1
        mat v=e (V)    //v 为协方差阵
        mat result1 [`k', 1] =`k'
        mat result1 [`k', 2] =b [1, 1]
        mat result1 [`k', 3] =sqrt (v [1, 1] )
        mat result1 [`k', 4] =2*ttail (e (df_r), abs (b [1, 1] /
sqrt (v [1, 1] ) ) )   //计算 p 值, sqrt (v [1, 1] ) 为标准误
        mat result1 [`k', 5] =e (r2_a)
    }
mat list result1
```

附录 C：长期利差对未来 GDP 增长率的预测能力（有控制变量）的
STATA12 程序：

```
cap mat drop result1
local kend=20  //设定 k 的期限
mat result1=J (`kend', 17, 0)
mat colnames result1=k b  b_se  b_p  g1 g1_se g1_p  g2 g2_se g2_p r2_a
b_down  b_up  g1_down g1_up  g2_down g2_up
```

```
forvalues k=1/`kend' {
        cap drop x y
        gen y= (400/`k') *ln (f`k'.GDP/GDP)
        gen x=400*ln (GDP/l.GDP)
        quietly reg y I10_3 IB x
        mat b=e (b)    //b [1, 1] 为系数 1
        mat v=e (V)    //v 为协方差阵
        scalar p=2*ttail (e (df_r), abs (b [1,
1] /sqrt (v [1,
1] ) ) ) //计算 p 值, sqrt (v [1, 1] ) 为标准误
        scalar down=b [1, 1] −invttail (e (df_r), 0.025) *sqrt (v
[1, 1] ) //计算估计区间下限
        scalar up=b [1, 1] + invttail (e (df_r), 0.025) *sqrt (v
[1, 1] ) //计算估计区间上限
        mat result1 [`k', 1] =`k'
        mat result1 [`k', 2] =b [1, 1]
        mat result1 [`k', 3] =sqrt (v [1, 1] )
        mat result1 [`k', 4] =2*ttail (e (df_r), abs (b [1, 1] /
sqrt (v [1, 1] ) ) )
        mat result1 [`k', 5] =b [1, 2]
        mat result1 [`k', 6] =sqrt (v [2, 2] )
        mat result1 [`k', 7] =2*ttail (e (df_r), abs (b [1, 2] /
sqrt (v [2, 2] ) ) )
        mat result1 [`k', 8] =b [1, 3]
        mat result1 [`k', 9] =sqrt (v [3, 3] )
        mat result1 [`k', 10] =2*ttail (e (df_r), abs (b [1, 3] /
sqrt (v [3, 3] ) ) )
        mat result1 [`k', 11] =e (r2_a)
        }
mat list result1
```

附录 D：长期利差对 IP 增长率的预测能力（有控制变量）的 STATA12 程序：

```
cap mat drop result1
local kend=24  //设定 k 的期限
mat result1=J（`kend',  17,  0)
mat colnames result1=k b  b_se  b_p  g1 g1_se g1_p  g2 g2_se g2_p r2_a
b_down b_up g1_down g1_up  g2_down g2_up
forvalues k=1/`kend'  {
        cap drop x y
        gen y=（400/`k'）*ln（f`k'.IP/IP）
        gen x=400*ln（IP/l.IP）
        quietly reg y I10_3 IB x
        mat b=e（b）  //b［1,  1］为系数 1
        mat v=e（V）  //v 为协方差阵
        scalar p=2*ttail（e（df_r）,  abs（b［1,  1］/sqrt（v［1,
1］）））//计算 p 值，sqrt（v［1, 1］）为标准误
        scalar down=b［1,  1］-invttail（e（df_r）, 0.025）*sqrt（v
［1, 1］）//计算估计区间下限
        scalar up=b［1,  1］+invttail（e（df_r）,  0.025）*sqrt（v
［1, 1］）//计算估计区间上限
        mat result1［`k',  1］=`k'
        mat result1［`k',  2］=b［1,  1］
        mat result1［`k',  3］=sqrt（v｜1,  1］）
        mat result1［`k',  4］=2*ttail（e（df_r）, abs（b［1,  1］/
sqrt（v［1,  1］）））
        mat result1［`k',  5］=b［1,  2］
        mat result1［`k',  6］=sqrt（v［2,  2］）
        mat result1［`k',  7］=2*ttail（e（df_r）, abs（b［1,  2］/
sqrt（v［2,  2］）））
        mat result1［`k',  8］=b［1,  3］
```

```
        mat result1 [`k', 9] =sqrt (v [3, 3] )
        mat result1 [`k', 10] =2*ttail (e (df_r), abs (b [1, 3] /
sqrt (v [3, 3] ) ) )
        mat result1 [`k', 11] =e (r2_a)

        }

mat list result1
```

参考文献

一、中文文献

[1] NYAWATA.央票和国债：央行管理过剩流动性时的选择［J］.金融发展评论，2012（8）：16-22.

[2] 白伟群.制度创新与银行间债券市场的流动性［J］.金融市场研究，2012（8）：10-16.

[3] 蔡国喜.我国债券市场统一方案构想［J］.证券市场导报，2004（5）：4-10.

[4] 曹鸿涛.中国银行间债券市场：结构、行为与绩效研究［D］.广州：暨南大学，2005.

[5] 岑雅衍.中国债券市场监管法律制度研究［D］.上海：华东政法大学，2009.

[6] 陈春锋.日本债券市场发展的启示［J］.中国金融，2012（4）：58-60.

[7] 陈勇.宏观经济、货币政策与债券市场——理论分析与中国实证［D］.天津：南开大学，2010.

[8] 陈玉婵.制度变迁中的国债流通市场一体化研究——基于我国银行间市场与交易所市场的实证分析［D］.厦门：厦门大学，2009.

[9] 程翼.我国债券市场风险及其防范［J］.中国投资，2012（4）：95-98.

[10] 董堃.做市商制度对银行间债券市场流动性影响的研究［D］.成都：西南财经大学，2011.

[11] 董乐.银行间债券市场流动性及异常交易研究［D］.北京：清华大学经济管

理学院，2008.

[12] 董睿琳.我国国债利率期限结构与货币政策的相关性分析［D］．上海：复旦大学，2012.

[13] 董晓春.基于制度变迁的中国债券市场结构与行为研究［D］．上海：复旦大学，2006.

[14] 段晓菲.关于完善我国债券市场托管结算系统的研究［D］．北京：首都经济贸易大学，2008.

[15] 范龙振.两因子常见利率模型在上交所债券市场实证分析［J］．系统工程理论方法与应用，2004（3）：23-29.

[16] 冯进路，刘勇.从国际比较和我国政府债务化解的历史经验看当前地方政府债务问题［J］．金融理论与实践，2012（5）：33-35.

[17] 冯宇，陈晚霞.中美债券市场托管结算系统比较研究［J］．时代金融，2012（1）：7-8.

[18] 龚亮.中国银行间债券市场做市商制度分析［D］．北京：中国人民银行研究生部，2004.

[19] 郭宗正.市场分割状态下债券流动性研究［D］．上海：上海师范大学，2010.

[20] 何志刚.中国债券市场微观结构研究［M］．北京：中国经济出版社，2011.

[21] 侯艳蕾.我国国债指数的实证研究［J］．金融教学与研究，2007（6）：45-46，49.

[22] 胡俊华.通货膨胀条件下银行债券投资管理研究［J］．上海金融，2011（5）：81-85.

[23] 黄玮强，庄新田.中国证券交易所国债和银行间国债指数的关联性分析［J］．系统工程，2006（7）：62-66.

[24] 贾俊雪，郭庆旺.财政规则、经济增长与政府债务规模［J］．世界经济，2011（1）：73-92.

[25] 贾康.中国政府债券市场发展报告［M］．北京：经济科学出版社，2012.

[26] 贾琪.我国国债市场风险研究［D］．上海：上海师范大学，2008.

[27] 姜洋，陈晗，祁国中.欧洲金融衍生品市场的崛起与启示［J］．中国金融，2003（3）：54-56.

[28] 蒋贤锋，史永东.国债交易市场统一——风险度量及影响因素分析［J］．世界经济，2010（2）：120-140.

[29] 蒋泽云.中国国债市场效率问题研究［D］．上海：华东师范大学，2006.

[30] 蒋治平.我国国债市场分割下的波动溢出效应研究［J］．统计与决策，2009（1）：82-84.

[31] 柯力撼.国债预发行制度和价格发现功能 [J].经济观察，2011 (9)：48-49.

[32] 李和金.非参数利率期限结构模型的理论与实证研究 [J].上海交通大学学报，2002 (3)：26-33.

[33] 李华.SHIBOR 与国债回购利率关系的实证研究 [J].中国商界，2010 (9)：3-5.

[34] 李响铃.论新形势下的证券交易所自律监管 [D].上海：华东政法大学，2012.

[35] 李宇白.证券市场资产存管与结算模式研究 [D].成都：西南财经大学，2009.

[36] 李远航，张强，乔煜峰.中美债券市场制度的国际比较及其启示 [J].海南金融，2011 (4)：46-51.

[37] 刘邦驰，何迎新.西方国家国债期货交易及启示 [J].广东商学院学报，2005 (1)：34-42.

[38] 刘波.基于连续双向拍卖交易机制的金融市场微观结构研究 [D].成都：电子科技大学，2009.

[39] 刘红转，魏江峰.国债理论研究动态述评 [J].财会研究，2012 (14)：77-80.

[40] 刘铁峰，田鹏.国债跨市场转托管现状及对策研究 [J].证券市场导报，2004 (5)：13-16.

[41] 刘延斌，谷体峰，章龙.欧美国债市场做市商制度的分析与比较 [J].证券市场导报，2005 (11)：12-17.

[42] 刘延斌.关于国债可持续性问题的研究 [D].北京：财政部财政科学研究所，2011.

[43] 卢苏莎.我国债券银行间市场与交易所市场的分割性与差异性研究 [D].上海：华东师范大学，2012.

[44] 罗必良.新制度经济学 [M].太原：山西经济出版社，2005.

[45] 梅世云.国际证券托管结算体系研究 [M].北京：中国金融出版社，2013.

[46] 牛玉锐.中国国债市场有效性研究 [D].北京：对外经济贸易大学，2007.

[47] 申世军，陈珊.我国债券市场的持有结构特征及优化建议 [J].中国货币市场，2011 (1)：36-39.

[48] 沈炳熙，曹媛媛.中国债券市场：30 年改革与发展 [M].北京：北京大学出版社，2010.

[49] 时文朝.我国银行间债券市场透明度对流动性的影响研究 [D].长沙：湖南大学，2008.

[50]　苏罡.中国国债市场流动性的测度指标、影响因素及溢价研究 [D]. 上海：
上海交通大学，2007.

[51]　孙振.构建我国统一债券市场问题研究 [D]. 北京：首都经济贸易大学，
2010.

[52]　谭地军.债券市场流动性：资产定价与流动性转移行为 [D]. 成都：电子科
技大学，2006.

[53]　唐齐鸣，高翔.我国同业拆借市场利率期限结构的实证分析 [J]. 统计研
究，2002 (5)：13-16.

[54]　陶西晋.利率期限结构与我国国债定价研究 [D]. 合肥：安徽大学，2007.

[55]　拓月梅.银行间债券市场债券收益率影响因素的实证分析 [D]. 兰州：兰州
大学，2012.

[56]　王合军.我国国债功能及其效应研究 [D]. 杭州：浙江大学，2009.

[57]　王小亚，杨金梅.中国银行间市场发展路径 [M]. 北京：中国金融出版社，
2013.

[58]　王亚男，金成晓.我国国债二级市场发展的制度经济学思考 [J]. 理论探
讨，2011 (4)：99-101.

[59]　王一萱，屈文州.我国货币市场和资本市场连通程度的动态分析 [J]. 金融
研究，2005 (8)：112-122.

[60]　吴蕾，周爱民，杨晓东.交易所与银行间债券市场交易机制效率研究 [J].
管理科学，2011 (4)：113-120.

[61]　夏晓华.中国债券拍卖发行的微观机理与实证研究 [D]. 广州：中山大学，
2009.

[62]　向东.我国政府债券法律制度研究 [D]. 北京：中央民族大学，2007.

[63]　肖扬.基于中国国债回购市场数据的利率预期理论检验 [J]. 石家庄职业技
术学院学报，2011 (12)：12-13.

[64]　谢赤.关于具有状态变量的 HJM 模型实证分析 [J]. 数理统计与管理，
2001 (3)：34-40.

[65]　徐莉芳，季敏波.物价指数与债券内部收益率的理论和实证分析 [J]. 数量
技术经济研究，2000 (5)：42-45.

[66]　徐小华，何佳，吴冲锋.我国债券市场价格非对称性波动研究 [J]. 金融研
究，2006 (12)：14-22.

[67]　杨俊宇.中国国债市场的波动性研究 [D]. 北京：对外经济贸易大学，
2009.

[68]　姚秦.债券市场微观结构与做市商制度——中国银行间市场的理论及实证
[D]. 上海：复旦大学，2006.

［69］ 伊特韦尔，等.新帕尔格雷夫经济学大辞典［M］.北京：经济科学出版社，1996.

［70］ 易扬.我国国债回购市场运行分析［D］.西宁：广西大学，2006.

［71］ 于建忠.中国债券市场定价过程中的主体行为研究［D］.南京：南京农业大学，2006.

［72］ 于鑫，龚仰树.基于二元GARCH方法对我国国债市场的分割性检验［J］.数量经济技术经济研究，2007（12）：94-95.

［73］ 袁东.交易所债券市场与银行间债券市场波动性比较研究［J］.世界经济，2004（5）：63-69.

［74］ 袁东.做市商制度对我国债券市场建设的启示［J］.经济导刊，1997（4）：25-29.

［75］ 袁绍锋.银行间债券市场效率研究［D］.大连：东北财经大学，2011.

［76］ 战松.制度与效率：基于中国债券市场的思考［D］.成都：西南财经大学，2006.

［77］ 张海星.公共债务［M］.2版.大连：东北财经大学出版社，2011.

［78］ 张蕊.中国债券市场流动性问题研究［D］.天津：天津大学管理学院，2010.

［79］ 张晓菊.中国国债期货的运行制度研究［D］.上海：同济大学，2007.

［80］ 张瀛.做市商、流动性与买卖价差——基于银行间债券市场的流动性分析［J］.世界经济，2007（10）：86-95.

［81］ 张跃文.场内与场外债券市场的功能定位和联通路径［J］.中国金融，2011（4）：66-67.

［82］ 张志英.基于ARCH类模型的国债市场波动率研究［J］.财会月刊，2008（10）：23-25.

［83］ 赵谦.我国国债的风险和成本管理研究［D］.哈尔滨：哈尔滨工业大学，2007.

［84］ 赵小伟.基于GARCH类和SV类模型的中国债券市场实证分析［D］.南京：南京大学，2012.

［85］ 郑长德，刘丽雪.中国债券市场分割的理论探讨［J］.西南民族大学学报（人文社科版），2005（5）：48-54.

［86］ 郑树开.我国银行间债券市场与固定收益平台市场质量比较研究［D］.杭州：浙江工商大学，2010.

［87］ 周冰，陈杨龙.国债期货核心功能研究及实证研究［J］.财政研究，2013（4）：24-28.

［88］ 周荣喜，邱苑华.基于多项式样条函数的利率期限结构模型实证比较［J］.

系统工程, 2004 (6): 33-36.

[89] 周书域.论我国国债流通市场的发展与完善 [D]. 南昌: 江西财经大学, 2012.

[90] 周颖刚, 陈世洲.试论我国国债市场的发展 [J]. 当代财经, 2013 (1): 30-41.

二、英文文献

[1] ALONSO F.Estimating liquidity premia in the Spanish Government Securities Market [Z]. Working paper, Bank of Spain, 2003.

[2] AMIHUD Y, MENDELSON.Liquidity, volatility and exchange automation [J]. Journal of Accounting, Auditing and Finance, 1988, 3: 369-395.

[3] ŽIGMAN A, COTA B.The impact of fiscal policy on government bond spreads in emerging markets [J]. Financial Theory and Practice, 2011, 35 (4).

[4] BABBEL D, MERRILL C, MEYER M, et al.The effect of transaction size on off-the-run treasury prices [Z]. Working Paper, Wharton School, 2001.

[5] CGFS Study Group.Market liquidity: research findings and selected policy implications [Z]. Basel: BIS, 1999.

[6] BOLLERSLEV, CHOU R Y, KRONER K F.ARCH modeling in finance: a review of the theory and empirical evidence [J]. Journal of Econometrics, 1992, 2: 53-60.

[7] DRAGOMIRESCU-GAINA C, PHILIPPAS D.Is the EMU Government Bond Market a playground for asymmetries? [J]. The Journal of Economic Asymmetries, 2013, 10 (1).

[8] CHAKRAVARTY S, SARKAR A.Liquidity in U.S. Fixed Income Markets: a comparison of the bid-ask spread in corporate, government and municipal bond markets [Z]. Working paper, Federal Reserve Bank of New York, 1999.

[9] CHORDIA T, SARKAR A, SUBRAHMANYAM A.An empirical analysis of stock and bond, market liquidity [Z]. Staff Reports, Federal Reserve Bank of New York, 2003.

[10] COYLE C, TURNER J D.Law, politics and financial development: the great reversal of the U.K. Corporate Debt Market [J]. The Journal of Economic History, 2013, 73: 810-846.

[11] D'SOUZA C, GAA C, YANG J.An empirical analysis of liquidity and

order flow in the brokered interdealer market for Government of Canada Bonds [Z]. Working Paper, Bank of Canada, 2003.

[12] DIAZ A, NAVARRO E.Liquidity premiums between Spanish Treasury Asset Markets: the impact of the European Monetary Union [Z]. Working Paper, 2003.

[13] PHILIPPAS D, SIRIOPOULOS C.Money factors and EMU Government Bond Markets convergence [J]. Studies in Economics and Finance, 2014, 31 (2): 156-167.

[14] HUNTER D M, SIMON D P.A conditional assessment of the relationships between the major world bond markets [J]. European Financial Management, 2005.

[15] DWYER G, HAFER H W.Interest rates and economic announcements [Z]. Review Federal Reserve Bank of St. Louis, 1989.

[16] ROSSI E, ZUCCA C.Hedging interest rate risk with multivariate GARCH [J]. Financial Economics, 2002, 12: 241-251.

[17] AUDRINO F, TROJANI F.A general multivariate threshold GARCH model with dynamic conditional correlations [Z]. Discussion Paper in Ideas. Repec. Org, 2005.

[18] FAMA E F, FRENCH K R.Common risk factors in the returns on stocks and bonds [J]. Journal of Financial Economics, 1993, 33: 3-56.

[19] FLEMING J.The round-the-clock market for U.S. Treasury Securities [Z]. Economic Policy Review, Federal Reserve Bank of New York, 1997.

[20] FLEMING J.Measuring treasury market liquidity [Z]. Staff Reports, Federal Reserve Bank of New York, 2001.

[21] FLEMING J, REMOLONA E.Price formation and liquidity in the U.S. Treasury Market: evidence from intraday patterns around announcements [Z]. Staff Reports, Federal Reserve Bank of New York, 1997.

[22] FLEMING J, SARKAR A.Liquidity in U.S. treasury spot and futures markets [Z]. Basle: BIS, 1999.

[23] BOUVET F, KING S.Do national economic shocks influence European Central Bank interest rate decisions? The impact of the financial and sovereign debt crises [J]. Journal of Common Market Studies, 2013, 51: 212-231.

[24] MISHKIN F S.Efficient market theory: implications for monetory policy [J]. Brookings Papers on Economic Activity, 1978, 3: 707-752.

[25] FURFINE H, REMOLONA E.What's behind the liquidity spread? On-the-run and off-the-run U.S. treasuries in autumn 1998 [J]. BIS Quarterly Review, 2002, 6: 51-58.

[26] HALE G, SANTOS J A C.Do banks propagate debt market shocks? [J]. Journal of Financial Economic Policy, 2014, 6 (3): 270-310.

[27] HALE G, OBSTFELD M.The euro and the geography of international debt flows [Z]. NBER Working Paper, 2014.

[28] GLEN J.A introduction to the microstructure of emerging markets [Z]. Internation Finance Corporation Discussion Paper, Washington D.C. IFC, 1994.

[29] GOLDREICH D, HANKE B, NATH P.The price of future liquidity: time-varying liquidity in the US Treasury Market [Z]. CEPR Discussion Paper, 2003.

[30] GOYENKO R.Stock and bond pricing with liquidity risk [Z]. Working Paper, Indiana University, 2005.

[31] JANKOWITSCH R, MASENBACHER H, PICHLER S.Measuring the liquidity impacton EMU government bond prices [Z]. Working Paper, Vienna University, 2002.

[32] JONES C M, LAMONT O, LUMSDAINE R L.Macroeconomic news and bond market volatility [J]. Journal of the Financial Economics, 1998, 47: 315-337.

[33] KAMARA A.Liquidity, taxes and short-term treasury yields [J]. Journal of Financial and Quantitative Analysis, 1994, 29: 403-417.

[34] BERNOTH K, HAGEN J V, SCHUKNECHT L.Sovereign risk premiums in the European Government Bond Market [J]. Journal of International Money and Finance, 2012, 31 (5): 975-995.

[35] LAPORTA, RAAFEL, LOPEZ-DE-SILANES, et al.Law and finance [J]. Journal of Political Economy, 1998, 106: 1113-1155.

[36] RETHEL L, SINCLAIR T J.Innovation and the entrepreneurial state in Asia: mechanisms of bond market development [J]. Asian Studies Review, 2014, 38 (4): 564-581.

[37] CAPPIELLO L, ENGLE R F, SHEPPARD K.Asymmetric dynamics in the correlations of global equity and bond returns [J]. Journal of Financial

Econometrics, 2006, 4: 537-572.

[38] POZZI L, WOLSWIJK G.The time- varying integration of euro area government bond markets [J]. European Economic Review, 2011, 56 (1): 36-53.

[39] MADHAVAN A.Trading mechanisms in securities market [J]. Journal of Finance, 1992, 47: 67-78.

[40] HERZBERG M, SIBBERTSEN P.Pricing of options under different volatility models [Z]. Working Paper, 2005.

[41] MERTON R C.The financial system and economic performance [J]. Journal of Financial Services Research, 1990, 4: 263-300.

[42] NAJAND, MOHAMMAD, YUNG K.The weekly pattern in treasury bond futures and GARCH effects [J]. Review of Futures Markets, 1993, 12: 1-18.

[43] O 'HARA M.Market microstrueture theory [M]. Basil: Basil Blackwell Publisher, 1995.

[44] THUMRONGVIT P, KIM Y, CHONG S P.Linking the missing market: the effect of bond markets on economic growth [J]. International Review of Economics and Finance, 2013, 27: 529-541.

[45] ABAD P, CHULIÁ H, GÓMEZ – PUIG M.Time – varying integration in European Government Bond Markets [J]. Euro Financial Management, 2014, 20 (2).

[46] LÓPEZ R.Volatility contagion across commodity, equity, foreign exchange and treasury bond markets [J]. Applied Economics Letters, 2014, 21 (9): 646-650.

[47] ALLEN R D.US government spending, the national debt, and the role of accounting educators [J]. Journal of Accounting Education, 2013.

[48] SHILLER R J.The volatility of long-term interest rates and expectations models of the term structure [J]. Journal of Political Economy , 1979, 87: 1190-1219.

[49] HESTON S, NANDI S.A two-factor term structure model under GARCH volatility [J]. The Journal of Fixed Income, 2003.

[50] SAMUELSON P A.Optimum social security in a lifecycle growth model [J]. International Economic Review, 1975, 16: 539-544.

[51] HALL S G, MILES D K.Measuring efficiency and risk in the major bond markets [J]. Oxford Economic Papers, 1992, 44: 599-625.

[52] GREEN T C.Economic news and the impact of trading on bond prices [Z]. Working Paper, 2003.

[53] TANNER E, KOCHIN L.The determinants of the difference between bid and ask price government bonds [J]. Journal of Business, 1971, 44: 375-379.

[54] URICH T, WACHTEL P.The effects of inflation and money supply announcements on interest [Z]. Working Paper, 1984.

[55] ZHOU Y F, FENG J W.The innovative design of inter-bank bond market system [J]. International Business and Management, 2013, 7 (1): 93-98.

索引

后记

当最后一个字符为本书画上一个圆满句号的时候，我的脑海里浮现出来两个字——缘分。是缘分，让我在阔别母校十一载之后再次回归她那温暖的怀抱；是缘分，让我有幸师从于张海星教授门下；是缘分，让我对在读硕士期间确定的国债市场的研究方向进行更加深入的探究。

2000 年硕士毕业后，随着精力向工作、家庭的转移，让我一度怀疑自己是否还有热情和能力继续在学业上再有所突破。也曾暗自努力准备拼搏一次，但终因缺乏信心而功亏一篑。一次偶然的机会，我结识了我的导师张海星教授，谈起我硕士论文是关于国债和国债市场方面的内容，恰与张老师的研究方向不谋而合，因此多了许多共同话题，师生的缘分从此结卜。

在张老师的鼓励和支持下，我于 2011 年通过了博士研究生入学考试。再次回到母校的校园，走在那熟悉的小径上，捡拾那曾经 7 年的美好回忆，我对自己说，东财，我们的缘分没有尽，你仍然是我圆梦的地方。

在接下来的 3 年时间，张老师为我量身定制了"打牢基础、深耕专业、确定选题"的培养计划。在按计划完成公共科目教学计划的同时，张老师针对我财政专业基础相对薄弱等问题开展了"一对一"授课，从财政学基础理论到各国财政发展史，从统计基本原理到数理经济学、计量分析方法，从论文素材积累方法到论文格式规范，让我学会了从学术的角度来观察问题，用学术的方法来分析问题，用学术的语言来表达思想，这些将使我终身受益。

在确定将我国国债市场运行质量研究作为研究方向后，我备感欣慰，因为又可以将 11 年前的硕士论文进行更加深入的研究。但现实是残酷的，回顾这一年半的写作光阴，感触颇多，忘不了基本框架几易其稿的痛苦，忘不了研究脉络几度中断的折磨，忘不了创新尝试的无功而返，思想的火花在一次次被熄灭后，又顽强地一次次被点燃。虽然步履沉重，但我坚持砥砺前行。在我无助的时候，张老师给予我鼓励，为我指点迷津。如今，辛勤的劳动终于凝结成这一本不太厚的小册子。在一行行铅字中，我看到了自己磕磕绊绊的足迹，看到了自己的成长，更看到了张老师高尚的人品、严谨的治学态度、渊博的知识，看到了一位师者的人格魅力。

在这段心路历程中，太多的人需要感谢，太多的事无法忘怀，恩师的指导与鼓励，同学的交流与帮助，领导的关心与爱护，家人的理解与支持。这里的只言片语虽不能代表全部，但感恩之心永存心底。

能够拜师于张老师门下，也许会成为张老师第一位博士毕业生，是吾命，是吾幸。张老师既有严师的风范，又有慈母的胸怀，与张老师学习、交流、沟通的过程，本身就是我成长、成熟、进步的过程。在此，我要向张老师表示最衷心的感谢！

学习期间也有幸聆听了寇铁军教授、孙开教授、吴旭东教授、杜两省教授等老师的授课，从他们身上汲取丰富的知识的同时，也感受到了大师的风采。此外，在本书写作过程中，还得到了王宇峰、徐海波的鼎力帮助，在此一并表示感谢。

最后，谨以此书献给我年迈多病的父母和我深爱的妻子王志杰，感谢他们对我的养育之恩和无私的爱，正是因为他们，才能让我坚持走完这段难忘的路。

寇楠

2016 年 6 月